少子化時代の「良妻賢母」

変容する現代日本の女性と家族

Women and Family
in Contemporary Japan
Susan D. Holloway

S・D・ハロウェイ 著
高橋 登・清水民子・瓜生淑子 訳

新曜社

WOMEN AND FAMILY IN CONTEMPORARY JAPAN
by Susan D. Holloway

緒　言

玉野井麻利子は１９９０年刊行の人類学年報（Annual Review of Anthropology）に掲載された「女性の声――女性たちによる日本の人類学批判（Women's Voices: Their Critique of the Anthropology of Japan）」という論文で、日本人女性の視点が学術的な文献の中でほとんど注目されてこなかったことに対し、説得力のある議論を展開している。

女性の視点を日本文化や歴史研究にうまく統合しようとするならば、私たちは女性が自らの経験や感情、思考について語る言葉に耳を傾けなければならない。女性たちの声はこれまで十分に探究されてこなかったが、それをするなら、日本の文化と歴史についてこれまでとは異なった見方が可能になるだろう。女性に焦点を当てることは、彼女たちを特別視するものではなく、彼女たちの主観的な経験を日本研究の中に含み込ませて行くことになるのである。それは日本の文化と歴史を、女性という見晴らしの利いた場から俯瞰することを意味している。女性たちは自らの経験と情動について物語ることを通じ、パートナー、あるいは競争相手としての男性の生活についても語ることになるのである（p.18）。

女性の視点をより詳細に検討すべきであるという玉野井の主張は、現在でも適切なものである。多くの人類学者や政治学者、社会学者が近年の日本の家族の変容を取り上げるようになったが、現代の母親たちの声に直接焦点を当てた研究は少数にとどまっている。ひとりの心理学者として、私は女性が母親の役割についてどう考え、どう評価しているのか知りたいと考えてきた。研究の初期段階で、多くの日本女性が自らを無力な存在であると考えていることが明らかになったが、私はどういった種類の経験が自信を高める（あるいは失わせる）ことになるのか、心理学者が自尊感情と呼ぶものによって明らかにしようと考え、こういった自己認識が、親としての行動にどう影響するのかを調べてみようと決心したのである。

女性の認識、経験、情動についてのこうした洞察が本書の核心にある。女性に対し、社会制度がどのような機会を与え、またどのような機会を奪ってきたか詳細な検討を行うことなしに、女性の考えを適切に理解することはできない。現代日本では、教育制度と労働環境という2つの制度の政策と実践が女性の生活にもっとも直接的な影響を及ぼしている。本書で私は、こうした構造的な力と、行為主体としてのそれぞれの女性の思考・感情・認識との緊張関係に注目する。また、家族という直接的な社会的文脈に焦点を当て、家族の成員が若い母親に提供する（あるいは提供し損なう）サポートについて検討する。私は女性たちの夫に対する見方にとくに関心をもち、夫のどのような対応が母親の子育てに関する有能感を低下させたり高めたりするのかを検討してきた。

心理学者は日本の社会現象の歴史的な側面を無視することが多い。この隙間を埋めるため、(近代的な社会制度が整えられて以降の) 120年以上にわたって女性の生活を形作ってきた政府の家族政策についても十分な注意を払うようにした。20世紀初頭に再編成された日本政府は、市民を統合し、中央集権的な国家への忠誠心を育成しようとしてきた。政府官僚は、国家の建設にあたって女性が強力な役割を果たすことを理解し、女性に関する伝統的な儒教的認識を捨て、有能な市民である母親というイメージを組み立ててきた。良妻賢母というこの時代の新しいイメージは、現代の観点からすると抑圧的で制約されたものに聞こえるが、当時は女性にとっての好機を広げるものでもあったのだ。良妻(good wife)という観念は、女性の役割を、家庭での義務を果たすだけでなく、生産的な労働力として、また市民社会への関与を通じて家庭と国に貢献するものへと広げた。賢母(wise mother)という観念は、女性もまた実際に賢い存在でありうるということを含意するものであった。

時を経るにしたがい、良妻賢母が意味する内容は変わったが、それは現在の日本でも論争の的となっている。私は本書で、変わりつつあり、また論争の渦中にある良妻賢母のイメージをとらえたいと思っている。本書の中心にあるのは、私が2000年に開始した縦断研究である。研究の中心となったのは、大阪在住の16名の女性を対象に3年間、4回にわたって行ったインタビューである。さらに私たちは大阪と札幌で116名の女性を対象とした質問紙調査を3回行った。インタビューの分析によって得られた知見は、質問紙調査の結果からも裏づけられている。

本書の概要

本書は四部で構成されている。第一部1章と2章では、本研究の理論的枠組みとフィールド、協力者の概略について説明する。第二部では、母親たちが自分自身について、また家族の他の成員についてどう認識しているのかを探究する。3章は19世紀半ばから現在にいたる、日本人がもつ母親への社会的な期待についての歴史的な概観から始める。この分析により、育児の本質に関する調査協力者の見方を知るうえで必要な背景知識を得ることができる。4章では反省、すなわち自己省察という、日本で広く行われる実践に関するいくつかの重要な文化モデルを検討する。それにより、自らの養育行動を注意深くふり返り、自分が設定した基準に達することができていないと厳しく判定する日本女性の行動傾向を理解するための助けとしたい。

第三部では、女性としての役割の定義と、親としての自身への評価を生み出す条件について探究する。5章では、女性たち自身の子ども時代の家族との経験について精細に検討する。とくに、親が彼女たちの将来の夢を育て、あるいは妨げてきた手法に焦点を当てる。また、彼女たち自身の子ども時代の家族関係の力学が、現在の自分の子どもとの関係にどう反映されているのかという点についても探究を行う。6章は近代日本における結婚制度の概観から始める。次に、女性たちが夫に何を期待しているのか、夫はそれにどこまで応えられているのか詳しく見ていく。

第四部は7章で子育てとしつけの問題から始め、女性たちの実際の行動について洞察を深める。ここで私は、母親が自らの子育てについて高い目標をもっていること、けれどもそれを達成するのを助けてくれる強力なネットワークをもっていないことがよくあることを示す。8章では、家庭と学校の両方で子どもの学校生活を援助する彼女たちの方法に焦点を当てる。この章の中心的なテーマは、自身の受けてきた教育が、自分は子どもの学業達成を助けることができるのだという確信とどう結びつくのかという点である。ここではさらに、学校からの要求によって、子どもの学業成績を助ける自分たちの役割に関する信念が、どのように形作られるのかという点についても検討する。9章では、女性たちの職業生活の多様な軌跡の背後にある環境と、就労を動機づける要因について検討する。多くの女性が若い頃は自らの就労について明確な抱負をもっていたが、現実には子育てとフルタイムでの仕事を両立させることができないでいる。10章では、本書で得られた知見を整理したうえで、日本における家族政策と、その実践への示唆について議論する。最後に、日本における子育て研究、社会制度、および個々の行為主体について行われた本研究の理論的な意義についての検討を行うことで本書の結びとする。

著者の背景および謝辞

私は1980年代なかばから日本で研究を行ってきた。当時、私は大学院生として日米の子育て実践に関する国際比較研究にかかわっていた。発達心理学と幼児教育で博士学位を取得したあとは、日本の親が子どもの就学準備に果たす役割について研究を続けた。多くの欧米の研究者と同様、私も第二次大戦後の日本の経済的な成功に好奇心をそそられ、日本の社会と教育とのかかわりに興味をもった。当初は日本の母親たち自身が自らの役割をどう形作り、また理解しているのか知ることよりも、彼女たちの努力の道具的な価値を実証的に研究することに没頭していた。

1990年代に入り、私は日本の幼稚園に関する研究プロジェクトを開始した。この頃から私は日本の母親たちの個人的な経験と考え方とに関心をもつようになった。当時の欧米の学術文献に浸透していた日本女性に対する肯定的なイメージとは対照的に、私がインタビューを行った幼稚園の園長たちは、母親たちのことをぜいたくにテニスばかりしたり飲み歩いたりするような存在だと決めつけることがしばしばあった。私はこうした非難に不快感を覚え、それを抑えなければならないこともあったが、そうした非難に対して取り立てて注意を払うこともなかった。ある日のちょっとした出来事から、私は良い母親であることについての言説に注意を向けるようになった。研究補助として手伝ってもらった五〇代半ばの日本人女性と一緒に幼稚園に行く途中のことだった。約束の時間よりも少し早く着いたので、時間つぶしに幼稚園の近所の喫茶店に立ち寄った。そこに女性客がたくさんいるのを見て、同伴者が気軽な調子で、「家庭の主婦が昼日中から街中に出歩いているのを見ると今でも驚いてしまう」と言ったのだった。彼女は幼稚園の園長たちのように女性が楽しみのために時間を過ごすことを非難するわけではなかったが、それでも彼女にとっては注目に値することのようだった。母親たちの日常の行動に眉をひそめているのは、少数の気むずかしい男性だけではないのだということを知らされた。このことがあってから、午前中から友だちとコーヒーを飲むだけで人目を引くことになるような社会で、母親であるということはどのようなことなのか、私の好奇心は少しずつ膨らんでいったのだった。

私自身が仕事と家庭とのバランスに苦労してきたこともあり、研究をするうえでは、できるだけ自らの立場に自覚的であろうと努めてきた。玉野井が「日本の女性が家父長的な権威に対して従順であると考えられていることに対する、ある種の憤激から自分の仕事を始めたように思われるような研究者もいる」（Tamanoi, 1990, p.19）と指摘している点についても十分に自覚的であろうとしてきた。もしも私が伝統主義者の観点からではなく、フェミニストの立場からであっても日本女性を批判する人々のかまびすしい合唱の中に加わることになるとすれば、どれほど皮肉なことだろう。私は自分の個人的な政治的信念でもって彼女たちを裁くことにならないようにし、むしろ彼女たちの視点を理解するという課題に自ら没入するように努めてきた。

もちろん私が日本人でないという事実も、私が協力者たちをどのように見ているのかということだけでなく、逆に彼女たちがこの研究プロジェクトをどう見るのかということに大きく影響している。そこで、私が外部の人間であるという制約を乗り越える方法として選んだのは、日本人同僚とできる限り緊密に連携をとりながら仕事を進めるということであった。本研究を進める過程で2人の有能な大学院生がプロジェクトに参加してくれた。そのひとりが鈴木佐和子で、現在はカリフォルニア州セント・メアリー・カレッジの講師をしている。もうひとりは山本洋子で、現在はブラウン大学でポスドク研究員をしている。2人とも研究の各段階に関与し、研究をうまく進めるために、決定的に重要な役割を果たしてきた。彼女たちは、最初の協力者を募る段階からプロジェクトに参加し、調査とインタビュー項目の作成にもかかわり、実際にインタビューの多くに参加し、データ分析とまとめの作業のすべての段階にかかわってきた。こうした有能な2人の女性とともに仕事をする機会に恵まれたことは、本当に幸運なことだと思う。

カリフォルニア大学バークレー校の多数の学部学生・大学院生も本研究に貢献してくれた。現在はテキサス工科大学の教員である和子・ベアレンズは、本研究の初期の予備調査の段階に深くかかわっている。彼女は最初の質問紙調査を準備し、札幌調査の協力者を募ってくれた。札幌での最初の段階でのインタビューを実施することができたのも、彼女の貢献によるものである。バークレー校の学生であるメリケ・アカー、サン・ベー、ジェイミー・チェン、サリ・レイバント・サングビー、ジェシカ・ミンドニック、小野田恭子、ジェシカ・テイジー・ピトリー、リナ・ソーは、データのコーディングと分析作業に参加してくれた。ステファニー・ローと朴詩羅は、図書館での文献調査と原稿の校正作業について、有能かつ価値ある貢献をしてくれた。本書の草稿段階では、バークレー校の私の研究グループの次の学生たちとの議論から大きな利益を得た：メリケ・アカー、シャーナ・コーエン、イレンカ・ドミンゲス・パレト、オリヴィア・フリント、マヌエラ・グロース、ローラ・ラーラ、長瀬鮎美、ディビッド・ヌーフェルド、朴詩羅、パティ・ソロモン・ライス、ターニャ・スーホー、リサ・ウォーダーズ・ヴァーン。原稿全体を読んで広汎な点にわたりコメントをしてくれた山本洋子とブルース・フーラーには深く感謝している。サラ・セラフィムには原稿の整理段階で非常に助けてもらった。ケンブリッジ大学出版会のシミナ・ケイリンとジーニー・リーには出版にいたる過程で原稿を見守り続けてくれたことに感謝したい。

２０００年にスペンサー財団から受けた小規模な研究基金により本研究を開始することができた。その後、鈴木佐和子と山本洋子が、カリフォルニア大学バークレー校から、本プロジェクトの遂行に必要な研究資金の助成を受けることとなった。このプロジェクトは、その多くが好きだからこそできた仕事であり、多くの人々がほとんど無償でプロジェクトのあらゆる局面にかかわってくれることがなかったら、プロジェクトを遂行することはできなかっただろう。

参加女性の匿名性を保つため名前を挙げることはできないが、札幌と大阪にある数園の幼稚園の園長先生には、本研究への参加者を募集する際にご協力いただき感謝している。同様の理由から協力者の名前をここで挙げることはできないが、本研究に参加していただいたことについて、彼女たちには心からの感謝の気持ちを捧げたい。とくに、私たちを家に招き入れ、佐和子と洋子、私との間で、考えと感情とを分かち合ってくださった16名の女性に謝意を表したい。

多数の友人や同僚には、重要な点において直接的にも間接的にも本研究に貢献していただいた。私は日本の女性についての研究の先駆者である柏木惠子先生に多くのものを負うている。先生のご研究から多くのことを学び、また、日本でひとりの女性が職業のうえで成功するために何が必要なのか、先生ご自身にひとつの具体例を示していただいた。柏木先生、東洋先生、そして今は亡きロバート・ヘス先生は、この領域で研究を進めるうえでの最初期の段階における師であった。先生方の知恵と導きには本当に感謝している。

大阪教育大学の高橋登氏にはこの15年にわたり、日本の社会状況に関して有意義で価値ある助言をいただいた。また、タマルパヤス山にハイキングに行った際にマーティー・ブラム、ミリアム・クッパーマン、およびローラ・マイヤーズと長い時間話し合ったことにより、このプロジェクトが与えてくれた課題とチャンスについて、さらにはその他の私の人生で大事なすべてのものにどう取り組むべきかということについて、考えることができた。

本研究を進めている間に、私の子どもたち、ケイトリンとディランも成長し、今では自分の職業や学業について、夢を追い続けている。子どもたちには私の日本中毒に延々とつきあってもらって感謝している。ブルース・フーラーは、日本女性について私が考えたこと一つひとつに興味をもって耳を傾けてくれ、本書で提示した解釈と分析に貴重な貢献をしてくれた。彼が家庭生活における揺らぐことのないパートナーであり続けてくれたことにより、妻であり母親であることの喜びが経験できたばかりでなく、私の職業人としての生活も充実したものとなった。

目次

第二部

8章　子どもの学校教育への母親の関与　223

9章　仕事と家庭生活のバランスをとる　266

装幀　臼井新太郎
装画　さいとうかこみ

第一部

1章　「良妻賢母」――文化的な文脈のもとでの子育てと家庭生活

20世紀の後半を通じ、日本の女性は欧米の研究者やメディアの専門家から、主婦と母親の役割に強く縛られていると言われ続けてきた。世界中で起きているジェンダー革命をよそに、日本の女性は若いうちに結婚して労働市場から退出し、子育てと勤勉な夫の世話に明け暮れているようだった。けれども現在の日本で起きているさまざまな事態は、世界的に見れば例外的とも思えるこうした状況がもはや事実とはいえないことを明らかにしている。多くの女性が結婚を遅らせ、これまでよりも少ない数の子どもしかもとうとしないか、あるいは結婚や子育てそのものを避けようとしている。

１９４7年には、日本の女性は生涯に平均４・５人の子どもを出産していた。60年後、その数は１・3人にまで激減し（National Institute of Population and Social Security Research, 2003）、日本の出生率は短期間のうちに世界でも最低水準となり、もっとも高齢化の進む国のひとつとなっている。現在１億２千7百万の人口は２０５５年には9千万人まで減少し、国民の４人に１人が75歳以上となると予想されている（Japan Center for Economic Research, 2007; Kaneko et al., 2008a も参照のこと）。

出生数の減少は日本経済にも影響を及ぼすことになるだろう。２０５０年の労働人口は４４５０万人にまで落ち込み、２００５年の70パーセントにすぎなくなる（Japan Center for Economic Research, 2007）。こうしたことから、労働力の減少は政府の最大の関心事のひとつとなっている。日本経済研究センター（Japan Center for Economic Research）の予測では、労働力の減少は最初の10年は女性の労働市場への参入によって補われると考えられるが、長期的な見通しはあまりよいものではない。実際、同センターは日本の経済成長率が２０４０年代にはゼロとなると予測している。

なぜ多くの女性が、近代日本の誕生以来奨励されてきた「良妻賢母」という役割を引き受けようとしなくなっているのだろうか。さまざまな分野の研究者がこの問題の答えを見つけようとしてきた。人口統計学者は、結婚年齢が遅くなったことにより出産可能な期間が短くなることを指摘している。このことは、生まれてくる子どものうち、婚外子の割合が２パーセントにすぎないこの国では決定的に重要である（National Institute of Population and Social Security Research, 2003）。また、多くの日本人が子育てにかかる費用の大きさを懸念していることが経済学者によって指摘されている（Kaneko et al., 2008b; Ogawa, Retherford, & Matsukura, 2009）[1]。公共政策の専門家によると、対ＧＤＰ比での日本の社会福祉への支出額はＯＥＣＤ加盟29か国中22位にすぎない（OECD, 2003）。こうした財政状況により、子育てに十分な資金が投入されず、子育ては均質なものではなくなっている（Holloway, 2000）。

政治家もまた、この問題について発言してきた。保守政治家は、家庭よりも仕事を重視するような女性は身勝手で愛国心に欠けると批判する。たとえば森喜朗元首相は、自民党の少子化問題調査会の会長でもあった2003年に、日本の女性が高学歴になったことで出生率の低下が起こったと公言し（French, 2003）、さらに、子どもを作るという国民としての義務を果たしてこなかった女性が、歳をとって国から福祉的な援助を受けるのはおかしいとまで発言している（Frederick, 2003）。女性による家庭の「放棄」が欧米の影響から生まれたと考える保守政治家の中には、女性の財産権や離婚を認めた憲法24条の廃止を主張する者すらいるようだ。実際、彼らは男女共同参画をうながす政府の報告書について、「男女が等しくあるべきだという条文が『戦後の利己的な風潮を助長し、家庭や地域社会を崩壊』させた元凶である」と断言さえしている（Beech, 2005）。

他方でより穏健な立場からは、この問題について異なった方向からの提言も行われている。政府は、子どもをもつかどうかは個人の選択の問題であると公式に認めているし、育児にかかる費用の援助も行ってきた。たとえば2005年に改正された児童手当法によれば、小学校3年生までの第1子、第2子にはそれぞれ月額5千円、第3子以降には月額1万円が支給されることになっており、さらに2007年からは3歳未満は第1子、第2子でも1万円が支給されている（Ministry of Health, Labor, and Welfare, 2008）。政府は企業に対し、子どものいる女性が職場を離れざるをえなくなるような差別的な対応をとらせないよう努力してきたが、そうした試みはこれまでのところ失敗に終わっている。また、勤労者が家事に積極的にかかわることが可能な職場文化を形成することもできないでいる（Miller, 2003; National Institute of Population and Social Security Research, 2003; Schoppa, 2006）。これまでのところは、保守政治家による激しい主張も穏健で現実的な施策も、いずれも出生率の低下傾向をくい止めることに成功していない。

日本の母親は主観的には何を経験しているのか？

日本政府は出生率の低下に深い懸念を示してきたが、その一方で、実際にその決定を行う女性が考えていることについてはおどろくほど関心が寄せられてこなかった。比較的最近までは、多くの研究者が当事者である女性の視点に立った研究を行ってきたとは言い難い。この二、三十年、日本や欧米の心理学者は母親自身の経験を理解しようとするよりも、子どもの発達をうながす母親の役割の方に関心をもち、研究を進めてきた。柏木恵子が指摘するように、ほとんどの（心理学）研究者は日本の女性のことを、子どもを育てる「環境」変数として扱い、子どもに高い能力を身につけさせるためのスキルは別として、その信念や感情を考慮すべき個人として見てこなかった（Kashiwagi, 1998）。日本女性に対する研

【1】実際のところ、1300万円（2005年の為替レートで11万1300ドル）を少し超える程度の費用は、多くの西欧諸国と比べても取り立てて高額であるわけではない。たとえばアメリカ農務省によればアメリカ合衆国の中流家庭の教育費は25万ドルであり（U.S. Department of Agriculture, 2005）、オーストラリアのメルボルンで子どもをひとり育てるのにかかる費用は21万1000USドルを超える（Henman, 2006）。アメリカの方が相対的に収入が多いことから日本に比べると子どもをひとり育てるのに余計な費用がかかっていると考えられるが（2007年の平均可処分所得はアメリカが1万9776ドルであるのに対し、日本は1万2706ドル）、日本とオーストラリアとの間では、ほとんど個人の収入に違いはない（オーストラリアの平均可処分所得は1万3296ドル）（World Salaries Group, 2007）。

究上の関心が高まっている理由が、出生率の減少について悩みを抱えるこの国で、文字どおり彼女たちが子どもを生む「環境」であるからというのは皮肉である。

実際のところ、私が関心をもっているのは出生率の減少それ自体よりはむしろ、それが日本の女性のおかれた状況を明らかにする可能性についてである。もし、子どもをもって幸せな生活を送ることができるような社会的状況があれば、日本の女性も他の国々のように母親となることを望むのだろうか。もしそうならば、出生率の減少は日本女性のおかれた状況に問題があることを示す指標と考えることもできる（Rosenbluth, 2007も参照のこと）。多くの日本女性が結婚し母親となることに前向きになれないでいる理由は何なのだろうか。現代日本において母親になるとはどういうことなのだろう。

各種の世論調査によれば、日本の女性は妻という役割に対して、よく言っても相反する感情を抱いている（Ohinata, 2001）。１９９０年代末に文部省が行った調査によれば、家庭生活に満足している日本女性の割合は46パーセントであり、アメリカの67パーセント、イギリスの72パーセント、韓国の53パーセントと比べても低い（Schoppa, 2006, pp.75-76）。90年代半ばに日米で行われた調査では、未婚のアメリカ女性は69パーセントが結婚をした方が幸せだろうと考えているのに対し、日本は51パーセントにとどまっており、アメリカの女性に比べ、日本女性は結婚を望ましいものとは考えていないようである（Tsuya, Mason, & Bumpass, 2004）。

また、欧米や他のアジア諸国と比べ、日本の女性は自らの子育てを、心情的にも報われることの少ない、複雑な仕事であると考えている。最近の調査によれば、「子育てはいつも楽しいか」という質問に対し、韓国の親は64パーセントが、アメリカも67パーセントが肯定的であるのに対し、日本は47パーセントとなっている（Hirao, 2007a）[2]。別の調査でも、「子どもを育てるのは楽しいか」という質問に、アメリカの親は67パーセントが「とてもそう思う」と答えているのに対し、日本は46パーセントしかなかった（National Women's Education Center, Japan, 2005）[3]。アジア５都市（東京、ソウル、北京、上海、台北）の母親を対象とした他の調査でも、他都市に比べ東京の母親は子育てにフラストレーションを感じていることが示されている（Benesse Educational Research Institute, 2006a）。

　さらに、海外の観察者から賞賛されることが多いにもかかわらず、日本の母親は育児をうまくこなせていないと考え、不安を感じ、自信を失っていることが多いようである。たとえばある調査では、ほぼ半数の母親が子育てについて「あまり自信がない」「自信がない」と答えており（Shwalb, Kawai, Shoji, & Tsunetsugu, 1995）、先進８か国の調査でも日本の母親は子育てに自信がないと答える割合がもっとも高

[2]（訳注）この数値は１９９３・１９９４年に日本、韓国、タイ、アメリカ、イギリス、スウェーデンで実施された調査結果に基づいている（日本女子社会教育会（編）（1995）家庭教育に関する国際比較調査報告書 ── 子どもと家庭生活についての調査）。父母に対し、「子どもを育てるのは楽しいか」という質問に「いつも感じる」「時々感じる」「感じない」の３件法で答えを求めている。「いつも感じる」を選択した割合は、日本46・５％、韓国64・４％、タイ67・７％、アメリカ67・２％、イギリス54・３％、スウェーデン42・７％であった。

[3]（訳注）この調査は１９９３・１９９４年調査の10年後、２００３・２００４年に日本、韓国、タイ、アメリカ、フランス、スウェーデンで行われたものである。結果は以下のホームページで閲覧可能である。http://www.nwec.jp/jp/publish/report/page16.html（２０１２年６月13日確認）「子どもを育てるのは楽しいか」という質問項目は共通で、「いつも感じる」が選択された割合は日本46・０％、韓国58・９％、タイ21・４％、アメリカ66・６％、フランス60・０％、スウェーデン58・２％であった。

くなっている（Bornstein et al., 1998）。

親として自信がないことは何が問題なのだろうか。心理学者のアルバート・バンデューラによれば、自己効力感に欠ける人、つまり何かをしようとするときに、自分にはその能力が欠けると思っている人は、困難な状況に直面したとき、自分のもっている否定的な考えや感情に圧倒されてしまい、努力して問題を解決しようとはせず、困難を跳ね返すよりは、むしろあきらめてしまいがちである（Bandura, 1982, 1997）。バンデューラのこの主張は研究によって確かめられており、子育てがうまくできていると感じている人は、自信のない親に比べ、困難な状況でも適切に対応できることが知られている（Ardelt & Eccles, 2001; Bandura, Barbaranelli, Caprara, & Pastorelli, 1996; Coleman & Karraker, 1997; Oettingen, 1995; Olioff & Aboud, 1991; Silver, Bauman, & Ireys, 1995; Teti & Gelfand, 1991; Williams et al., 1987）[4]。

母親の自信のなさはメディアにより育児不安と名づけられ、現代日本の家族が直面する深刻な問題のひとつであると考えられている（Kazui, 1997; Shwalb, Kawai, Shoji, & Tsunetsugu, 1997）。また、幼児と就学前の子どもをもつ日本の母親を対象にした研究から、親が子育てに自信がないと、「子どもが言うことを聞かなかったり反抗しても、はっきり毅然とした対応ができない」ことが示されている（Ujiie, 1997, p.482）。柏木惠子も、日本の母親が経験している不安やいらだちは、子どもに対する無関心へと向かう可能性を指摘している（Kashiwagi, 1998）。日本では、子どもとの一体感は母性本能の「自然な」表現であると受け止められることが多いが、子育てに専念する時間が長い女性（したがって「伝統的な」役割を果たしている女性）の方が、子どもとの間に「一体感」を感じることが少ないことも柏木によって明らかにされている。

価値ある仕事をうまくやりとげられると感じていることが重要であるとすれば、社会が女性の仕事として決定的に重要だと考えている役割をうまく果たせていないと感じている日本女性にとって、毎日の暮らしはどのようなものなのだろうか。これが私をとらえた疑問であり、そこから本書のもとになる研究が始まった。もしも日本の女性が本当に子育ての自己効力感に欠けているのだとすれば、どうやって彼女たちはよい親になっていったのだろう。これもまた私が知りたいことであった。海外の研究者は結局のところ、日本の子どもたちは高い学力を達成し、望ましい社会的な発達を遂げていると考えており、それは親が子どもに対して何かよいことをしているからに違いないと結論づけているのだから。

こうした疑問に対する答えを求め、私は子育てについての生態学的文化アプローチ（ecocultural approach）をとることにした[5]。このアプローチでは、親は自らが暮らす社会の中で子どもの生存の可能性を最大にし、子どもたちが文化的に価値のある技能とその文化の特徴を獲得する可能性が最大になるよう、子育ての目標と育児法（つまり、文化モデル）を発展させると考えられている。子育てに対する生態学的文化アプローチでは、個人・文化・制度という、3つのレベルに基づいた分析が行われる。最初のレ

[4] 個人が周囲に働きかけ、影響をおよぼすことができると感じていることを表す構成概念は、自己効力感（self-efficacy）の他にもいくつかある（たとえば統制の位置（locus of control）、個人管理（personal control）、統制（mastery）など）。自己効力感はなかでも理論的な枠組みがしっかりとしたものであり、実証的な研究も多いことから、本書ではこの概念を用いている。自己効力感の概念は、近年では社会学でも用いられるようになっており（Hitlin & Long, 2009）、制度化された権力のもとでの個人の行動を分析するうえで、有効な道具となっている。

ベルである個人レベルでは、自分の働きかけが他に影響を及ぼし得ることの知覚、すなわち、自己効力感が親によってそれぞれどの程度異なるのかという点に、私はとりわけ関心をもっている。女性が母親の役割をどのように概念化し、どういった基準で自己評価を行い、また、それが長期にわたる安定性をもつものなのかを知りたい。また、女性が、自らが親として役立っていると感じているかどうかが、どういった要因によって決まるのかにも関心がある。そのうえで、こうした自己認識が、彼女たち自身の子どもの頃の経験や結婚、就労により、どのように形作られてきたのかを見ていくことにする。もちろん、経験に対する反応は人によって異なる。たとえばユーモアに富んだ女性であれば、夫からの批判をうまくかわすことができるだろうし、同じ言葉に深く傷つく女性もいるだろう。私としては、それぞれがもつ、そのような個人的な特性も無視してしまわないようにしたい。そして最終的には、母親の自己効力感が、子どもとのかかわりとどう結びつき、また子どもたちの学校生活をどうサポートすることになるのかを明らかにしていきたいのである。

本書における分析の概念的な基盤となる2番目のレベルは、文化のレベル、とりわけ、日本女性が日々の生活で直面する問題を切り抜けて行くうえで利用可能な、家庭生活についての集合的な表象（あるいは文化モデル）のレベルである。文化モデルとは、ものごとがどのようにあるのか、またあるべきなのかということについて集合的に構成された信念を指している[6]。たとえば子育ての領域では、日本人の中には3歳までは子どもは自由に育て、そのあとでもっときびしくしつけるようにすべきであるという信念をもっている者がいる。また文化モデルには、信念や価値に加え、日々の決まった状況のもとでとるべき行動の系列も含まれている。

子育てに関する文化モデルが集合的に構成されたものであるとしても、それは必ずしも国民（あるいは民族）のレベルで形成されるわけではない。また、集団のメンバー全員が、必ずしも優勢な文化モデルに同意しているわけでもない（Gjerde, 2004）。相対的にいえば均質な国である日本でも、子どもをどのように養育し教育するのかという点に関しては、当然ながら広汎な意見の対立が見られる（Holloway, 2000）。人類学者は、文化モデルを「暗黙の」、あるいは「当然と思われている」ものと考えるが、私が本書で示そうと考えているのは、もっと意識的で反省的な思考の対象である。別の研究で、私はこれを「明示的な」モデルと呼んだ。それは、個人がもつ信念として意識的に評価され、言葉ではっきりと表現されるものだからである（Holloway, Fuller, Rambaud, & Eggers-Piérola, 1997）。親が子育てをするときには、暗黙の仮定やモデルに基づくこともあるだろうが、現代社会では、他の親の子育てを見たり子どもの教師と話したり、さらにさまざまなメディアに接することによって、他のモデルを知る機会もあるのだ。こういった場で、親は積極的にさまざまな方法を比べ、評価し、価値があると考えたものを自らの

［5］このアプローチは、人類学者のベアトリス・ホワイティングとジョン・ホワイティングによって創始されたもので、その後、彼らの同僚や指導学生であったサラ・ハークネス、ロバート・ルヴァイン、サラ・ルヴァイン、チャールス・スーパー、トマス・ウェイズナーらによって受け継がれてきた（Harkness & Super, 1992, 2002; LeVine, et al., 1994; Weisner, 2002; Whiting & Edwards, 1988; Whiting & Whiting, 1975などを参照のこと）。

［6］研究者によっては「文化的関心（cultural concerns）」や「談話（discourse）」という用語を用いることの方が好まれる。こうした用語の方が流動性、つまり「異なった関心をもつ集団がそれぞれの関心に自らを適合させ、自分たちについての表象を形作って行くことを可能にする不安定性」（Gjerde, 2004, p.146）をうまく表現できていると考えられるからである。

養育方法に取り入れている。ひとりの親が、なぜそのように振る舞うのかを理解するためには、彼女が属するコミュニティのメンバーが利用可能な文化モデルを明らかにすることは重要であるが、同時に「個人の自己意識、個別性、自らが属する文化を超えていく能力」(Gjerde, 2004, p.140)を認めることも重要である。

第3の分析レベルは、公共政策や制度が、妻と母親の役割をどう定義し、日本女性が利用可能な機会をどのように提供しているのかという点に関するものである。たしかに20世紀に生じた急激な変化により、複雑で巨大な都市で生きていける子どもを育てるよう、日本の親は新たな制度的圧力を受けている。そのため公的な制度は、戦略的に文化モデルを用いている。たとえば日本政府は、倹約、勤勉、従順など、経済の持続的な発展に重要であると考えられる、「伝統的な」価値の再活性化に積極的に取り組んできた。日本の財界人や政治家、官僚がこうした問題について反対にあうと、しばしば反対者に対して「欧米の個人主義」に毒されているとか、「日本人らしくない」という言い方で非難してきた(Mouer & Sugimoto, 1986)。こうしたやり方は、本書で見ていくように、女性が母親や被雇用者としての活動に対する制約を打ち破ろうとする際に、政策決定者がそれを抑圧するために、しばしば用いるものである。

近年、ペア・ゲルデ(Gjerde, 2004)やその他の研究者たちは、文化心理学は社会の中で誰が「支配的な声」を所有しているのかを明らかにする必要があると主張している。そうした存在は、特定の文化モデルを形作り、促進し、他のモデルを抑制する権力をもっている。心理学者が日本について書く際には、日本人は文化的な価値について均質であり、権力に関しては中立的な「共生」過程を経て均質な状態にいたったと仮定することがあるが、これとは対照的に、家族や学校、コミュニティ、職場で、権威が力をふるう様子に焦点を当てる研究者もいる（Holloway, 2000; Sugimoto, 2003）。彼らによれば、日本の「やさしい権威主義」は、表面的には寛容で間接的なものであるという装いをもちながらも、非常に効果的に機能しており、したがって注意深く見ていく必要があるのである。

良妻賢母とは何か？

良妻賢母という言葉は、1870年代に中村正直によって作られた。背景には日本の速やかな近代化の達成を目指す、政府官僚による次のような認識があった。女性は愛国的な活動に従事して家庭収入に寄与することによってばかりでなく、子育てにも積極的な役割を果たすことにより、新しい国家の建設に貢献することができる（Patessio, 2006; Sievers, 1981）。けれども二、三十年のうちにこの言葉の意味は変質し、政府の役人は女性を公的な領域から排除し、以前には与えられていた数少ない法的権利も取り上げ、生産的な労働に従事するよりも、子育ての方が女性の主要な役割であると考えるようになった。第二次世界大戦後は新憲法の下で女性の権利が認められるようになったが、良妻賢母のイメージは、保守的な色をおびながら維持されてきた。戦後も政府は母親の役割を強調し、子どものいる女性が労働力として参入することを難しくしてきた。「鉄のトライアングル」である政官財にとっての理想の労働力とは、「主婦のプロ」に家庭を支えられた勤勉な男性のことであった。「良妻賢母」という言葉は現在も耳にするが、それが政府や産業界によって家庭外で働く機会を制限されてきたことを象徴する言葉だと感じる女性たちにとっては、否定的な含みをもったものとして受け止められている。

21世紀になり、良妻賢母イメージの保守的な側面を強調する政府の試みの限界は、ますます明らかなものとなってきた。日本国民が、政府によって推進されてきたこの文化モデルを真剣に受け止めてきたのならば、日本の家庭には今も子どもがあふれているはずだが、実際そうなってはいない。内省的で自己意識をもち、創造的な個人である日本の女性が、母として、女性として、また人としての義務についてどう考えているのかを明らかにしようという私の探究は、ここが出発点となる。

2章　研究の時間的・空間的な位置づけ

女性の声を聴く

本書を通じ、私は4名の女性、順子、千尋、浅子、美由紀の物語に焦点を当てる予定である。彼女たちの語りを通して、本研究のより多くの協力者の話の中に顕著に表れる、いくつかのテーマを具体的に示していく。そうしたテーマには、子育ての目標とそれに対する自己評価、自身の子どもの頃の夢や望みをいくぶんかでも生活に反映しようとする努力、妻としての経験、学校や仕事の場への参加、などが含まれている。数人についてであっても「物語の全体」がわかってくれば、さまざまな経験と関係が、彼女たちの人生の中でどのように関連し合っているのかを知り、さらに、職場や学校などの制度が、どのように彼女たちの子育ての努力のために場を提供しているのかを、より深く知ることができるだろう。

本章では、最初に4人の女性について説明する。次に、彼女たちが暮らすコミュニティを見ていくことで、本研究のデータ収集が行われた時期に、彼女たちの生活に影響を及ぼしていた社会的、政治的な条件の特徴をあきらかにしたい。

私たちのインタビュー調査では、この4名の他に、12名の女性にインタビューを行っている。この16名は、私たちがこれまでに行ってきた質問紙調査の対象である116名の女性の中から選ばれた。より深いインタビューを行うこの16名の選択にあたっては、自分の子育てに自信をもっている女性と、そうでない女性が含まれるようにした。1章で見てきたように、自己効力感についての私の関心は、実際とは裏腹に、日本の女性がみずからをよい親ではないと確信していることを示す研究によって触発されたものである。日本における自己反省と自己評価に関する文献を読むと、こうした概念が日本でどのように機能しているのかをよく知るためには、そこに含まれるさまざまな要素についてもっと知る必要があると思わされた。116名を対象とした質問紙調査で測定した自己効力感の結果から、16名のインタビュー対象者の半数はこの尺度で平均以上の者を、残りは平均以下の点数の者を選択した（付録Aにこの尺度の項目を載せてある）。

これまで日本の家族についての研究は、中流階層に焦点を当てることが多かったが、私たちは、さまざまな社会経済的な地位の女性を選択することにした。その結果、16名中半数が高卒の、残りが短大か大卒の女性となった。インタビューは、子どもが幼稚園（あるいは保育所）に通っている時期に2回、小学1年生で1回、2年生で1回の合計4回行われた。基本的な人口統計学的特徴を表2-1に示す。

本書では、16名のインタビューで得られたデータに加え、116名に対して3度（子どもが幼児期、1年

表 2-1 対象者の特徴

名前	母親の教育	母親の就労状況[a]	子ども	夫の教育	家庭の収入[b]
浅子	高卒	無職	男児2名	高卒	中／高
ベニ	短大卒	無職	男児2名,女児1名	専門学校卒	低／中
千尋	大卒	パート	男児1名,女児1名	大卒	低／中
浩美	高卒	常勤	男児1名,女児1名	高卒	低／中
順子	高卒	パート	男児1名,女児1名	大卒	低
佳世子	中卒	無職	女児2名	高卒	低
マリ	短大卒	無職	男児1名,女児1名	大卒	高
雅代	大卒	常勤	男児2名	大卒	中／高
美保	高卒	無職	女児2名	高卒	中／高
美由紀	短大卒	パート	女児2名,男児1名	専門学校卒	低
直子	大卒	パート	男児2名	大卒	中／高
礼子	短大卒	パート	男児1名,女児1名	大卒	中／高
リサ	高卒	パート	女児2名,男児1名	高卒	低
さくら	高卒	パート	男児2名,女児1名	高卒	低／中
康子	高卒	パート	女児2名,男児1名	高卒	低／中
ユリ	大卒	パート	女児1名	大卒	低／中

注）本書で焦点を当てた4名（浅子，千尋，順子，美由紀）はゴシック体で表記している。また，網がかかっているのは，最初の質問紙調査で子育て自己効力感の得点が高かった者。2名（さくらと雅代）は2度目のインタビューを実施して以降は本調査に参加していない。

a 最後のインタビュー時の就労状況

b 収入のカテゴリーは最初のインタビュー時のもの：低＝300～500万円，低／中＝500～700万円，中／高＝700～1000万円，高＝1000万円以上生、2年生のとき）実施された質問紙調査の結果を補足しながら議論を進める。116名の人口統計学的なデータ、および私たちの研究方法の細部に関しては付録Bに掲載した。

本書で焦点を当てる4名の女性のうち、2名（順子と千尋）は自らの子育て能力に自信がなく、2名（浅子と美由紀）はそれに比べ、母親としてずっと自信をもっている。また、2名は高卒（順子と浅子）であり、1名は短大卒（美由紀）、1名は大卒（千尋）であった。

順子　率直で快活な順子は、喜劇やお笑いで知られる大阪で育った。インタビューで順子に会ったときには、2人の子持ちの30歳過ぎの親にはとても見えず、大学生のようだったことが思い出される。茶髪を流行の髪型に整え、濃いアイラインを引き、マスカラをたっぷりとつけていた。ハスキーな笑い声を聞けば、十代の頃には親や教師に反抗し、けれども同時に人を惹きつける魅力をもった少女だったことが容易に想像できる。

活気のある様子であるにもかかわらず、順子の子育てに関する自己効力感は高くなかった。最初のインタビューで、子どもをしつける正しいやり方を見つけることが彼女にとってどれほど難しいか語っていた。

あんまり自信、もともとないんですけど。怒り方がね、うまいこといかないんです。言い聞かせる、納得させるようなことをうまく言えないんですよ。言葉が足りないんでね、もともと。余計なことは言うんですけど、納得させるようなうまいことは言わないんで。だもんで、ついおっきい声をだしたり、おしりをたたいてみたりね、そんなことしかできないんです。それがちょっと自信ないですね、言い聞かせる自信が。だから、幼稚園の先生のようにやさしく言い聞かせるのは無理なんです（笑）。[7]

親は厳格であるべきで、「子どもたちに悪いことは悪いと教えなければならない」と順子は考えていたが、厳しさと愛情とをどう組み合わせたらいいのかわからず、「子どもにとって本当にいい親でもやさしい親でもない」と言っていた。彼女は子どもたちの勉強のサポートの仕方についても不安があるようだった。自身が高校をやっとの思いで卒業できたくらいなので、子どもの勉強を見てやれるだけの能力はないと考えていた。

順子には、子育てについてサポートをしてもらったり助言をしてもらったりするような、頼れる相手がほとんどいなかった。最初に会ったときにはまだ結婚して十年も経っていなかったが、夫とはうまくいっていないようだった。夫は自営でかなり自由になる時間があったが、子育てや家事を手伝うことはほとんどなかった。順子は夫の子育てについての価値観や考え方を尊重していなかったので、心配ごとがあったり問題が生じたりしたときも、夫に助けやサポートを求めるようなことはなかった。彼女は子

[7] 女性と家族の匿名性を保つため、仮名を用い、個人が特定されるような細部については変更を加えた。インタビューの引用にはほとんど変更を加えていないが、読みやすさを考慮して言いよどみ等は除いている。また、繰り返しや無関係な会話については省略した場合もある。その場合はそれがわかるように中略等で示してある。

どもたちの担任と連絡をとったり、子どもの同級生の親たちと情報交換をしたりアドバイスをもらったりするようなこともしないと言っていた。その代わり、友だちと散歩することや、回路基板を組み立てる内職、気に入っているポピュラーソングのCDを聴くことなどで、自分のストレスを解消させていた。

千尋　がっしりとした体型で、エネルギーに満ちているように見えるにもかかわらず、千尋もまた私たちの協力者の中では効力感の低い女性のひとりだった。千尋は誠実に母親の役割を果たそうとしていたが、そうした努力にもかかわらず、親として十分な仕事ができていないと感じているようだった。「ときどき親になる資格なんてあったのかなって思うことありますから。立派じゃないですからねぇ、子どもから見て」。彼女は子どもの考えや気持ちを理解するのが難しいと感じているだけでなく、とりわけ娘に対しては、冷淡な感情を、極端にいえば敵意さえ抱いているようにも見えた。

自らの子育てスキルについてはまったく自信がなかったが、子どもの教室での活動を見学したり、PTAの行事を組織したり、学校の事務的でルーチンの仕事を手伝うなど、千尋は子どもの通う学校には継続的にかかわりをもっていた。子どもの習いごとへの送り迎えのために、大阪の狭い通りをミニバンで走る姿を見ると、その姿は献身的なものに思われた。彼女は買い物をしたり友人と食事をしたりといった、同じような立場の女性が送っている生活よりも、子どもの教育にかかわるこうした活動の方を好んでいた。また、自由な時間を埋めながら少額のお金を稼ぐため、コピー店で簡単な仕事をしていた。それは、彼女が結婚し出産するまで働いていた仕事と比べると、質の点でも得ていた収入の点でもずいぶん低いものでしかなかった。

十代から千尋は社会活動に参加したいと望んでいた。高校では熱心なリーダーであり、優秀な成績をおさめた。彼女は建築家になりたかったが、父親が家を出ることを許さず、家から通えるところに建築学科のある大学もなかったため、あきらめざるをえなかった。彼女は工業デザインを学ぶことに決め、近くの評判のよい大学に入学した。千尋は4年間よい成績をおさめ、卒業後は有名なデザイン事務所に就職した。彼女は新製品のデザインの仕事が楽しかったし、同僚や顧客とのやりとりを楽しんでいた。彼女には通勤さえ楽しみだった。いつも一緒になる（大部分は男性ばかりの）人たちと知り合いになり、冗談を言い合いながら長い通勤時間を過ごしていた。

仕事は楽しかったが、数年しか続かなかった。結婚するときに、両親から仕事と家庭を両立するには体力が続かないと言われたのである。彼女は仕事をあきらめるのがベストだろうと決心したが、やがて、子どもが幼い間も何とか仕事を続けていればよかったと後悔することになった。インタビューを通じ、彼女は主婦として、母親としての生活への不満と、また学校に通って仕事に戻りたいという希望を語っていた。

順子と同様、千尋も周囲からのサポートがないと感じているようだった。夫は仕事で毎日暗いうちに家を出なければならず、彼女は夫との間に距離を感じていた。千尋は夫からよりも、自分の両親から子育てを助けてもらったり助言を受けたりしていたが、両親は彼女の気持ちを理解せずに批判したり助言したりすることが多いようだった。また、自分のプライバシーを守りたいという気持ちも強く、他の女性と打ち解けることもなかったので、友人との会話は軽い内容ばかりで、重い話題は避けるようにしていた。自分自身が何を求めているのか千尋にもよくわからなかったが、それでも今とは違う人生を夢見ていた。

やっぱり今のこういう暮らしよりも、刺激っていうんですか、外を見たいっていうか、何かちょっと学べるものがあるんじゃないかなっていうのがあるんです。学校行くとか勉強するのもそうでしょうし。新しい仕事でスタートみたいな。それはなんになるかわからないし、いつになるかもわからないですけど。自分だけの時間っていうか、母親じゃなくて主婦じゃなくって、少しの間でも自分だけの時間ていうんですか？

浅子　最初のインタビューの場に、浅子はしっかりと化粧をし、スーツを着て現れた。彼女はもともと運動選手だったので、フォーマルで女性的な服装よりも着心地のよいジャージの方が好きだということをあとで知り、浅子がインタビューのためにかなり努力して服装を整えてきたことがわかった。彼女は敬意をもって私たちに接してくれたが、それは周囲の人間との間で調和をとり、互いに尊重し合う人間関係を大切にする彼女の生き方を反映したものだった。スポーツを続けてきたことで、浅子は女性への伝統的な期待とはぶつかることになったが、他方でスポーツは、人生を楽しく意味のあるものとする道徳的な基準を自分の中にもつことを助けてくれるものでもあった。やさしく冷静かつ真剣に、彼女は目的をもって楽しい暮らしを送ってきたように見えた。

浅子は私たちの調査協力者のうちでも、もっとも自分に自信をもっている女性のひとりだった。非常に思慮深く自分のことを考えているが、子育てについて考え込みすぎないようにする手立てももっていた。「(子育てのことを) 突き詰めたらすごく難しいんじゃないかなと思うんですけど、でも、自分自身がしっかりするっていうか、ひとつの信念をもって考えれば別に大丈夫じゃないのかなとは思うんです」と、最初のインタビューで話してくれた。

浅子が自分の息子に望むことは、彼女自身の人生哲学に一致したものだった。何よりも、子どもには人のことを思いやり、考えることができるようになってほしいと願っていた。そのために、他の子どもたちとかかわり、自然に経験することを通じてそうした感受性を育てていくように見守っていた。浅子自身の成績は平凡なもので、高校卒業後は喜んで就職したが、息子には勉強でいい成績をおさめることを望んでいた。息子は電車がとても好きで、浅子はそれも勉強に生かすよう工夫し、子どもの担任とやりとりをすることも楽しんでいた。

浅子の子育てについての効力感は、部分的には夫の援助によるものであるようだった。夫は会社勤めで定時に帰宅することができ、職場も家から近かった。自分の自由になる時間も、飲みに出かけたりパチンコをしたりするよりは家族と過ごすことの方が多かったので、息子との仲はとてもよかった。育児への参加が子どもを風呂に入れたり一緒にテレビを見るといったことにとどまる父親もいるが、浅子の夫は、息子と近所に買い物に出たり、一緒にスポーツをしたり、楽しみのためだけに一緒に電車に乗ったりということもしてくれた。浅子は子育てについてしばしば夫に相談し、2人で子どもの興味を広げるよう努めていた。また、2人はチームとして子どものしつけに当たっていると言う。「2人で同時に叱らないようにしようねって、子どもがちっちゃいときから、主人と言ってました。だから、お父さんが叱ってるときは私は何も言わない。で、私が叱ってるときは、主人がそのまま横で見てるんです」。浅子の夫は、彼女のサッカーにそそぐ愛情を理解し、運動選手としての能力を尊重してくれた。このことは2人のパートナーシップを強いものとするもうひとつの要因となっていた。

結婚で退職したときには浅子は少し後悔したが、現在は仕事をもっておらず、また、職場に戻ろうとも思っていなかった。結婚したときにあまり迷うことなく退職したのである。私たちの最後のインタビューの直前に、2番目の男の子を出産した。夫と子どもたちのために家庭を守ること、そして、プロレベルというほどではないにせよ、真剣にサッカーに打ち込むことが彼女の目標だった。

美由紀　インタビューをするために小さな台所に入ったときに最初に目にしたのは、美由紀が用意してくれた手作りのたこ焼きその他のたくさんの料理だった。満面の笑みを浮かべ、美由紀は私と同僚の佐和子をテーブルに招いてくれた。以前佐和子と話したときに、佐和子がたこ焼きが好きなことを聞き出し、彼女はわざわざ手作りのたこ焼きを用意してくれたのだった。他人の幸福への関心と思いやりが美由紀の特徴で、まさに完璧な日本の主婦と言えた。美由紀にもうひとつ特徴的なのは、それがどんなに難しいことであっても、毎日経験することの中から教訓を引き出そうとすることだった。彼女は、出来事のほとんどすべてから学ぶことができると考えており、何事にも文句や不平を漏らすようなことはなかった。

美由紀のことを考えるとき、このたこ焼きランチで彼女がアニメのキャラクターが入ったピンク色のエプロンを着けていたことを思い出す。けれども、見かけ上のこうしたかわいらしく柔らかで女性的な様子だけで判断してはいけないだろう。少女のような雰囲気にもかかわらず、彼女の子育てに関する自己効力感は非常に高いものだった。妻としての、また3人の子どもの母親としての役割を十分に果たせているか、注意深くふり返りながらも、否定的な自己評価になってしまうことはなかったし、家族のためだけでなく、自分自身の欲求や好みのことも考えていた。子どもたちの実際の行動の結果ではなく、自らが費やした努力の量によって、自分のことを母親として評価しており、また、どういった外的な基準にも身を任せてしまうことはなかった。

それぞれのお母さんがいるから、このお母さんがいいとかあれがいいとかは意味ないと思う。私は私やと思ってるんで、真似しようとか思ったことないです。（中略）私はね、「完全な母親」っていないと思ってるんですよ。だから、私なりの母親であったらいいわと思ってるんです。縫い物とか苦手やけどもそれなりに、一応雑巾は縫えるし、こんなちっちゃい袋も一応は縫える、雑であっても一応は縫ってるんで。

美由紀の親としての自信の一部は、結婚前に保育士として働いていた経験によるものだった。保育士資格を取るためのコースで受けたトレーニングと、実際に働いた経験から、それぞれの子どもがユニークな存在であり、親や教師のすべきことは、それぞれの子どもに対していかにしたら最良の支援を行えるかを学ぶことだと彼女は感じていた。彼女の経歴からすれば驚くようなことではないのかもしれないが、美由紀は子どもたちの学業成績に強い関心をもっていた。3人の子どもは皆、放課後にさまざまな習いごとに通っており、美由紀は子どもたちがそれぞれ学校だけでなく、そうした習いごとで何を学んでいるのかもよく知っていた。彼女は学校や習いごとの教師たちとも緊密に連絡をとり合い、子どもの不得手な部分を補うために協力し合っていた。子どもの成績を上げることに目は向いているものの、彼女は自らの生活を楽しもうとしていたし、母親であることは楽しいとしばしば語った。

美由紀の夫は、家族が中流生活を維持できるよう、長時間働いていた。家にいるときには、どんなに疲れていても、喜んで子どもの相手をした。夫が注意して聞いているようには思えないこともしばしばあったけれども、自分の心配ごとや問題について夫と話し合うのは楽しかった。夫の助言は彼女にとって、ときにきびしい批判も伴っていたが、多くの問題について、満足のいく解決をするうえで役立つものだった。美由紀は本質的には穏やかで気のいい性格だったが、強い目的意識ももっていた。どうすれば夫から自分の求めるものを得られるか、彼女にはわかっていたし、そのために前に進むことをためらわなかった。

美由紀は教えることが好きだったが、結婚を機に仕事を辞めることを決断した。3番目の子どもが小学校に入学し、仕事に復帰することができるようになったときには、市の採用担当者から年齢制限のため、以前の職には戻れないと聞かされた。数か月の職探しの末に、彼女はコンビニでパートタイムの店員の仕事を見つけた。仕事は単純なものだったが、家から出て新たなスキルを身につけることにもなると考えていた。彼女はいつも楽観的であり、こうした仕事の経験を積むことでさまざまな人と出会い、新たなスキルを学び、人間としての達成感を得ることが、よりよい母親になることにも役立つと考えていた。最後に彼女と話したときには、夫の両親が歳をとったり病気になったりしたときには面倒を見なければならないので、もっと本気で取り組まなければならないような仕事や、時間をとる仕事に就くことは賢いことではないとも語っていた。

本研究の行われた地域の状況

私たちのインタビューに答えてくれた16名の女性は、すべて大阪府在住である。府の中心にある大阪市は222平方キロメートルの土地に250万人が暮らす過密都市である。大阪の歴史は7世紀にまで遡ることができる。当時は中国や朝鮮からの使節を迎える港の役割を果たしていた。海に面し、いくつかの大きな河川が流れ込む場所であることから、自然に海上輸送が発達することになり、日本中から商品が集まる集積地であるだけでなく、貿易の拠点として発展することとなった。1500年代末には日本の政治の中心ともなったが、17世紀になると、当時は江戸と呼ばれていた現在の東京に幕府が開かれ、その地位は失われた。けれどもその後の200年間を通じ、商業と大衆文化が花開き、大阪の人々は開放的で社交的であり、起業家精神に富んでいると全国的に知られるようになった。19世紀後半の明治維新により、この地域の経済は停滞したが、経済基盤を交易と金融から工業へと転換することにより、多くの工場が建ち並ぶことになった。これは現在にも続く深刻な環境問題を引き起こす原因ともなっている。

大阪府の家庭の社会経済的な状況は、国内の他地域に比べると幅の広いものとなっている。府の北部地域は、南部に比べれば大卒・短大卒の割合は高い（水内・加藤・大城、2008）。私たちの研究の参加者のうち、裕福な母親の何名かは府北部のT市に住んでいた。人口35万4000人からなるT市には、中層のマンションを所有するか賃貸で暮らす人が多く、比較的新しいコミュニティを形作っている。商業地域は駅近くにあり、流行の服を扱う店が、もっと上の世代の嗜好にあった店の間に点在している。ゆったりとした空間のレストランでは、ヨーロッパ風の高級な料理が提供され、女性たちがランチに集まるのを見ることもできる。花屋やパン屋、その他多様な消費財を扱う店が揃っていることからも、ここが比較的裕福な地域であることがうかがわれる。

私たちの調査対象者のうち、勤労者層に属する母親の多くが大阪市のN区に住んでいた。住宅地であるT市とは異なり、N区には民家、軽工業、小売り店が混在していた。14・23平方キロしかない場所に9万5000人以上が暮らしており、ニューヨーク市の3倍以上の人口密度となっている。街には小さなアパートやコンビニ、小規模な商店のほか、喫茶店や、テーブルが数脚とカウンターしかない家族営業の食堂などが建ち並んでいる。狭い通りは歩行者と自転車と車で混み合っている。地区によっては、古いビルが取り壊され、新しいオフィスビルや倉庫、大きな店舗に置き換わり、以前は狭かった通りも両側通行のできる道路に拡張されつつある。

この地域は環境汚染でその名を知られていた。20世紀前半の急速な工業化によって、大阪では公害と環境劣化が引き起こされた。1930年代には住民による抗議行動により、大阪府は日本初の煤煙防止規制を制定したが、1930年代の後半になると軍備増強のため、重化学工業の工場がさらに建ち並ぶこととなった。第二次大戦で大阪はひどい空襲を受け、市域の4分の1が破壊、損害を受けたと見積もられている。大阪の産業は大きなダメージを受けたが、政府は急速に立て直しを行った。急激な成長を支えるために、ふたたび環境が犠牲となることになった。その結果、工場からの煤煙と自動車の排気ガスにより、喘息や慢性気管支炎、肺気腫などが大阪に蔓延することとなった。N区は阪神高速を含む数本の高速道路が通り、工業地帯でもあったことから、とくに環境汚染の直撃を受けた。地域の公害被害者が起こした訴訟では、1995年に原告に有利な判決が下された。けれども政府や住民、産業界による環境改善への継続的な努力にもかかわらず、区の花である山茶花が香る街としたいという目標はいまだ達成されていないようだ。

一般的に言えば、私が訪ねた家庭の家の造りや家具などは、社会階層によって微妙な違いがあるようだった。学歴の高くない女性たちは、古い一戸建てに住む1名をのぞき、建ってから三、四十年が経つ大規模な公営住宅に暮らしていた。小さな寝室が2～3室と風呂、キッチンの横にリビングダイニングというのが一般的な間取りだった。古いアパートではリビングに自然光が差し込むような間取りになっていないところもあったが、多くの家庭はリビングは壁の一面がサッシになっており、明るく風通しがよかった。高卒女性の家庭には、ディズニーやサンリオ（ハローキティなど）のキャラクターのポスターが貼られていることも多かった。ひとりの母親はキティの模様の入った布でソファを飾り付け、色違いの同じ模様のカーテンを掛けていた。アパートに家具はあまり置かれていなかったが、収納スペースが少ないせいで、少しごたごたとした印象を受けた。

私たちがインタビューした16名の中で、学歴の高い層の多くもアパートに暮らしていたが、2名（千尋と美由紀）は一戸建てに住んでいた。T市の家庭で見た調度類は、学歴の高くない女性たちの家庭のものよりも高価なものが多く、欧米風のガラスケースには小物や、ハワイその他の海外旅行の記念の写真や土産物が飾られていた。

大阪の家族の現状

１９８０年代には日本は経済大国となり、国内ではそれを誇り、外国からはうらやまれる状況であったが、１９８９年にバブル景気がピークに達すると、それ以降株価は急落した。１９８０年代には国民の多くが中流の生活を享受し、海外旅行や贅沢な買い物をしていたが、同時に貧富の格差は広がっていた。１９９０年代は企業や工場が縮小し、裕福ではない階層にとくに打撃を与えた。企業はパートタイムへの支出を抑えるために、臨時雇用への支出は低いままに据え置き、結果的に男女の賃金格差は広がった（Tipton, 2008）。企業は同時に、日本でこれまで行われてきた定期的な昇進や「終身雇用」を改めようとして、結果的に勤労者の将来的な経済状況に不安を与えることとなった。私たちの研究の対象者も高等教育の価値に疑問をもっており、起業家精神の方が有名大学を卒業することよりも大事になるだろうと考える親もいた。

１９９０年代の政治経済上の諸問題は、他にも問題を引き起こし、多くの日本人に自分の国が誤った方向に進んでいるという印象を与えることになった。本研究に参加した母親たちの子どもの多くが生まれた年でもある、１９９５年の1月には阪神・淡路大震災が起こり、６４３４名の命が失われた。大阪は震源地から50キロほど離れていたが、大きな揺れを感じ、人々はこの悲劇的な喪失に深い影響を受けた。多くの人々が、地震の前から、また地震のあとも、政府が国民を守るという基本的な義務を守ることができていないと感じており、地域コミュニティもまた地震の直後には組織化されておらず、被害を受けた人の面倒を見ることもできなかったことに幻滅を感じた人もいた。私たちの研究に参加した母親の中には、こうした悲劇的な経験から学んだ市民としての責任について語ってくれる者もいた。この年の3月には、またも悲劇的な事件が起こった。テロリストグループが東京の地下鉄でサリンをまき、13名を殺害、何千もの人をパニックに陥れた。多くのテロリストが有名大学の学生であったり卒業したばかりの者であったという事実は、多くの国民に、日本人が学歴ばかりに気をとられ、人間としての基本的な価値を犠牲にしてきたのではないかという疑問を抱かせることになった。

同じ頃に、関西では子どもを巻き込んだセンセーショナルな犯罪が続いた。1997年には神戸で14歳の少年がぞっとするような殺人を犯し（Smith & Sueda, 2008）、2001年には8名の小学生が刺し殺された（The Japan Times, 2001, June 14）。こうした犯罪は、私たちの調査対象の女性たちにも大きな影響を与え、子どもの所在に注意を向けるようになったと報告している。こうした犯罪が、一見すると普通の中流階級で育った人間によって引き起こされたという事実から、調査に協力してくれた母親の中には、自分の子どもの精神的な健康について神経質になっている者もいた。

こうした極端な事件に加え、日本の子どもたちについては他にも厄介な傾向が見られた。日本の生徒は国際的な学力テストでよい成績をおさめ続けてはいたが、学校のシステムが危機に瀕していると考える日本の評者も多かった（Tsuneyoshi, 2004）。新聞はしばしば学級崩壊について取り上げた。学級崩壊とは、反抗的な生徒が教師に公然と刃向かい、教師の指示に注意を向けたり作業をすることを拒否する現象のことである（French, 2002; Otake, 2002. Yoder, 2004 も参照のこと）。「学校恐怖」を募らせ、登校を完全に拒否する生徒も増えていた（Yoneyama, 2000）。いじめは多くの教育者にとって深刻な関心事となった（Ando, Asakura, & Simons-Morton, 2005）。そしてついには、若者の中には仕事の目標をもたず、ひとつの職場に落ち着かずに低賃金の職を転々とする、いわゆる「フリーター」になる者も増えてきた（Kosugi, 2006）。こうした問題の多くは、現在までも重大な関心を呼び続けている。

政治家も国民も、こぞって学校で起こっている問題の原因を説明しようとしてきた。保守政治家は、親が子どもを甘やかすせいだと言い、率直に欧米の個人主義や物質主義が日本を崩壊させる懸念を表明している。彼らは学校に女性教員が多く配置されすぎていると批判し、「道徳教育」のような伝統的な教育と体罰の復権を求めてきた。リベラル派は学校のカリキュラムが硬直して創造性に欠けていることに問題があると考え、高校や大学入試の制度に問題があるとも主張している。

1990年代終わりまで、文部省はリベラル派の分析に沿った形で改革を行ってきた。新しい教育政策の目標はゆとり教育と呼ばれ、生徒を事実として与えられる素材を単に受け入れるだけの消費者ではなく、好奇心をもった能動的問題解決者とすることを目指していた。ゆとり教育では生徒の負担を減らし、社会活動やスポーツ、趣味などに打ち込む時間を増やそうとした。学校も土曜日の授業がなくなり、週5・5日から5日になった。授業時間を減らしたことに伴い、授業内容も30パーセント削減された(Tsuneyoshi, 2004)。発見学習が重視され、総合的な学習の時間が導入された。

こうした教育改革は大きな議論を呼んだ。ある者は「基本に返れ」と主張し、教育内容が薄まったことで否定的な影響があったと非難する。また別の者は、エリート家庭の子どもたちが、今や特別な塾や、授業時間を削減させることのない私立学校に通うようになり、その結果、持てる者とそうでない者の間で成績格差が拡大することになったのではないかと言う。私たちの調査対象となった家族では、子どもたちが2001年4月に小学校に入学しているので、ゆとり教育政策の影響を直接受けてきた。8章で見るように、変化を肯定的に受けとめ、学校に満足している母親もいたが、楽観的ではいられない者もいた。水準が下がったことを懸念する母親は、学校の授業で抜けているものを放課後の塾で補い、子どもの成績を注意深く見守っていた。

実際のところ、こうした教育改革が実施されて数年のうちに、国際比較における日本の子どもたちの成績は急激に下落している。ある国際比較調査（ＯＥＣＤ生徒国際学習到達度調査：ＰＩＳＡ）では、日本人生徒の数学の成績は２０００年にはトップであったが、２００３年には6位に、２００６年には10位に後退している。読解について見ると、２０００年の8位から２００３年は14位に、２００６年には15位にまで落ち込んでいる（OECD, 2008）。成績の急激な下降を受け、文科省は小中学生を対象とした悉皆的な全国学力調査を計画し、２００８年1月には学習指導要領を見直すことが提言された。新しい学習指導要領では、授業時間と教育内容の増加、小学校における英語活動の導入、および「道徳的価値」に関する指導の充実が盛り込まれている（Benesse Educational Research Institute, 2008; Manzo, 2008）。政府に影響力をもつグループは、土曜日の授業の復活を求めているが、この提言は現在のところ受け入れられていない。

これまで大阪の住民は、東京に比べると教育への志向がいくらか弱いと言われてきた。大阪市の教育政策は、人権教育に強調点がおかれ、思慮ぶかく思いやりのある、心身共に健康なバランスのとれた生徒の育成が強調されてきた（大阪市、2008）。大阪市には、私たちの調査協力者のうちの学歴が高くない母親たちのように、主に勤労者層の人々が暮らす地域が含まれているが、生徒の成績は、経済的に豊かなT市に比べると低く、一方、T市の生徒の成績は全国平均に近い（Osaka prefecture results on national achievement test, 2008 [8]）。学力調査と同時に行われた調査の結果によれば、全国平均に比べ、大阪の生徒は趣味に費やす時間がいくらか多く、学習時間は少なく、宿題も少なく、塾に通っている割合も低い。大阪の教師は自分たちの生徒の学習意欲や、学力、全般的な態度について、他地域に比べ批判的な目で見ている。こうした大阪の特徴を考慮すれば、私たちの調査結果を日本の他の地域にまで一般化することには注意が必要だろう。可能ならば私たちは他地域と比較することで本研究の結果を補っていきたいと考えている。

［8］（訳注）現在はリンク切れとなっている。ただし全国の結果は国立教育政策研究所ホームページ（http:// www.nier.go.jp/ 08chousakekkahoukoku/ 06todofuken_chousakekka_shiryou.htm　２０１２年６月13日確認）に公表されている。また大阪府の市町村別の結果も公開されており、産経新聞などに掲載されている（２００８年10月17日大阪版朝刊）。

第二部

3章　「賢母」とは

「いいお母さん」って、バイタリティがあって、結構ちゃきちゃきで、なんかそういうイメージがあるんですよ。やさしいんですよ。でも、そのやさしさはあまり見せない。普段は見せないけど、その秘めたやさしさっていうんですか？　きついことを言うけれども、やっぱり、中はやさしいっていうんですかね？（千尋、大卒、自己効力感の低い2児の母）

ああ、なんでしょう。やっぱり正しいってときに正しいことをしてっていうか、間違ったことをしない人。人の迷惑にならないように、公共の場とかでね、そういうとこで、ちゃんと怒れるような人。（順子、高卒、自己効力感の低い2児の母）

そうですねぇ、やっぱり子どもが悩んでたり、壁にぶちあたったときでも、横にいててすごく安心できるっていうか。別に何を言うわけでも、何をしてあげるわけでもないけれど、そばにいてるだけで安心

して乗り越えられるっていうか。（浅子、高卒、自己効力感の高い2児の母）

私たちの研究でとくに焦点をあてた母親たち3人のこれらのコメントは、今も昔も日本の子育ての特徴である「賢母」について手がかりを与えてくれる。引用した母親のうち、千尋は工業デザイナーとしてのキャリアをあきらめざるをえなかった女性だが、子育てへの自分の気持ちについてあれこれ考えている。浅子は穏やかで自信に満ちたスポーツ・ウーマンだが、子どもには社会性をしっかり身につけさせたいと思っている。彼女は、母親は注意深く寄り添いながらも、子どもにあれこれ口を出すよりも、自分で経験させて学ばせるべきだと考えている。また、順子はポップ・ミュージックが好きな、元気な勤労者層の女性だが、自分はわが子に適切な行動を教えねばならない先生のようなものだと述べている。

われわれは本章で、日本の女性が形作ってきた母親役割についてのさまざまな表象を理解することに焦点をあてていく。私はとくに、彼女たちが社会・歴史的遺産としての母性表象にもとづきつつ自分なりに表象を解釈する際、一人ひとりが母性をどのように特徴づけていくのかという点に興味がある。言いたいことを明確にするために、用語の定義から始めよう。かつて多くの社会科学者たち、とくに社会学者たちは「母親役割」という用語を、子どものために重要かつ必要であり、しかも許容される活動の範囲はどこまでだと母親が理解しているかを意味するものとして使ってきた。これまで社会科学者たちは、母親役割について、家族だけでなく、メディア、学校関係者を含んだ、母親を取り巻く人々からの期待を反映したものと定義してきた。しかし最近になって、役割というものは、単に社会から個人に伝授されるものではなく、たとえば母性の場合で言うと、あるコミュニティで通用している表象をもとにしながらも、一人ひとりが構成的に解釈することで作られていくものだと考えられるようになっている。したがってこの見方に立てば、女性たちはそれぞれが他者からの期待を受け止め、そこから選択したものと自分自身の経験や価値観とを統合し、自分なりに役割を組み立てるのである。クリスティーヌ・エヴァリンガムは次のように言っている。「マザリング（mothering）は、子どもの欲求に対処するための単なる道具的行為をさすのではない。また、単に規範的な信念や価値観を押しつけることでもない。母親の解釈的行為を明らかにすることは、母親というものが以下のような意味できわめて重要な行為主体（agent）であるということを知らしめることになる。それは、母親というものは、個々の場面で子どもが行為主体であることをわきまえつつ子どもに向き合う結果、そのおかれた状況の枠の中で、主観的な文化的意味の内容と形態とを能動的に形作っていく存在だという意味においてである」（Everingham, 1994, p.8）。理論化がなされていく過程で、解釈と行為主性（agency）という考え方が重視されるにしたがい、母になることの意味を母親がどう認識するかが断片的で移ろいやすく場面依存的であることが注目されるようになってきた。「役割」という用語に内包されていた安定と統合という意味合いはもはや適切ではないと考えられるようになり、「言説（discourses）」、「文化的関心（cultural concerns）」、「主観性（subjectivities）」、「表象（representations）」などの用語に置き換えられるようになってきた（Gjerde, 2004）。

現代に通用する母性表象について述べるために、まず母性についての考え方が近代においてどのように変化してきたかを見てみよう。日本は２５０年間の封建的鎖国国家から抜けだし、１８６８年の明治維新以降、近代民主主義国家へと移行し始めた。当時の政府官僚や社会改良家、実業界のリーダーたちが母性を定義し形作ってきた方法について検討してみよう。歴史的な視点から見ることにより、母性表象がどのように、そしてなぜ、この近代国民国家の求めに呼応する形で変化を遂げてきたかが明らかになる。そのあとで、インタビューした女性たちに戻り、良き子育てに関する近代初頭と現代の考え方の類似点・相違点の両方に焦点をあてながら、彼女たちそれぞれが良き母であることの意味をどのように認識しているかについて述べていきたい。われわれの調査協力者である母親たちが、良き母であることについてのそれまでの文化モデルと、子どもの先生やその他の専門家だけでなく、家族や友人・知人から向けられる規範的な期待（normative expectations）とをどのように統合させてきたかに焦点をあてる。

19世紀日本の家族と子育て

19世紀後半から20世紀前半にかけての家族概念は、今日のものとは大きく異なっていた。１８６８年の明治維新以前、富裕層は拡大家族（イエ）を構成し、家庭生活は家長と妻子、老父母、その他の未婚親族、さらに使用人や間借り人、奉公人、ときには妾とその子どもたちさえも含んだ人々の寄り集まりによって営まれていた（Lebra, 1984）。先祖を崇め子孫を残す営みによって、経済生産性を高めイエを維持していく家族の活動が組織されていた（Hendry, 1981）。夫婦は恋愛感情に基づくパートナーではなく、また結婚は情緒的満足感がまず第一に考えられていたわけでもなかった（井上・江原、1999）。むしろ結婚は、イエの年長者によってその経済的位置と社会的地位の上昇のために取り決められた。

現代の家族では母親が中心的位置にいるが、当時の拡大家族における若い母親の地位は低いものだった。イエでの社会的権力は、ジェンダーだけではなく、イエ制度における世代的地位によっても決まっていた。儒教哲学の影響で、年長者は敬われ男性の地位は女性より格段に高かった。家長と結婚した女性だけには、やがて義母がイエの切り盛りから退けば力をもつチャンスが到来した[9]。嫁いできた若い女性たちは、年齢、性、そしてよそ者としての地位のため、家族の最下層にあった。彼女たちには婚家の規範に順応し、労働力として家業に貢献することが求められた。嫡男を生まない、あるいはイエの営みにうまくなじまない嫁は、生家に戻されることもあった。

イエで周辺的地位にあったから、若い母親は自分の子どもの世話に専念させてはもらえなかった。子どもは家（household）に属するのであって、生物学上の親に属しているのではないと考えられた。子育ての責任は、広く家の大人たち全体にあった（Yamamura, 1986）。家事のうち、母親には力のいる仕事が任されたが、幼な子の育児はそれと比べると軽いので、義母など他の親族の仕事になった。裕福な家庭では、乳母や奉公人、子守も子育ての担い手だった。いずれにしても、幼な子の育児は、身体的な健康さえ保てばよく、のちの時代の子どもの心理的・知的発達をめざす念入りな育児と比べれば、とても簡単な仕事と見なされていた（Uno, 1999, p.24）。

子どもが家族から受ける注目の量と質は、家族の中のその子の位置によっても異なっていた。イエ社会での長男は通常、後継ぎとして指名され、イエの財産は彼だけが相続した。したがって長男はその家にとって格別の価値があると見なされ、女児や次男以下の男児と比べ、より愛情や注目を受け、食べ物や衣類もよりよいものが与えられた（Uno, 1999）。三島（瀬尾）すみ江は、当時、家長と嫡男が温かい米飯を食べるのに対して、それ以外の女性や女児、長男以外の男児、使用人たちは毎日、冷や飯を食べるのが習慣であり、「おいしい温かい米飯と、古くなってパサつく冷や飯が、私たちの家庭生活に厳然とある序列を象徴していた」と回想記で述べている（Mishima, 1941, p.45）。

エリート層の家庭にあっては、長男だけが先祖の崇拝とその家の威信の維持のための慣習はもちろん、職業上の技術についても伝授された。これらを教授する責任は女性には荷が勝っていると考えられていた。日本の儒学者たちは女性は男性に劣ると考えていたからである。キャサリーン・ウノは次のように述べている。「とくに識字階層では、古い考え方が母と子どもたちの結びつきを妨害していた。なぜなら、近世の教訓書は、女性がもつ数々の欠陥が子どもを適切に社会化させる能力を損なうのだと主張していたからである。子どもたちは、より徳のある男性によって育てられた方がよい大人になると考えられた」（Uno, 1999, p.37）。

19世紀後半になり、国際社会の一員たる国として新しい地位を得ようと政府関係者たちは国の統一に

［9］ 義母からの残酷な仕打ちは、歴史物や小説によく登場するテーマだった（たとえば、Mishima, 1941 を参照）。

躍起になった。そのため、新たな「家族国家（family state）」というメタファーの核として家族を活用するという着想に飛びついた（Morioka, 1986）。長い国内の論争を経て、個人ではなくイエという組織が民法の基本的な単位となった。１８９８年に施行された明治民法では、イエの長（家長）に「婚姻や養子縁組を許可する権限や家族の居住の決定権、家族の財産を管理する資格を含む、家族成員に対する幅広い権力」が付与された（Ito, 2008, p.28）。

それまでのイエ制度が民法で公式の家族の単位として「再発明（re-invention）」されたのだが、同時にイエは国家のメタファーとして拡大して使われるようになった。「家父長によって支配された家族は、天皇による国家の支配原理と同じ原理に則って機能した。ヒエラルキーに従うこととそこでの地位と性に基づいてしかるべき役割を演じることが、いずれももっとも重要なことだった。よく言われるように、国家と家族のアナロジーの基本には、国民と天皇の関係は息子と父の関係を鏡のように映し出しているという考え方があった」（Ito, 2008, p.26）。メリー・ホワイトは、イエ制度の価値は「合理的・官僚的で、それゆえに『近代的』であり」、それゆえ、「その価値は不滅で類のない日本の文化遺産・経験であるというよくわからない仮説をまとい、それゆえに疑問の余地なく『伝統的な』ものであった」と指摘している（White, 2002, p.47）。

イエ制度が家父長的関係の維持と国民国家への忠誠心の組織化のための公的なひとつの方法として具体化されたまさにそのときに、新政府の関係者たちは、封建的規範の拒否を目論む教育関係者や社会改良家の考えとも矛盾しないような家族関係の再定義にとりかかった。これら改良家たちは、西洋の考え方を日本文化の価値観に合わせて改造し、高等女学校の教室で、あるいは女性雑誌を通じてその普及に努めた（Sand, 2003）。有名な改良家のひとりである巌本善治[10]は明治女学校の校長であり、日本で初めての女性雑誌「女學雑誌」の編集者であり、また女性向け書籍の出版社の創始者であった（Brownstein, 1980; Patessio, 2006）。１８９０年代に多くの本を書いた巌本は、古くさい封建的な家族関係から日本の市民を解放しようとした。この目的のために、巌本は家族成員を、核となる夫婦と子どもに限定することに賛同し、養子、妾、拡大家族の成員、間借り人や使用人は除くことを強く主張した。巌本は当初は夫婦の愛を新しい家族の核として推奨したが、やがてこの西洋的考えは日本には受け入れられにくいと気づいた。また、彼は祖父母世代の存在を家族から排除するのも難しいと考えるようになった。

巌本ら改良家たちは、養護と教育に関して、これからの日本の女性たちは封建時代に担っていたよりもずっと中心的な役割を担っていくことがきわめて重要だと確信していた。これら影響力のあった著述家たちは、家庭を子どものための教育的環境だとみなすべきであると主張し、「家庭の管理者であり道徳的指導者」としての近代的主婦のイメージを奨励した（Sand, 2003, p.24）。女学校の教室や女性誌において、教育者や改良家たちは、家庭生活について具体的で細かいことまで指導助言を与えた。「人々にとって家庭生活における道徳的会話などなじみがないものなので、彼らは家族の集まりがとるべき形態

[10]（訳注）巌本善治（１８６３－１９４２）。女子教育家、評論家で、キリスト教の立場から女性解放を説いた。「女學雑誌」を創刊し、木村熊二創設の明治女学校の二代目校長に就任した。

を偶然に任せてはおけないと考えた。『家庭（home）』の擁護者たちは、家庭の道徳的価値が自明のものとなるよう、車座になって家族が集うこと（the family circle）[11]に対して、そこで行われることに特別なしきたりを定め象徴的な意味をもたせることで儀式的特徴を与えた」（Sand, 2003, p.29）。封建時代の男性は自由時間を男どうしの活動に費やしていた。それを近代の改良家たちは家族という単位に向けさせようとした。イエから家庭への転換を呼びかける者たちは、食事の時間が両親と子どもの会話の好機であり、余暇時間には詩の朗読や歌唱など、家族皆で行える活動に勤しむようにと説いた。

　これらの改革は、1868年の明治維新に続く政府機構における変化と重なり合った。前にも触れたように、新しくできた内務省は、女性が市民生活において、家の外で働くこと、質素に家庭をやりくりすること、戦争や国家的危機には自分から役割を買って出ることなど、もっと能動的役割を担えるようにすべきだとして、女性の能力を再評価するようになった。シャロン・ノルトとサリー・ヘイスティングスは、当時の官僚たちが「……慎み深く、忍耐強く、質素で教養があり、勤勉で生産的な理想の女性」を思い描いていたと主張している（Nolte & Hastings, 1991, p.172）。西洋風の「家庭的なことへの礼賛」とは対照的に、「そこに並べ立てられた徳目は、経済成長にとても適合したものだから、『生産的なことへの礼賛』と呼べるものだった」（p.172）のである。その一方で、文部省関係者が描く女性の新しい役割は少し異なっていた。彼らも女性が近代社会において生産的役割を果たすことは奨励されてよいと思っていたが、市民的参加まで強調されるべきとは思わなかった。むしろ、女性が家庭に専念することこそ国家にとってより価値があると信じていた（Nolte & Hastings, 1991）。

家庭的であることと生産的であること、女性のこの2つの役割イメージは、1899年までには政府文書にも姿を現すようになった。「良き妻、賢い母（良妻賢母）」というフレーズは、女子のエリート校のカリキュラムに登場し、やがて1911年までには小学校のどの修身教科書にも載るようになった（Uno, 1999）。このフレーズは、文部省が強調する母性と、質素な家政管理者であり賃金労働者でもありうる「良妻」という観念を結びつけた言い回しだった。このようにして、日本の「新しい家族規範体系」が形作られていった（Sand, 2003, p.54）。

1920年代に入っても西洋的な母親役割の考え方は優勢であり、とりわけ育児書や教育書ではそうであった。しかし、母親の家庭責任が新たに強調されたにもかかわらず、田畑や商店での彼女らの労働は家庭の経済的保障に不可欠だったから、大部分の女性が生産的役割の方に専念せねばならないのが現実だった。勤労者層の母親は依然、子育てを祖父母や子守や年長の子どもに頼っていた。政府は託児所に相当な額の財政的支援を行っており、1930年代までには託児所が「労働力の増大と家事の軽減」にとって不可欠であることを認めるようになっていた（Uno, 1999, p.136）。

家庭の生産性も含み込んだ「良妻」という観念と、子育てに焦点化された「賢母」という観念とを結びつけた政府のレトリックが孕む緊張関係は、第二次世界大戦後も続いた。戦後、政府は公式にはイエという家族制度を廃止し、刊行物で母親がわが子の独占的な養育者として務めることの重要性をますま

---

[11]（訳注）この語は後に「一家団欒」という用語があてられるようになる（p.63参照）。

す強調するようになった。しかし、ことさら家庭的であることを説くことの背景には経済的要因があったことは疑いもなかった。戦後の経済成長は、十分な時間とエネルギーを仕事に捧げられるフルタイム労働者の安定的労働力を必要としていた。実業界や政府関係者は、女性を「専業主婦」と定義することで、男性が家庭責任に煩わされないようにしておきたかった。女性に期待されたのは、景気需要に応じて雇用調整のできる、プールされたパートタイム労働者であることなのだった。学校が、急成長する工業基盤部門に労働者を供給する主要な選別メカニズムとなるにつれて、女性に期待されたのは、教育システムに伴走し子どもの学力向上を支える、安定した環境を作る活動であった（Allison, 1996）。このような補助的教育者としての役割を期待されることは、労働力市場や市民社会へのフルタイム参加とは相容れないものだった。

初期の改良家たちは封建的な考え方からの離脱を強く主張したが、この主張はやがて、家政への「近代的」で科学的なアプローチをとる姿勢へとつながっていった。20世紀の初めから半ば頃まで、日本女性はいかに家庭を維持し子育てすべきかについて、専門的助言を得ようとせっせと講座に通い、本や雑誌を頼りにするようになった。同じ頃、旧い世代の影響力はかなり衰えていく。１９５０年代初頭に東京でフィールドワークを行ったロナルド・ドーアはこの劇的な移行期をとらえることになったが、母親たちがいかに近代の考え方をうまく使い、家庭における自分たちの地位を補強したかを次のように描写している。

一〇〇年前、いや五〇年前でさえ、伝統的に方向づけられていた社会での若い花嫁は、子供の育て方や離乳の仕方についての姑の意見を、長年の蓄積された知恵として受けいれ、教えられた迷信を守り、結局一番ものを知っているのは姑だと認めるようになっているのがふつうであった。しかし、現代の日本では、新しい権威が発生し、伝統に挑みかけている。学校や婦人雑誌が、新しい衛生法、食品に対する新しい栄養的観点、適切な離乳期とその仕方に関する新しい理論、台所の整備についての新しい着想などを教えている。これらはすべて科学という権威を背景としていたので、その権威を受けいれるということがただちに、理論は新しければ新しいほどより正しいであろうという推定を意味し、伝統であるということだけで真理を保証するに足るとする古い見解とはあいいれぬものである。
（Dore, 1958, p.129, 邦訳 p.85）

専業主婦の絶頂期である１９７０年代、女性たちは「母として成長している自分自身への強い自己投与感と満足感」を表明していた（Rosenberger, 2001, p.84）。しかしながら、１９８０年代から９０年代にかけて、そうした達成感はかげりを見せ始め、女性たちは夫ももっと子育てに積極的にかかわるべきだと主張し始めた。１９９２年の調査では、既婚女性の40パーセントが女性は家庭を守り男性は仕事に専念すべきだという意見に賛成だったが、２００２年の賛成者は27・５パーセントにすぎない（Hirao, 2007a）。しかし、子どもがまだ非常に幼い時期から母親が家を出て外で働くならば子どもの発達は深刻に損なわれるという考え方は、政府関係者も含め、いくら多くの専門家がそれが「神話」にすぎないと言っても、長く支持された（Rice, 2001）。認識というものは変動するから、調査結果もある程度は変動するものだが、最近の国による調査によれば、回答者の83パーセントが子どもが3歳になるまでは女性は育児に専念すべきであると信じている（National Institute of Population and Social Security Research,[12] 2003）。われわれの116人の女性を対象とした調査では、「母親は子どもが3歳になるまでは家庭にとどまるべきである」という考えに75パーセントの女性が「賛成である」「とても賛成である」と答えていた[13]。別の調査では、この考え方への支持率はさらにもう少し低くなっている。日本労働研究機構の最近の調査（Japan Institute of Labor,[14] 2003）では、60パーセントの母親が「子どもが3歳になるまでは、人に預けずに母親の手で育てるべきだ」という意見に賛成している。東京在住の就学前児をもつ1000人の母親への調査でも、同様に63パーセントの母親が最初の3年間は常に一緒にいることが大切だという意見に賛成している（Benesse Educational Research Institute, 2006a）[15]。

近代の子育ての営みの変化

20世紀を通じて、母親が子どもにとって第一の、そして最良の養育者であると認められるようになるにつれて、賢母についての認識にも変化がおこった。とくに、子育てがうまくいくためにもっとも肝要なのは母親らしい温かさであるということが次第に強調されるようになる。もちろん、このことは、親の温かさが近代の発明だと主張するものではない。日本の文学作品にはすでに8世紀から親の愛を扱った例が見られる（Yamamura, 1986）。19世紀末の日本人や日本人以外の日記や追想からは、父親を含む多くの日本の親たちは自分たちの子どもにやさしく、とくにそれが男の子ならそうであることが示唆されている（Uno, 1999）。ラフカディオ・ハーンは、１８９０年に日本を初めて訪れ、その後、士族出身の娘と結婚し日本国籍を取得したヨーロッパの著作家だが、彼によると、人前では武士の禁欲的な振る舞いを求められた子どもですら、家のプライベートな場所では両親に甘やかされていたという（King, 1984）。

親はいつも温かさと情愛を子どもに示したかったかもしれないが、近代初期の封建的な時代の生活事情を考えれば、常にそうできるわけではなかっただろう。すでに述べたように、子どもの生活について、イエの利益に合致するよう決定を下すのは年長者であって、子ども自身や親の選択によるわけではなかった。このことは、上流階層の女性はしばしば、夫が妾や使用人に生ませた非嫡出子も家族として容認せざるをえず、逆にその子たちの生みの母親はしばしば、わが子の養育権をその父親の家族の中で正妻

[12]（訳注）国立社会保障・人口問題研究所

[13] 私たちの研究は調査協力者をフルタイムで働く母親があまり利用しない幼稚園で募ったので、その結果は国の研究結果とはやや異なったのかもしれない。また、私たちは対象を幼児をもつ母親に限定したが、国の研究はもっと広い年齢層を対象としている。

[14]（訳注）現在の名称は「労働政策研究・研修機構」。引用文献のＵＲＬは現在リンク切れで確認できないが、調査研究報告書の英文要約は、http://jil.go.jp/publication/reports/jilpt_02.html#2 から、また日本語全文は http://jil.go.jp/db/seika/zenbun/E2003080001_ZEN.htm から入手できる（「調査研究報告書No.157　育児休業制度に関する調査研究報告書『女性の仕事と家庭生活に関する研究調査』結果を中心に」２００３年７月）。なお、本文にある質問は二件法で尋ねている。

[15]（訳注）ベネッセ教育研究所による調査。調査では、「子どもが３歳くらいまでは母親がいつも一緒にいた方がいい」と「母親がいつも一緒にいなくても、愛情をもって育てればいい」という意見のうち、どちらに賛成かを尋ねている。日本の母親で「いつも一緒がいい」を選択したのは63・4パーセントであった。

に委ねなければならないことを意味した（Mishima, 1941）。石本シヅエは19世紀末期に生きた自分の母親について、「自分に厳しく格式ばった振る舞いで、まるで劇中の演技のように威厳をもって武士の妻を演じている。家族の誰よりも早く起き、誰よりも遅くに就寝する。日曜の朝にゆっくり起きることなど決して自分に許さなかった。病いの床だけが唯一の休息の場である。いつも帯をきっちりと締めて着物姿で直立しており、母がくつろいでいる姿を見た者は誰もいなかった」と書いている（Ishimoto, 1935/1984, p.9）。このように、武家出身の女性はどんなときも落ち着いて自己修養を積んだ振る舞いをすることが求められた。勤労者層や貧しい家庭では、貧困のためにわが子への愛情を断ち切り、工場や個人の家や芸者の置屋、さらには売春宿にさえ子どもを送り出さねばならないこともあった（Ishigaki, 1940/2004）。

子どもを甘やかしたいという親の気持ちと、そうした気持ちを抑制すべきだという社会的圧力との間の緊張関係は、１９４０年代、５０年代と続いていた。当時、日本の家族についてエスノグラフィックな研究を行ったロナルド・ドーアは、「子供に対するあけっぴろげな愛情の表現は許されていたとはいえ、この点でも武士のあいだでは、農民や商人たちよりも限られていた。武士の父は冷淡さを保つことによって自分の権威を強めたのである」（Dore, 1958, p.107, 邦訳 p.61）が、「もともと伝統的な家族でも、家統制の強行をいつも弱めがちな条件が一つあった。すなわち母親がふつう息子に『あまい』という一般の傾向である」と述べている（p.140, 邦訳 p.97, 一部改変）。ドーアは、母親が父親の態度に比して、より温かく情愛深く子どもに接していたことに気づいていた。

１９６０年代、７０年代になると、「専業主婦」は、ひたすら家庭のやりくりと、夫と子どもに温かく援助的な雰囲気を提供することにエネルギーを傾けるよう求められた。タキエ・スギヤマ・リブラによると、わが子と親密でいたいという願望とイエの求めを全うすることとの間で女性が経験させられていた緊張は、戦後になってようやく終わりを告げたという（Lebra, 1984）。リブラは、戦後のこの転換によって母子の絆に過度の関心がもたらされたことを次のように述べている。「こうして、伝統的母親は、一方では子どもを私情からではない、社会で共有のものとして分かち合うという社会規範と、他方で母親個人のアイデンティティの核となる、母子のより『自然』でしかも同時に文化的にも強化された絆、この対立を引き受けることになった。……イエ制度の法的な廃止は、戦後の日本全体の地域共同体の連帯の衰退と相まって、母子の絆に著しく排他的な色合いをもたらしたと思われる」（Lebra, p.164）。

わが子の養育に何よりも専念する母親というイメージは、戦後、アカデミックな著作家たちによっていっそう洗練されていった。１９７１年には精神科医の土居健郎が、深く寛大な愛を与え受け取ることが、日本では重要な関係性すべての基礎を形成していると主張する著書を出版している（Doi, 1973/2002）。土居によると、この寛大な愛（甘え）を受ける経験はまず乳児期に始まる。そのとき、子どもは母からの温かいケアに浸りきる。理論的にみれば、こうした寛大なケアを提供する者と受け取る者との相補的役割は、夫と妻、雇用者と被雇用者などの関係を含む他の関係性においても再現されると土居は言う。土居の主張が日本で広範に受け入れられたことについて、エミイ・ボロヴォイは、戦後日本では母性が「すべての社会関係を記述するうえでの鍵となる比喩的表現になった」という意味で、「母性社会」になったと論じている（Borovoy, 2005, p.21）。この時期は、日本という国が「トップダウンの指示ではなく、むしろ親密な関係性と共通の理解によって社会秩序が編成され合法化されている」社会であり、また「利己主義の抑制を云々する必要のない、予定調和的人間関係の可能性をもった」（p.23）社会としてとらえ直された時期だった。

今日の日本で甘えが尊重されていることは、親子関係はもちろんだが夫婦関係にも見ることができる。女性は、夫や子どもの身体や活動、所有物や感情にまで、徹底した注意を払うものだと思われている。文化人類学者たちが列挙した、妻が夫にしてやる細々としたリストには、朝、衣類を準備しておいてやることから、着替えを手伝うこと、夫のために風呂の水を汲み入れること、煙草の火をつけてやり、テレビのチャンネルを替えること、お酌をし、つまみをすぐ用意することまで含まれている（Borovoy, 2005; Lebra, 1984）。同様に、子育てにおいても、理屈のうえでは、母親は子どもの肉体的・精神的要求のすべてを先回りしてかなえるために努力を惜しんではいけないのである。ミュリエル・ジョリヴェは、医者や精神科医が書いた近年の日本の育児書を分析し、乳児をもつ母親に向けられる要求が並大抵ではないことを報告している（Jolivet, 1997）。とくに離乳食はすべて自分で作るように、紙オムツは使わないように、生後1年間は子どもの求めに応じた母乳育児をするように、赤ちゃんとのスキンシップはしっかりとるようにと言われている。社会からのこうした期待に異議を唱える女性たちもいないわけではないが、後の章で見るように、社会からのこうした期待が女性たちの自己評価の枠組みとなっている。

ここまでの歴史的概観を要約すると、家庭生活と子育ての本質に関する近代の大きな転換には次の2

つがあったことが示唆された。まず第1に、拡大家族が核家族に道を譲ったという構造的な実体上の変化である。ヴィクトリア期の家族イメージを手本とした初期の改良家たちの後押しで、核家族という新しい形態は、女性の地位を労働者からもっとも重要な養育者へと押し上げ、年長者、とくに義母の力を弱めることになった。1870年代から80年代にかけて短期間のうちに、「良妻賢母」という語は、子育てに主たる責任をもつことと市民社会で能動的な役割を果たすこととのバランスを女性がとりうるという意味合いを込めて使われるようになった。しかしこの言い方は、結局のところ生産的機能よりも家庭的機能を強調する解釈に取って代わられていった。子育ての本質に関する2度目の変化は20世紀全体を通じておこった。近代初期には、その時代の要請が、感情を抑制し不確定な世の中の生活につきまとう困難に耐えるということにあったので、情緒的関係はいくぶんクールで子どもとも距離を保ったものであった。しかし近代後期になると、子ども、とりわけ3歳までの子どもには親からの手厚い世話が必要なのだと考えられるようになり、温かさと応答性はよい子育ての本質的な要件であるという信念に変わっていった。

私たちは今回の調査で、このように変化してきた子育てや家庭生活に対する見方が、今の日本でどのように受け止められているのかを知ろうとした。すでに述べたように、調査結果からは、すべてではないにしても多くの女性が、人生の最初の3年間にもっぱら母に養育されることは子どものためになると信じており、また母親は子どもにいつも温かく応答的に接するべきだと考えていることが示唆されている。しかし、質問紙調査は多数意見を際立たせるが、少数意見をかき消してしまいかねない。そうした調査は、水面下の緊張関係や不一致についてはほとんど明らかにしないし、ある人がなぜそういう意見をもち、別の人がなぜそうでないのかについての理由を説明することもない。たとえば文化人類学の研究では、子育ては母親の専心を求める要求水準の高い取り組みであるという考え方が日本女性すべてに共有されているわけではないことが示唆されている。事実、1980年代初頭に地方の母親にインタビューしたジョイ・ヘンドリーによれば、母親たちは、忙しすぎるからだとか、「子どもは『自然に』学んでいくものだから」という理由で、自分は特別の育児法などしてはいないと答えたという（Hendry, 1986, p.72）。同様に、ドリン・コンドウも、東京の勤労者層の女性はわが子の学業成績に関心をもたないし、そんなことは自分たちの責任ではないと信じていることを見出している（Kondo, 1990）。それゆえ、私たちの研究の目的のひとつは、「理想」の母親についての女性たちのイメージについてもっと知ることであった。いつどこで彼女たちがそうしたイメージに触れ、それをどう評価したのか、そして自身の子育てのモデルにしたのか否かについて明らかにしたかった。子育てについての古くからの、あるいは新しい言説が孕む緊張や矛盾を彼女たちがどう解決しているのかにも興味があった。

「良母」はわが子を遠くから見守る

初回のインタビューで、母親たちにそれぞれ、本当によい母親とはどのような人だと考えるかについて語ってもらった。何人かの答えは、20世紀初頭に内務省によって推奨された生産的母親という考え方を表していると思われるような、古風で勤勉な母親を彷彿とさせた。このタイプの母親は、元気で芯はやさしいのだが、子どもに対して感傷的にならず、きびきびとした態度で接するのだそうだ。元工業デザイナーの千尋は、子育て以外の世界に専心することを切望していたから、子育てをしながらもそこに飲み込まれてしまわない母親たちのことを賞賛していた。女性が子育て以外の家事で忙しかった「昔」には、そういうタイプの母親はもっといたはずだと彼女は信じていた。千尋の理想の母親とは、「盲目的に子どもを愛したりせず、また自分の理想を押しつけたりしない人」で、自分というものをしっかりもっており、子どもとの日々諸々のもめごとに悩む時間などもたないか、悩みたいとも思わない女性だった。

千尋と同じような考えをもっているのは直子だった。彼女は2人の男児の母親であるが、自分のアイデンティティを一貫してもち日常の些細なことにくよくよしない女性を尊敬していた。

理想ですか。そうねえ、それはどっちかって言えば、大きい長い目で子どもを見てあげられて、でも、お母さん自体が自分をもってるっていうのかな、自分の生活スタイルっていうのを。子どもに振り回されるんじゃなくって。昔の働くお母さんみたいな、背中を見て子どもが育つよーみたいな、そういうお母さんが私はいいと思うんですけどね。どうしても細かいことばっかり言ってしまうじゃないですか、子どもに対してね。ああいうのはやめたいなあと思いながら。そんな感じかな。

直子は、昔の子どもは「母の背中を見て」学んでいたから、母親がただただわが子の要求だけに関心を向けている今の子どもと比べて、もっと自信があり甘やかされすぎてはいなかったと考えていた。もちろん、こうした古いタイプの母親はそのようなやり方を意識して選択していたのではなく、むしろ子どもに目を向けるだけの暇がなかっただけであることは、彼女も認めていた。2児の母であるマリも、かつては田舎で働く親たちの仕事の負担が重く、それが昔と今とで子育てのやり方が違う原因であるとし、直子と同様、次のように言った。「昔の人は今ほどね、こうしなければならないとか、そんなことはいわないで必死にやってきたと思うんです。それから比べたら時間もたっぷりあるし、充分いろいろと子どものこと考えて接してあげることができる」。

昔気質の母親を賞賛しているからといっても、彼女たちがいいかげんで気楽な子育てをしているわけではない。前にも述べたように、千尋はアイデンティティや展望の喪失感に強くさいなまれながら子育てに身を投じていた。千尋はアイデンティティを保てていないどころか、むしろ、人生の展望を家庭外に見出さねばという、強いがしかし曖昧な感情を抱えたままであった。マリも、昔の忙しく生き生きとしていた母親がすてきだと思っているが、彼女自身の関心はというと、もっぱら息子と熱心にかかわってその発達を最大限引き出すことにあった。彼女は妊娠中から、息子の言葉や読み書き能力を刺激しようと、わが子に話しかけたり読み聞かせしたりし始めた。生まれてからは、息子が3歳になるまでに1万冊の本を読んでやるという目標を立て、2か所の図書館から毎週、80冊もの本を借り出していた。伝統的な母親のロマンティックなイメージに惹かれつつも、千尋も直子もマリも皆、今の社会では、子どもの発達を支えることに母親が専念していなければ、大人になってからの成功を保証する技術や能力は得られないと信じていた。

われわれの調査に協力してくれた女性のうち、一定数が「不干渉主義」の育児スタイルが子育ての理想であり、実際そうしていると言っていた。このスタイルの要件のひとつは、良き母は子どもの行動を支配する過剰な関与はせず、一歩退いて傍らからわが子を注意深く見ているものだという考えである。そこでのやり方は、日本語の見守るという言葉が当てはまるもので、子どもを少し離れたところから保護するという考え方を表している。ここでの相互のかかわり合いの理想の姿は、母子が互いの動きに敏感に反応し合うが、母親は自分自身の活動を追い求めることができるように、また子どもは独立心をもって成熟するために必要なスキルを発達させる機会をもてるように、互いに十分な距離を保つことである（「子どもは母親の背中を見て育つ」というイメージを思い浮かべてほしい）。調査協力者のうちの幾人かの女性によれば、見守る方略の値打ちは、それが子どもが自分自身の行為の結果を経験して学ぶことを可能にすることにある。そうすれば、親が直接に教えて学ばせるよりもより深い学びが得られると彼女たちは考えていた。彼女たちは、注意深く、しかし距離は保ちながらそばにいてやることで、子どもが問題の解決策を見いだす自分の能力に自信をもてるようになることを願っていた。

浅子はサッカーをしている自信に満ちた母親だが、われわれとの面談の間、見守ることの意味について繰り返し語った。彼女が最初にこの言葉を使ったのは、学校で給食を全部食べないといけないならば吐いてしまうかもしれないという、息子の海渡の不安について語ったときだった。海渡は、給食を無理に全部食べなくてもいいように学校の先生に頼んでほしいと浅子に言ったが、浅子は海渡が自分でその問題を解決するよう望んだ。彼女は、息子が勇気を出して先生のところに言いに行くのは難しいことはわかっていたが、たとえ息子がそのことで苦しむとしても、自分が安心させられる存在でいてやることが大切なのだと強調し、次のように述べた。

やっぱり子どもが悩んでたり、壁にぶちあたったときでも、横にいててすごく安心できるっていうか。別に何を言うわけでも、何をしてあげるわけでもないけれど、そばにいてるだけで安心して乗り越えられるっていうか。安心できるーっていう人になりたい。何もしてあげなくても、いてるだけで安心できるし、自分で頑張っていけるってみたいな存在に私がなれたらなあって思うんですけど、はい。

浅子は、小学校にあがれば息子がもっと自立するだろうと期待していたが、そうなっても見守り続けてやる必要があると思っていた。

やっぱし幼稚園の方が一緒にするっていうことが多いと思うんですね。でも、小学校にあがると、ある程度自分でなんでもしないといけない。まあ、幼稚園でも自分である程度のことはしないといけないんですけど、でも側についてみないといけないっていう部分があると思うんですね。でももう小学校に行くと、完璧に自分で全部やりとげないといけないっていうのがあると思うんで、あとはもう本当に見守るだけ。

見守ることがもつ力を確信している母親は、わが子に教え込んだり、説教をしたり、がみがみ言うのをいやがるものだ。康子は3児の母だが、子どもたちが自分で判断して振る舞うことが自信につながると信じていた。しかし、彼女も距離を取ることと介入することの間に程よいバランスを見いだすことは、実は難しいことだと認めていた。

本人が自身で解決していく、策を見つけていけるような、距離を置いた目で見ていきたい。親がいろいろ答えを教えて、「ほら、こうしたらけんかにならないでしょ」とか「だからこうするからこうなんじゃないの」とかね、決めつけたような言い方をすると、子どもが自然にそれが先入観になって、毎日それを聞かされてたら自分はそうなんだと思う。お母さんがこう言ってたからこうしようとか、そういうふうな男の子にはなってほしくないなと思ってる。お母さんはこう言っても自分はこういうふうに思うんだっていうふうになればいいなと思ってるんですよね。で、やっぱりどう考えてもこれはちょっとまずいんじゃないのっていうときは、もちろん誘導しようとは思ってます。そこがまあ難しいところでもあると思うんですけど。内容によってはそのままの状態で、本人が自分で感じ取っていけるようになったらいいし、また、ものによっては少し誘導した方がいいし、あとからちょっと離れてみてみたり、また一緒に並んでみたり、いろいろあると思いますけどね。だから育てる段階でいろいろ変化に合わせて見ていこうかなとは思ってます。

見守る方略が大事だという母親たちは、過剰に子どもを守ること（過保護）は避けたいのだ。子どもを一歩下がって見守ってやれない女性は、子どものために何かするというより、自己満足のためにもがいているのだと彼女たちは感じていた。ユリは、娘がちょっとした問題には自分で取り組めるようにと一歩さがって自己コントロールすることができない自分を責めているさまを語ってくれた。

私は子どもがひとりなんで、視線がそこしかいかないので本当に過保護だし。娘が食べていたら箸の先まで全部見えてくるわけじゃないですか。だからもうそれこそ、すべていちいち言ってると思うんですけど。こうしなさい、ああしなさいって。娘がシャツのボタンを自分ではめようとしていてもがまんできず、つい手を出してしまうんです。

踏み込んで「こと細かく管理する」タイプの母親たちは、子どものしたことで自分が非難されるのを避けたいのだった。「他人の目を恐れる」から、子どもを見張り、子どもが何をしているかに注意を払っているのだと言う。子どもが悪いことをしたときにはそれを見逃してはならじと即座に踏み込みたくなると複数の母親が言っていた。また、積極的に介入してしまうもうひとつの理由は、大事にかかわってやれていない（放任）と他人に思われたくないからだ。彼女らは、見守るだけでは問題に気づいて対処するのをしそこねただけだと第三者から見られてしまうのではないかと心配していた。

このように、多くの女性が、見守りを実行したいと思っていながら、他人からの評価が怖くてできないでいることに気づいていた。かつて母親が子育て以外にも多くのことをこなすのに忙しかった時代には、わが子にだけ没入する時間をもち合わせなかっただけだ。しかし、今や見守るかどうかは必然ではなく、個人の選択の問題となった。だから、母親たちは、見守りの結果がうまくいかないときの評価を非常に気にしているのである。

「良母」は子どもとのかかわり方を知っている

多くの母親が認めるよい母親の第2の要件は、わが子との良好なコミュニケーションを確立することにかかわっていた。日本では伝統的に、表現を抑制することは成熟し節度ある個人の証と見られてきた。日本の文化が簡潔で抑制されたコミュニケーションに価値を置いていることは、伝統的な短歌や俳句の単純な形式、書道や水墨画の飾り気のない美しさ、伝統的建築の簡素な優雅さなど、芸術の分野に示されている。前近代までは夫婦や親子の間で会話がはずむことなど考えられなかったし、価値もないことだった。すでに述べたように、20世紀に入って西洋の影響を受けた教育者や改良家たちが、核家族内の親密な交流の大切さを唱えるようになった（Sand, 2003）。彼らは、車座になって家族が集うことを意味する一家団欒という用語を新しく作り、夕食や余暇の時間に核家族の成員が談笑することを奨励した。

子どもとの言葉によるコミュニケーションの重要性について、今の母親はどう考えているのだろうか？ 過去数十年間、研究者たちは、日本では欧米と比べて母親の子どもへの語りかけが少ないという仮説を検討してきた。その結果によれば、欧米の母親たちは言葉でのやりとりを重視し、子どもに何かを尋ねたり教えたりすることを大事にしているのに対して、日本の母親は幼児語や意味をもたない音声を連ねたやりとりをしたがるようだ（Fernald & Morikawa, 1993; Minami & McCabe, 1995; Murase, Dale, Ogura, Yamashita, & Mahieu, 2005）。このように、言葉のやりとりに関しては日本的な文化的な型が今も続いていることが裏づけられている。

16人の母親とのインタビューで、彼女たちは、子どもと何でも気軽によく語り合える関係を築くことこそが、良き親になるための重要な要件であると述べていた。美由紀は3人の子どもをもつ気のいい母親で、われわれの調査チームにたこ焼きを熱心に勧めてくれた女性であるが、わが子のものの考え方を知るにはコミュニケーションがとても大事だと力説する多くの母親のひとりだった。美由紀の息子はとてもおとなしいので、彼が今何に悩んでいるのかを知るには母親としての直感に頼らざるをえなかったが、その直感が正しいのかどうかをいつも彼女は息子に確かめようとしていた。たとえばある朝、友だちが学校へ行こうと迎えに来たとき、息子は涙ぐんでふさぎ込んでいた。最初は理由がわからなかった。しかし、美由紀は帽子をかぶっているのは彼だけであることに気づいた。午後になって帰ってきた息子に、皆と違う格好をしていることがいやだったのかと確かめると、彼はそうだと認めたのだった。

美由紀は子どもと通じ合うためには、子どもをひとりの個人として理解する必要があると思っていた。

保育士だった自分の経験が、子どもは一人ひとりが独特の存在であると教えてくれたのだと言う。

いろんな子を見てるんで、子どもにはそれぞれ個性があるっていうのは元からわかってたっていうのがあるから。1番上の子はすんなり何でもできる子やったけど、2番目は教えても教えても「なんで覚えへんねん！」て言うぐらい、でけへんで。3番目は一応は覚えてくれんねんけども、まだあまりやる気がないような感じ。やっぱり三人三様で、ま、その個性を大事にしようかなぁっていうのが無理やりわかってきたからかな？

「良母」は感情的にならずに子どもを導く

われわれの調査対象者の多くが理想の母親の特性としてあげた3つ目の要件は、がみがみ言ったり大声を上げたり手をあげたりせずに、穏やかに諭すことで子どもの行動や考え方を方向づけることができることである。すでに見たように、多くの母親が子どもは親からの直接的な教えよりも環境からの方がうまく学べるものだと考えている。しかし、伝統的に、この考え方に対抗する子育ての文化モデルが、子どもの行動を直接形作る存在としての親に大きな責任を付与してきた。原ひろ子・皆川美恵子の歴史的な分析によると、「徳川時代のひとつの信念として、出生前から子どもに教え、しつけをするという胎教があり、それは今日でも多少なりとも続いている。日本人は、妊娠中の母親の考えや感情、行動が胎児に伝わり、出生後のその子の性格や健康・能力まで影響を与えると信じてきた」という（Hara & Minagawa, 1996, p.15）。胎教をいまだもち出す小児科医もいる。そのひとりに小林登という著名な小児科医がおり、著作も出しテレビにもよく出演している。彼は、胎児は母親の情動をすべて感じ取ると主張している（Jolivet, 1997）。子どもが生まれると、胎教概念は、今度は子どもの社会化には親が積極的役割を果たすという仮説へと拡大される。調査対象の母親たちは、子どもが行動の結末を経験するときになってから手をさしのべようとする対応の仕方と、よりあからさまで教師然としたやり方との間でなんとかバランスをとろうと努力していた。すでに取り上げてきた良き母たる要件に加えて、ここで目ざされているのは、過度に情動的にはならないでそうした良き親を実践することである。

順子は、元気な、にもかかわらず自己効力感の低い高卒の母であるが、礼儀正しくて社会のルールに素直な感覚を子どもに育てることが親の大事な責任だと考える何人かの母親のひとりだった。本章の冒頭で引用したように、順子の関心は、子どもが他人に迷惑をかけないようにさせることにあった。彼女は、母たる者はそうした行動のモデルとなるだけでなく、それを教えるべきだと信じていた。彼女は、「理想の母親は、間違ったことをせず、とくに公共の場で他人に迷惑をかけない」人であると述べている。

順子は子どもを扱うには毅然とするべきだと主張していたけれども、口うるさく叱りつけたり体罰をするような、力に依存したしつけは避けるべきだと信じていた。彼女にとってめざすべきは、「やさしく、でもやさしすぎないように」なのである。彼女は、とくにある友人の養育の仕方に感心していた。

その友人は、感情の波に揺さぶられたりせず、子どもを穏やかに叱るのだそうだ。しかし、現実には「やさしく、でもやさしすぎないように」という拮抗する2つの目標の間でバランスをとることは容易ではなかった。彼女は、どうしてよいかわからず、言うことを聞かせるためにお尻をたたき、体罰による脅しに訴えてしまう自分自身に気づくことが何度もあった。別のインタビューのときには、まわりが自分の厳しいやり方をよいとは言わないことを認めながらも、自分の子どもにはその方法がよいのだと主張した。

人の目気にして、怒れないとか怒らない人もいるじゃないですか。今、児童虐待とかあるでしょ。で、子どもを怒ってたらね、知らない人でも「虐待したらあかんで」とか、「虐待してへんか?」とか言ってくるんですよ。でもそんな目を気にしていたら怒れないから。そんなふうに見る人はそう見てくれてもいいからと思って、私は怒る。

しかし、別のインタビューのときには、「言葉が足りないんでね、元々。余計なことは言うんですけど、納得させるようなうまいこと言えないんですよ。だもんでつい、おっきい声だしたり、お尻をたたいてみたりね、そんなことしかできないんです」と、最終手段として体罰に行き着いてしまうことを認めていた。

他人に迷惑をかけてはいけないということを子どもに教える責任が母親にはあるという順子の考えは、

他の母親たちにも共通していた。たとえばマリは、礼儀や「他人に迷惑をかけないこと」など、道徳的に大切なことを子どもに教えようと努力していると言っていた。雅代は、「息子には他人に思いやりのない言い方をしたり迷惑をかけたりしないよう教えている」と言っていた。きわめて保守的なこうした考え方にこだわる母親は、子どもの思いや感情を過度に重視する最近の傾向には懸念を表明している。リサは高卒で3人の子どもがいる女性であるが、自由と自己統制の適度なバランスを保つことが大切だという意見だった。

子どもにやりたいことをさせ、子どもの考えを聞いてやるのはいいですよ。でも、時と場合にふさわしい行動をとるという感覚も身につけさせないと。このごろは子どもの自由や個性が言われるけど、わがままと個性や自由は紙一重だと思ってます。親はどこからをわがままというのかしっかり見極めないと。でも、そこの見極めがとても難しい。

また、多くの女性が順子のように、いつも朗らかでやさしく、子どものしつけにあたっては感情的にならないことが大事だと強調していた。雅代の理想は、「感情や気分」で反応しない母親であった。そうした母親にとっては、ユリのように「私の方が甘やかすより甘えたいタイプなんです。誰かのためにとか誰かの役に立つとかできそうにない」と言うような母親は、自分の情動を制御できない未熟な自己中心主義者なのである。

母親がかかわれるのはどこまでか

われわれが母親たちに良き母になるには何が必要なのかを語ってもらっていた間に、もうひとつのテーマが浮かび上がってきた。それは、良い母親であれ悪い母親であれ、母親が子どもの発達に、実際にどの程度影響を与えているのかということである。このことについて直接語る女性たちもいれば、子どもの発達や学業での成功へと導くうえで必要な、親が行う子育て以外の要因について語る際に、間接的に触れる女性たちもいた。この問いへの答えは、子育てへの取り組み方を母親がどう選択するのかということと、また子どもの性格に母親がどれくらい影響を与えると思っているかということに、強いかかわりをもっている。

インタビューした女性のうち、わが子の性格は親がコントロールできない要因に強く影響されていると信じている者もいた。こうした母親は、古いタイプの母親、すなわち子どもに直接的な注意をあまり払わない母親を尊敬する傾向が強かった。彼女たちは、アネット・ラローが子どもの発達は環境や大人の介入の仕方に関係なく、標準的な道筋にそって展開していくものだという意味で言う、「自然な成長による達成」（Lareau, 2003）を信じていた。そうした母親のひとりである直子は、発達にはそれ自身の道筋があると信じていた。彼女によると自分の息子はとても依存心が強いのだが、彼女は「子どもはそういうものだから、自立していけるかなんて心配していません。……子どもなんて自然に成長していくものでしょう?」と述べていた。佳世子も「子どもは放っておいたり世話を焼かないでいてても、勝手に成長していくものよ」と同じようなことを述べた。

彼女たちは、性別や出生順位などの要因は、親であれ誰であれ、変えようがない影響力をもつ強い決定因であると考えていた。とくに性別は性格や行動を強く支配する決定因だと考えられていた。男児は幼いとき手がかかる子が多いのに、女児と比べて大人になるとより独立心が期待される。複数の母親が、男児は「強い性」であるのに、子どもとしてみれば女の子と比べて意志の弱い子どもであるというパラドックスを語った。また、性格の決定因として血液型をあげる母親も複数いた。たとえば順子は、息子について「突然気が変わる性格なんです。B型だから」と説明している。

性格的特徴には子どもに遺伝するものがあると信じている女性たちもいた。たとえば浩美は今、自分自身、性格的欠点のせいで他人との感情的なもつれを抱えていると感じており、こうした自分の性格の否定的側面がわが子に遺伝しないかと心配していた。彼女は娘が自分とよく似た兆候を示していないかとても気にしていた。夫も2人が似ていることに気づき、浩美自身がどんな子どもだったか、心配になった。浩美はそのときのことを次のように語っている。「娘が私たちのどちらに性格が似てるか気になってきて、そうしたら主人が私の母に、私がどんな子どもだったかと尋ねたんです」。彼女は、自分がこれまでずっと苦しめられてきたのと同じ問題を子どもたちに経験させないようにしたいのに、親としてなす術がないことを悩んでいた。「私のようになってほしくないんです。子どもが生まれてからずっと悩んでいます。……でもいくら心配しても何もしてやれない」。

多くの女性が出生順位は子どもの行動のもうひとつの強い決定要因だと考えていた。年長の子どもは、とくに女児の場合、下の子に比べてより大人の役割を求められると彼女たちは考えていた。上の子どもは下の子どもが生まれると、甘えられる立場をあきらめねばならない。それゆえ、上の子どもは感情を自己抑制でき、母からの注目を求めないで精一杯、母親を助けることが求められる。たとえば美保によると、彼女の上の娘は妹よりたった一歳年上なだけで、小さいときから姉としての役割を取らされ、いつも頼りにされていた。下の子はこれとは対照的で、ずっと甘えたがりで子どもっぽいと思われていた。これがひとりっ子なら、もっと甘やかされている。ユリは自分の娘のことを次のように語っている。

とても活発で、負けず嫌いですね。ひとりっ子なんで、ぇぇ、とにかく負けるのがいやで。……やっぱひとりっ子なんで私はまだ甘やかしているし、過保護かなぁ。だからわがままが一番心配ですかね。

性別と出生順位の相互作用について語る母親たちも少なくなかった。千尋は、娘の社交的な言動は、性格なのか、性別によるのか、下の子だからかとあれこれ考えていた。

この子は人なつっこい子なんです。……下の子だから、そやないかってのはありますね、上と比べると。男と女っていう違いもありますけれども、2人の性格が全然違うんです。ここまで違うのかなぁって思いますよ。

こうした母親たちが、親が子どもの発達に与えられるはずの影響力はさまざまな生理学的な力に必然的に制限されていると思い込むのとは対照的に、環境的な影響、中でも親や教師の影響は大きいと考える母親たちもいた。親が子どもの能力を育て性格を形作ることは可能だし、そうすべきだとする考え方は、「協同的育成（concerted cultivation）」の理論とアネット・ラローが呼んだものである（Lareau, 2003）。さくらは、親というのは子どもの将来に強い影響力をもつという信念を次のように語っている。

職業を考える前にいろんな経験させてあげたいな。そうしたら選べる範囲が広くなるから。それだけはやっぱり、子をもつ親の務めかなって思って。

環境重視の母親たちは、親が子どもの社会化にとって一番責任ある大人だと考えているが、他方、彼らは教師の影響もとても重要だと語っていた。たとえば雅代は、息子の自己肯定感と粘り強さは、自立に向かう発達の時期にベテランの先生との交流があったおかげだと確信していた。

今年は息子も目覚めたんか、この1年間は今までの2年間ととても違ってて。参観とか行くたびに、あれぇ?と思って。とっても頑張ってて。先生との相性が良かったんかもわかれへんけどね。……この1年間でずいぶん成長したなぁと思って。まぁねぇ、その子の時期があるから、たまたま今年ちょっと離れられたんかもわからへんけどね。

浅子はサッカーをしている自信に満ちた母親だが、彼女も大人には子どもの人格を形成する力があり、またそうしてやる道義的責任があると強く信じていた。彼女は、コーチは親と協力しながら子どもたちにマナーを教えるべきだと、次のように語っている。

チームのコーチは子どもらに大事なマナーは教えるべきなんですよ。だから私は子どもたちが練習しているサッカー場にちょくちょく見に行くんですよ、どういう状況で練習しているのかなと思って。あまりにも過保護すぎる。もう、父兄がすぐ横にいてるんですよ。……自分たちでやるべきことをすぐお母さん方がはいーってやってしまうんですね。

結論

調査対象となった女性の幾人かは、働き者で子どもを甘やかすような時間もない、しかしそれにもかかわらず子どもをしっかり危害から守るというタイプのロマンティックな母親イメージに強く憧れていた。テレビドラマにはこのタイプの母親が登場したという。なかでも、彼女たちがちょうど大人になる頃の１９８０年代に放映されたおしんという女性のドラマはとても人気があった（Harvey, 1995; Jolivet,

1997）ようだ。おしんは、20世紀に入ったばかりの頃、貧しい農家に生まれ、７歳でよその家の子守女中に出される。彼女はそこでいろいろないじめを受けた後に結婚するのだが、そこでも義母にむごい仕打ちをされるのだった。やがて彼女は婚家を去り、自分ひとりで子どもを育てていく。インタビューした何人かの女性たちにとって、自己否定的、自己抑制的で我慢強いその特性を、すべて子どもを守り育てることに注ぎ込むおしんは、近代初期からの理想の女性の姿であった。「おしん」タイプの母親は、子どもの幸福のために献身的にかかわろうとする。子どものことを深く気遣うが、甘やかしはしない。

女性たちの中には、時代が変わったことは認めつつ、昔流の子育ての考え方に憧れている人たちもいた。われわれが良き子育てにはどのような行動のタイプが効果的かと尋ねると、彼女たちは歴史的・文化的モデルを引き合いに出し、それを現代の考え方や基準に統合しようとするのだった。多くの母親たちが強調した歴史を経た考え方は、離れたところから見つめ、わが子にさまざまな人生経験をさせ、そこから学ばせるという、見守ることの重要性だった。

以前の私の著作でも、インタビューした日本の幼稚園の園長たちは、子どもの活動に大人が制限をかけ過ぎないようにと、同じようなことを力説していた（Holloway, 2000）。すでに１９８０年代、９０年代に欧米の研究者たちも、日本の幼稚園教員の多くが、喧嘩やナイフなどの危険な道具の使用、園庭の大人の目の届かないところで遊ぶことなども容認していることを観察していた（Lewis, 1995; Tobin, Wu, & Davidson, 1989）。最近では、親や教師が肉体的・精神的な被害にとても敏感になっているので、こうした実践の中には実施が難しくなってきたものもある。しかし、「自然な」学習機会の効用はいまだ評価されており、教師たちはまずい点は取り除きながら、やり方を工夫したうえでこうした経験をさせてやりたいと願っている（Tobin, Yeh, & Karasawa, 2009）。

調査に参加してくれた人があげた別のテーマの中にも、古くからの文化モデルとのあいだに何らかの連続性が見られるものがあった。近世の子育て書にも、耽溺とも言えるほど子どもに温かくかかわるという考え方は見られる。しかし、そうした考え方は、若い母親が子育てよりも家事に精を出さなくてはならないという制約と緊張関係にあったので、当時、母親が子どもと2人だけの絆を結ぶわけにはいかなかった。現代では母親は子どもへの「自然」で確かな溢れ出る肯定的感情を体験することが期待されており、献身的に子どもだけに注ぐべき時間と注意を奪ってしまうような他のことはしづらくなっている。こうして、現代の母親が一線を越えて過保護に踏み込むことなく温かく応答的な子育てに携わろうと思うと、子どもと親密な関係でいたいという願望と子育てよりも仕事をという社会からの要求との間の緊張とは異なる、また別の内なる緊張に遭遇するのである。

もうひとつのテーマは、現代だけでなく歴史的記録にもみられるもので、感情の自己抑制に関することである。調査した母親たちは、どんなときでも明るくやさしく振る舞い、子どもが何かをしでかしても落ち着いていられることを望んでおり、決して否定的感情に陥ってはいけないと信じていた（同様の指摘はライスによっても行われている（Rice, 2001））。近代初期の日本女性は「自分の希望をおもてにあらわさないばかりか、いつかいざこざのもとになるような願いを意識さえしないようにしつけ」られた（Dore, 1958, 邦訳 p.97, 強調は筆者）。しかし、現代の母親が20世紀初頭の女性と違うのは、母親自身が、より子ども中心の子育ての産物であって、家族間の軋轢による強い悲しみや怒りの感情をずっと多く経験して育ったと思われることだ。そうした経験にもかかわらず、彼女らは子どもに感情的になることは避けるべきだと思っている。

このように、われわれが調査した現代の女性の意見には、子育ての歴史的モデルがまるでこだまのように何度も繰り返された。彼女たちは日本の母親の伝統的特性のなにがしかを体現しようと試みていた。しかし、そうした特定の養育態度を支持する、あるいは必然的なものにする構造的要因は取り払われ、子育ての文脈は劇的に変化した。家族構造や家族の経済的条件が劇的に変わったことにより、今の母親たちがある種の子育てを実行することや、あるいは母親の努力が結果に反映されることは、かつてなく困難になっている。母親が労働責任を求められることも、子どもから距離をおくべしという外的圧力もない現代にあって、子どもから自分の問題を解決する経験を奪い、甘やかして過保護になってしまうことに心を痛める母親たちが少なからずいる。それでも多くの母親は、日々、子どもと向き合うことから来るフラストレーションに挫けそうになりながらも、感情の自己コントロールを維持しなければならないという文化的に強いられた難題に絶え間なく立ち向かっている。次章では、こうした子育てのジレンマに合理的な解決を見つけ出すことを、彼女たちがどのように評価しているのかを検討する。

4章　反省——自己省察のプロセス

子どもは、やっぱり勝手に自分で大きくなるわけじゃないから、常にこのことに立ち返ります。いい材料ばっかりじゃない、悪い材料の方が私には多かったと思うんですけど、そんなこともふり返りながらやってます。（康子、高卒、自己効力感の高い3児の母）

康子のこの言葉は、本章で取り上げる子育ての自己効力感についての認知と自己省察について語っている。自分の育児をふり返るとき、康子は反省という言葉を使う。この語は複雑な意味をもっており、自分がしてきたことを注意深く考え、正しい行動の理想的なイメージと比べて自分がうまくやれたかどうかを評価し、将来どうやって改善していくかについてよく考えるということを表している（Heine, Lehman, Markus, & Kitayama, 1999）。反省のプロセスは、自分の長所を列挙することではなく弱点を確認することに向けられるのだが、それは自己を弱体化させるものではない。むしろ反省したあとに、次は何に重点をおくか考え、自信をもって新たな活動に取り組むようになると考えられている。ハインらによれば「理想との食い違いは否定的になりがちなものであるため、日本人の自己認識は批判的で控えめな傾向が強い。しかしこの自己批判は将来の自己改善と自己達成に役立つ」のである（Heine et al., 1999, p.771）。

しかしながら、自信をもつことが高い達成感の鍵になるという考えになじんでいる欧米の観察者にとっては、自分の弱点に焦点をあてることは自己評価を低め、自信をなくし、行動の障害になるように思えるかもしれない（Lewis, 1995）。アルバート・バンデューラによれば、自己効力感の低い親、すなわち自分の至らないところばかりに目が向き、よい親になるのに大切だと思われることが自分には何ひとつできていないと思っている親は、子育てという課題を、積極的に挑むものとしてよりも脅威としてとらえる傾向がある（Bandura, 1997）。こうした親は、子育て中にむずかしい状況に直面すると不安に陥り、失敗するのではないかと思う傾向も強い。このような認知的かつ情動的な態度で反応していると、困難な状況に陥ると耐性を失い、子どもに対して一貫したきっぱりとした態度で接することも難しくなる。

実際、1章で私が指摘したように、研究者やメディアによると、日本の母親は他の国の母親に比べて自分の子育てに対して批判的な傾向が強く、時にはいわゆる「育児ノイローゼ」にまでなるという。そうなると、親としての効力を損なってしまいかねないようだ。日本の研究者の中にも、母親の自信のなさが、一貫性のない不適切な子育ての要因だと述べる者もいる（Kazui, 1997; Ujiie, 1997）。一方で、子育てにおける比較的低い自己効力感は、日本人に見られる、控えめで自分の達成したものを否認する傾向を反映しているにすぎないと考える者もいる（Bornstein et al., 1998）。もし育児ノイローゼが本当に国民病だとするならば、日本の親はこと子育てに関しては無気力になっていると考える方が理にかなうだろう。しかしながら、日本の親は子どもとやりとりするときには敏感で応答的に対応し、ほとんどの母親が子どもの学校での勉強を上手に支えていることをこれまでの実証的研究は示唆している（たとえば、Hess et al., 1986; Holloway, 1988; Stevenson & Stigler, 1992）。また、子どもたちが危機の瀬戸際にあるのかどうか、日本のメディアの間で論争が続いているが、他の国と比べると子どもたちはまだよいように見える。日本の子どもは精神衛生上の問題が少なく、子ども時代に危険で反社会的な行動にかかわることもあまりなく、中途退学者も少ない（Crystal et al., 1994; Lewis, 1995）[16]。2章で述べたように、国際的な調査では近年少し下降気味なものの（OECD, 2008）、日本の児童・生徒の学習到達度は歴史的に上位にあり続けている（Gonzales et al., 2004; Stevenson & Stigler, 1992）。

現代日本の女性がこれほどまで真剣に母親役割についての自分の仕事ぶりを考えていることにはどんな効果があるのだろうか？　歴史的にみて、反省するということは、有無を言わせずやる気を起こさせるシステムをもたらしてきたのかもしれない。それは他のさまざまな領域においても日本人が成し遂げてきたものの根底にあるものである。では、こうした言説は現代日本においてどのように機能しているのだろうか？　子育てにおける低い自己効力感にもかかわらず効果的な子育てができているということの矛盾はどのように理解すればよいのだろうか？　日本の母親はあまり自信のない言い方をするものだが、

[16] 青少年の自殺については例外である。日本の15歳から24歳の男子青年の自殺率はアメリカの2倍に達する（Lester, 2003）。

それは、今述べてきた伝統的な自己評価のプロセスと表裏一体なのだろうか？　また、それは最終的には思考、感情、行動が食い違わず、適応的な結果をもたらすことになるのだろうか？　ひとつ明白な点がある。効力感が肯定的ではなく否定的なことが、日本で子育てがうまくなされていることにつながっているのだとするならば、それは子育てという力動的な過程が日本と西洋諸国の間で大きな文化的違いをもつことを示していると言えるだろう。アメリカやヨーロッパでは、子育てに関する高い自己効力感が子育てのよい結果に結びつくと結論され、そのことが繰り返し言われてきているのだ（Coleman & Karraker, 1997 ; Oettingen, 1995）。

反省がもつ複数の意味

反省という言葉が調査協力者たちにとってどのような意味をもっているのかを十分理解するには、まずは関連した概念、すなわち役割完璧主義について説明することが役に立つかもしれない。母親であれ、就労者であれ、学生であれ、自分の主たる役割を果たすことにおいて日本人は完璧主義者だとずっと考えられてきた（White, 1995）。日本では役割期待がとくに強く、その役割に見合った行動を一貫してとれる者が社会的に認められる。日本で文化的に明示された目標というものは、単にそこそこの実績を上げることではなく、それぞれの役割を完璧に果たすことに専心することだと考えられている。役割完璧主義はこうした枠組みにおいて、「困難や辛苦に耐える能力、脅威を前にして冷静であること、忍耐心、頼もしさ、粘り強さ、自己信頼感や強い個人的動機など、すなわちわれわれが『強い人格特性』を連想するような資質を通して達成される」のである（Rohlen, 1996, p.69）。しかし人はしょせん完璧には届かぬものである以上、反省のプロセスにおいて役割完璧主義が否定的な自己評価につながることは避けられない。実際、完璧ということはどのような領域でも達成不可能なものなのかもしれないが、こと子育てという、複雑で雑然とした分野では確かにもっとも骨の折れるものである。子育てにはどうやればうまくできるかというひとつのお手本があるわけではなく、親はあくまで相対的な成功、あるいは失敗につながる環境を、部分的にコントロールできるだけだからである。

また、反省というプロセスには、与えられた課題に取り組むには「最善の方法」があるという考え方が伴っている。すなわち、人が目標を完璧に達成しようと懸命に努力するときには、行動を導いてくれる青写真があるはずだと考えられている。確かに、課題に取り組むためのただひとつの正しい方法の存在は、職人が畳を作ることから生け花にいたるまで、多くの日本の伝統的な美術工芸の分野で明言されてきた。また、空手のような武術の場合に、ひとつの形、すなわち型を構成する連続した正確な動きを覚えることが必要とされているように、完璧な結果は一連の動作を完璧に遂行することによって達成される。つまり、過程と結果は、完璧を求める中で時として融合されるのだ。堀宗源は正しい型を学ぶことに重きをおくことを「儀礼的形式主義」と呼び、それが反復、機械的暗記、伝統的処方に基づく振舞いを重視するという点から、禅の教えと結びつけている（Hori, 1996, p.21）。

現代の日本社会では、子育てにどう取り組むかについて、母親は個々の事柄ごとに非常に具体的なアドバイスを受けることがよくある。たとえば育児雑誌は、子どもを連れて公園に行くときに、どうやったら他の母親や子どもから受け入れられるのかというようなトピックについて、詳細な指針を提供する。子育ての明白な青写真に従うという考え方からは安心感を得られるとしても、そこから少しでもはみ出したらひどい結果になると思ってしまう危険性もある。そのうえ、あるひとつの方法に従い続けられるかどうかで母親が自らを評価するなら、多くの母親が自分には無理だと思ってしまうのは避けられないだろう。「ハウツー」本に頼ることは、日本では「マニュアル症候群」と呼ばれてきたが、実際そうなると、「成績完璧主義、画一的カリキュラム、要求水準の高さ」が入り混じって作用し、自信をもつためだったはずの指針が、結局は自信を失わせる結果をもたらしている（White, 1995, p.271）。

不安からのあがきか冷静な省察か

本章ではここまで親として自分がやってきたことに関して、日本の多くの母親が共通して実行してきた一般的な文化モデルとしての自己評価と役割完璧主義について論じてきた。母親であることについて、各々の女性が自分をどのように考えているかをさらに深く掘り下げていくならば、それぞれの反省のプロセスの差異が見えてくるだろう。インタビューを通じ、子育てについてふり返りはするものの、細かい点すべてを考え過ぎて自分を責めるところまではいかない母親もいることがわかった。彼女たちは自己評価にとらわれ過ぎることをはっきりと回避している。3人の子の母親であり、快活な主婦である美由紀はこのグループのひとりだった。彼女は、何もかもうまくやれているかどうかを心配するようなことにエネルギーを浪費しないようにしていた。

自信がないとか思ってる余裕もなかった。だからもう必死で、自分なりの母親であればいいわっていうのはあったんで。だからケーキ作りとかそういう得意なもんはあるけど、でも、自信がないって言い出したら全部が全部そうやし、そんなん思ってたら母親をやっていけないんで。

子育てに自信をもち続けていられる美由紀の能力の鍵となるのは、いい親になるための処方箋はひとつだけだという考え方を受け付けない点である。彼女はただひとつの基準に従って行動する必要はないときわめて強く思っていた。他人と比べることをやめたら、自分のやり方にもっと自信がもてるのにとも言う。「それぞれのお母さんがいるから、このお母さんがいいとかあれがいいとかは意味ないと思う。私は私やと思ってるんで、真似しようとか思ったことないです」。

自信に満ちたスポーツ選手である浅子もよく反省するが、一度決めてやり出したなら、後から自分の決断をあれこれ考えないことが大切だと悟っていた。自分の考えたことがそれでいいと思えたら前に進めるし、それ以外に考えられる選択肢のことをあれこれ無駄に思案して息詰まることもないだろうと思っている。

突き詰めて考えていけば、すごく難しいんじゃないかなと思うんですけど。でも、自分自身がしっかりするっていうか、まあ、ひとつの信念をもって考えてれば、別に、大丈夫じゃないのかなとは思うんです。やっぱり考えて考えてとなると、とことんずーっと、どうなるんだろ、どうするんだろ、どうしようとかっていうことは出て来るとは思うんですけど、そうでなく、こうだと自分で思って構えてれば、それはそれでいいんじゃないかなと思うんですけど。

無意味な思案と慎重な反省の違いは、この章の冒頭で取り上げた康子が明確に述べてくれた。康子は、不安感につながる役割完璧主義を拒否し、それに代わる、自分への建設的な問いかけというものについて次のように主張している。

子育て中に、やっぱりこれでいいのかなって自分で思うこともあるんじゃないかな。それもまず完璧っていうことはないから、自分の子育てはこれでいいって思って。もちろんちょっと考えを直すこともあった方がいいかなと思いますね。あんまり親が不安になるとその不安が子どもに伝わるっていいますけど、でもその不安は、いいか悪いか、どうしようかの不安じゃなくて、自分はこれでよしと思ってやっているんだけど、果たして子どもにとってどうなのかなっていうような、そういう揺らぎはね、やっぱり親はもっててもいいんじゃないかなと思います。

康子のこの洞察は、反省は女性の子育ての自己効力感を損なうことにもなるし、自分の問題に新しい解決法を見つけるようにうながすことにもなることを示唆している。前向きな意味で自分に疑いをもつことができる女性は、自分がとった行動の結果を吟味しはするが、そこからことさら一般化して自分のことを不完全な親だとまでは考えないようだ。彼女たちは自分の行動をコントロールできていると思っているので、将来は改善してもっとよい結果を手にすることができるという気持ちをもっていた。

美由紀や浅子、康子のように自信をもっている母親とは対照的に、2番目のグループの母親たちの反省は不安を深刻化させるやり方であり、その結果、問題が起こると適切な行動がとれなくなる。この問題で悩んでいる女性の例としてユリを取り上げよう。大学卒業後、彼女は音楽家としてのキャリアを手にし、親としての役割以外に多くのことを達成してきた。それにもかかわらず彼女は、娘に対してはよい親になれるという自信をほとんどもちあわせていないのである。彼女は特有のユーモアで、苦しい自分の状況を皮肉っぽく笑いながら語るのだった。彼女は親としてきちんとやれているか気にしていた。その一方で、心配ばかりする母親では子どもに否定的な影響を与えるのではないかとも思っていた。自分の直感や推論が子どものために適切な行動につながるとはとても信じることができなかった。子育ては「自然体であるべきだ」と思っている一方で、問題を克服するにはひとつの正しいやり方があると信じ込んでいた。そして、自分はそのたったひとつの最善の解決法が見つけられないのだといつも悩んでいた。

ユリは不安にかられて他の人たちに助言を求めるようになった。しかし得られた情報が一致しないと、適切な行動方針を見出すのは難しかった。彼女は娘を母乳で育てるためにどんなに不安になったかを語り、自分の苦しかった状況を説明している。

> 娘が産まれたときからもう私はピリピリしてた。本から入ったんで、母乳じゃなきゃだめとか、足りなかったらどうしようとか心配で。だからもう誰も信用できなくて、本しか信用できないような感じでした。自分の親すらなんだか信用できなくて……。母親学級に行ってたんですけど、そこに来てた助産婦さんかな、その人が絶対何々しなきゃいけない、これしなさいっていう人だったので、それを信じて……。母乳で足らなければミルクにしなさいって病院でも言われたんですよ。でもその病院の言葉すら信用できなくて……。ちょっと異常だったかもしれないですね。

親としての自分の直感が信頼できないことから、ユリがはっきりとした行動方針をもてなかった出来事のひとつの例がこれであった。

要するに私が言いたいのは、反省を遂行することは必ずしも子育ての自己効力感を低下させるわけではなく、子育ての効力を損なうわけでもないということであり、逆に、より効果的な子育てにつながるというわけでもないということである。反省の結果、何がもたらされるかは、どのように反省をするかにかかっている。われわれのデータによれば、自分を理想的モデルと比較することを避けることができる親、言い換えるならば「それぞれの母親」がいると認めることができる親は、自分をふり返ることによって、建設的変化につながる次の選択肢を見出すようだ。さらに、完璧を目指す必要などないと思っている女性は不完全さをうまく受け入れ、次は自分はもっとうまくやろうとするだろうと確信をもって前に進んでいくことができる。これに反して完璧を求めて苦闘する母親や、子育てのあるひとつの場面での最善の方法はひとつしかないと信じているような母親は、間違った子育てをしてしまったと思うと、どうやって前に進めばいいのかわからなくなり、自信をなくして行き詰まってしまうのである。

母親として自信のある分野とない分野

ここまで反省について論じてきたが、ここで取り上げてきた母親のほとんどが非常に真剣に反省に取り組んでいることを読者は納得してくれたことであろう。そこで次に、母親が自分の長所と弱点をどのように認識しているかを見ることで、反省がもたらす結果を検討することに移ろう。初回のインタビューでは、子育てのどのようなことに自信があるか、また自信がないかについて尋ねている。否定的に自己評価するという規範に一貫したことだが、自信のあることについて尋ねても、ほとんどの母親がなかなか答えられなかった。中には、実際に自分が自信をもっていることではなく、自分がもっと良くしたいと努力していることの方を好んで言う人たちもいた。たとえば非常に内気な佳世子は、「私は意識的に人前に娘を連れ出そうとしています。友だちの家にだって連れていくんですよ」と、無理にでも娘と外出していると語った。何人かの女性は、自分の感情を抑えたりコントロールしたりするのに大きな努力を払っていた。ユリは娘に幸せな家庭生活を味わわせるために夫のことはがまんしようとしていると言い、礼子と浩美は、子どもに対して感情を爆発させないよう、気持ちを抑えていると語っていた。ちょっとしたことになら自信があるという女性もいた。16人の母親のうち、6人が料理、裁縫その他、なにがしかの家事が得意だと言い、また4人が子どもと遊ぶのが好きで心から子どもと遊ぶことができると言い、ひとりが子どもに読み聞かせをしていると言っていた（表4-1 16人の母親からの聞き取りの抜粋を参照）。しかし、自信があるというときでさえ、自分の能力にかかわるような話となると皆、用心深かった。たとえば、子育てで一番自信があることは何かと聞かれたとき、順子は子どもと同じように遊べる点だと言いながらも、長くは続かないかもしれないとあわてて付け足すのだった。

> ゲームも同じようにするんですよ。その方が子どもともうまくつきあえるでしょう。私はそんなに極めてないんですけど、ちょっと好きなゲームもあるので、おんなじようにして。……何歳までできるかわかんないですけど。小学生になったら馬鹿にされそうなんですけど、ま、一緒に遊ぶっていうならいいですね。

自信がないことについて聞かれると、彼女たちはずっと長く、しかも皮肉なことにずっと自信をもって答えるのだった（表4-2のインタビュー抜粋を参照）。インタビューを通じて、彼女たちが子育てにおいて最大の難題だと思っている点が3つあることがわかった。（1）子どもとうまくコミュニケーシ

表 4-1　育児における自信がある分野の例

ベニ	料理が好きなんですよ。だから，料理だけはちゃんとできるかなって。いつも手抜いてますけどね。でも作らしたらできるんですよ。
ユリ	がまんできるとこまでは，がまんしよう。うん，がまんの日々です。子どもの前では夫とうまくいってるように見せてる。
佳世子	たたかないようにしてるんですけど。なるべくね，口で言うてすまそうかなと思ってるんで。なるべくなら，人ごみっていうか，友だちのところに連れていったりする。
さくら	作ったりするのは結構好きで。最近はあんまりやってないですけど，前は服とか作って，手作りおやつ一緒に作ったりとか。
順子	子どもと同じようにして子どもと遊べる。
リサ	うちの子にはお手伝いさせてる。決して楽するためじゃない，今のお手伝いはたぶん。何でもやり直さなあかんねん，とりあえず。でも，したいっていうから，やりなさいって言って。
直子	子どもと一緒に外で遊べること。あとは，できるだけ，待ってあげるようにしてること。
康子	子どもの考えてることをきいてあげようとする母親としての気持ちをもっている。それはやっぱりちょっと自分の中では得意っていうか，これだったらできる。
浩美	何もないんですけど，強いて言えば，バトンの衣装作りが手作りなんで，私は何もしてあげれないから，その衣装だけはがんばってます。不得意なんですよ，またそれが。もう全然できなくって，もう何回も自分だけ布買いなおしてしたことあります。それだけしかないですね。
礼子	冷静に子どもと接せれるようにはなった。最近はもう，普通に気持ちを楽にって心得て，ちょっとおかしくなるなと思ったら，一呼吸おいて，自分をまた取り戻してから接するとかそういうのが自分でできるようになってきた。
マリ	礼儀とかね，そういう最低限のことを身につけてあげることは，すごくうまいと思うんですけどね。
美保	得意，おにぎりですかねぇ。今，週に2回子どもを迎えに行きますけど。その日は，おにぎりをさんざんにぎって，皆にあげたりすることでしょうかね。
美由紀	ケーキを作るのが得意。
雅代	本を息子に読み聞かせる。スポーツもするし。キャッチボールのことだけど。
浅子	普通の母親と比べると，スポーツのこととかはすごく得意なので，皆さんとは違ったサッカーとかはちょっとできるかな。だから，普通は家でできないそういうクラブ活動みたいなことはできてるなぁ。
千尋	やっぱりいろんなことを子どもに体験させてやってるっていうんですか？　たぶん，他の人に比べたら，多いかなって思います。子どもとコミュニケーションは，やっぱりとってますしね。

表 4-2　育児において自信がない分野の例

ベニ	男の子の感情っていうのはちょっと理解しきれないとこがあるのでね。
ユリ	私はがまん強くないから。子どもって同じことを何回も言うでしょ。そしたら聞かなくちゃいけないけど，得意じゃないから，忙しいとか，逃げ出したりする。それからお料理。たぶん私は何にも自信があるものがないんです。
佳世子	教育。自分が頭がよくないからね。人のお母さんみたいに教育はちょっとできない。
さくら	あまり出歩く方じゃないんで。もっと気軽に社交的になれたらよいんだけど。でも難しい。
順子	そうね，私は子育てに自信がない。子どもに私の言うことをきかせる自信がないんです。
千尋	もっとわかってやらなあかんなぁって思います。もっとちゃんと見てやらなあかんっていうか。やっぱり大人として見るんじゃなくて，子どものレベルで接してやらなあかんのかなって。たぶん，私が抑えつけてるんで，なんか可哀想なんです。
リサ	やっぱ接し方かな。子どもとの接し方。……私がたぶん怒りすぎて……本読んであげたりとかはちょっと。自分が嫌いなんかもしれない。
直子	料理に自信がない。あんまり栄養のことを考えてない。どうしたらいいかわからないんです。
康子	自分がうまく対応できるか心配。たとえばテレビゲームはいろんなのがあるでしょ……子どもに買ってやるべきかどうか。私は本当に必要ないと思っているから息子にはそのゲームはだめと言い続けるべきなのか考えてしまう。
浩美	子どもが何を言ってるかちゃんと聞いてあげられない。だから一方的にしゃべって，叱るだけ。ほんとに子どもの言うことを聞いてない。
礼子	他の親とのつきあい方とか関係が子どもに影響するんだけど，でもそれが本当に難しいと思う。
マリ	整理整頓とか家事とかね，そういうのもう全然不得意です。
美保	あんまりくよくよしたりもないですし。問題なく来てますね，今のところ。
美由紀	私はね，「完全な母親」っていないと思ってるんですよ。だから，私なりの母親であったらいいわと思ってるんで……だからケーキ作りとかそういう得意なのはあるけど，でも，自信がないと言い出したら全部が全部そうやから，でもそんなん思ってたら母親をやっていけない。
雅代	息子に野菜を食べさせるのに時間がかかるので，食事の習慣をつけさせる自信がないんです。
浅子	うーん。そうですね。体育会系なんで，どうしても白黒はっきりじゃないんですけど，ぱーんてしてしまうときがあるんです。うーん，細かいことがどうしても苦手ですね。

ョンをとることができ、しっかりと感情的に結びついていること、（2）子どもをしつけるときに感情をコントロールし続けられること、（3）子どもの教育のサポート、この3つである。次節ではこれらの問題について検証する。

よいコミュニケーションを確立し肯定的な感情で結びつくことの難しさ

もっと子どもと密接な結びつきをもった方がよいと思っていながら、そうはできていないと感じて気にする母親もいた。彼女たちは子どもと距離を感じ、中には無関心になっているとか、子どもが好きではないと言う者さえいた。きょうだいの中でひとりの子どもだけに親密な感情をもっているのではないかと気にする者もいたし、自分には子どもの感情を理解したりコミュニケーションをとる能力が乏しいと述べる者もいたのだった。

千尋はこのすべてについて心配している典型的な事例だった。前にも指摘したように、千尋は、自分がよい母親でないと責め続けている母親のひとりである。自分は親として十分「成熟」していないと思っており、親としての資格があるのかという疑問を口にした。また子どもに申し訳ないと何度となく述べていた。千尋と話をしたときの一番の話題は、子どものひとりに対する偏愛についてだった。4回のインタビューの中で何度か、息子とは親密だが娘とは感情的につながりが乏しいという話を持ち出した。息子の方が娘より可愛く魅力的だと繰り返し言うのだった。彼女が言うには、母親には娘より息子を好む「生来」の傾向があるが、自分が「ボーイッシュ」な性格のせいでそれがもっと強く出ているのだそうだ。息子の方がずっとかかわり合いやすいのだが、娘のことは無視してしまいがちだと言っていた。

お兄ちゃんに対しての方がやさしい。かわいいから。異性としてね、見るからかわいい……。そう、やっぱ違うと思うな……。私もどっちかっていったら男の子っぽい性格だからかもしれないですけど、わかるんですよね、やっぱやることとかね。活発でがぁって動くと、ついていってしまうんで、どうしてもそっち見るでしょう。ほんで、下はもうコチョコチョと何かして勝手にやってるみたいなところがあるから、結構ほったらかしのところがあるかな、下の子は。

千尋は、子ども、とくに娘の考え方が理解できないことでも自分に不満をもっている。

私って子どもの生活がまだわかってないのかなぁ。……娘がどうしてそうするのかとか、もっとわかってやらなあかんと思っています。もっとちゃんとみてやらないとあかんっていうか。大人として見てるんじゃなくて、子どもと同じレベルで接してやらなあかんのかなぁって……。

千尋以外の女性との面談でも同じ話題になることがあった。千尋だけでなく、他の何人かの女性も、自分が未熟で自己中心的なせいで、子どもとの気持ちの結びつきが弱いと思っていた。礼子もそのひとりである。礼子は自分が子どもに関心をもてるほど成熟していないから、子育てが非常に難しいのだと述べている。「私の性格だと思うけど、私は自分も可愛いんです。子どもに邪魔されたくないんです」。

千尋と同じように、男の子をひいきし、娘に対して温かく接していないことに罪悪感を感じる女性も何人かいた。たとえば、リサも娘より息子に親しみを感じ、子どもが男の子だと母親の愛情が誘発されるのだと思っている。リサは「子どもとの接し方の難しさ」について、他の母親や幼稚園の園長にも相談してきた。そして、娘にもっと愛情を注ぎ、叱る回数を減らし娘が何でもいいことをしたらほめるようにしようと努力していた。

子どもが赤ちゃんのときであれば誰でも皆もっているはずなのに、自分にはその「正常な」母親らしい愛情が欠けていたと自分を責める女性も少数ながらいた。政府の調査でも、赤ちゃんと心が通わせられないどころか嫌悪感さえ抱くことがあると答える母親の存在が報告されている（Hara & Minagawa, 1996）。こうしたことが他国と比べて日本でより一般的な現象なのかはわからないが、それにしても日本では「生来」備わっていると広く言われてきた母親らしい愛情が、自分には不足していると言う母親がいるというのは興味深いことだった（Jolivet, 1997）。たとえば康子は、自分自身が幼かったため、初めての子どもが何を求めているか、関心を向けることができなかったと述べている。

やっぱり自分が母親として、子どもに愛情がね、充分自分の中に湧いてこなかったっていうのが大きかったんじゃないかな。子どもの親にはなったんだけど、子育ての最中に、やっぱりどうしても自分が第一で子どもが二番目っていう感じだったんじゃないかなと思うんですよ。

浩美は、自分に人格的な限界があるために子どもとかかわれないととりわけ強く思っていた。浩美の子どもの頃の経験が人間関係に対する強い不安を残し、大人になっても自分の心を閉ざしたり退行することで、その不安を処理する傾向があるのだと次のように言う。「パニックになるんですよ。自分が自分じゃなくなるっていうか、子どもどころじゃない、自分がもう子どもになっちゃってて……」。

感情をコントロールし続けることの難しさ

多くの母親にとってしつけは大きな課題であった。理想の母親についての聞き取りで見てきたように、ほとんどの女性が母親はいつもやさしく朗らかであるべきだと思っていた。私たちが調査した現代の母親にとってもっとも効果的なしつけ方法とは、感情を見せないで子どもを叱ることだった（しばしば、感情的にならないで、感情を抑えて、冷静に怒るなどの言葉で語られた）。しかしこの目標をもちながらも、子どもが悪いことをしたときに冷静であり続けることができず、自分が思っていた以上に厳しく罰してしまうことがよくあると彼女たちは報告していた。焦点をあてた4人の母親のうち、美由紀、順子、千尋の3人は、感情を抑えられないことを自分の人格的な欠点だとみなしている。

とくに順子はしつけの問題で頭がいっぱいで、腹を立てて子どもをたたくのではなく冷静に子どもに言い聞かせることが大切だと思いながらも、どういう態度をとるべきか揺れていた。順子については2章の冒頭でも紹介したが、彼女が最初のインタビューで語ったことは次のようなことだった。親としての自分の最大の欠点は、幼稚園の先生のように言葉で子どもを叱ることができず、怒りを抑えられなくなって子どもをたたいてしまうことがよくあることだ。順子は父親から身体的虐待を受けていた。だから、体罰は抑えがきかなくなることもわかっている。そのため子どもを蹴ること、肩をつかむこと、お尻をたたくことの間には線を引いている。しかしインタビューを重ねていく中で、彼女は怒りを自然に（そして身体的に）表すことは許容される、あるいはむしろ望ましいのではないかとも言い、堂々巡りになってしまった。あるときには、他の人が虐待だと思ったとしても、しつけをしっかりすること、厳しくすることは自分の権利だと強く言い張った。彼女は頭をたたくことと子どものお尻をたたくことをとくに区別していたが、子どもにすぐ手を出して頭をたたいたりせず、怒りを抑えてお尻をたたくことができるような母親とは、自分はうまくやれないとも言うのだった。

美由紀にとってはこの問題は少し違うものだった。保育士としての教育を受けたので、ふだんは子どもに言い聞かせることができ、これが最善のしつけだと思っている。しかし、いつも冷静でいられるわけではないことも認めており、感情的になって怒ってしまうことにもとくに罪悪感をもっていなかった。

もうさんざん怒られて、息子はたぶんまた、ものすごい傷つくやろうなっていう怒り方もしてると思うんですけど。そういう怒るときって、もう本当にそこまで考えてる余裕がないですから、あ、こんなん言うたら傷つくんちゃうかなとか思ってる余裕はまったくないです。だから本当にだいぶ傷つけてると思います。そばで聞いてて主人は言葉の暴力やと言うんですけど。

子どもの学業をサポートすることの難しさ

ほとんどの母親が、子どもが小学校に入るとしつけについてあまり心配しなくなったと答えているが、学校のことで子どもをサポートできるか、ますます心配になる親もいた。塾やけいこごとの数を増やし、どうすればそうした課外活動に子どもをやる気にさせられるか悩む親もいた。また、彼女たちは学校の宿題をちゃんと見てやれるかも気にしていた。学校での様子を細かく把握できるよい方法がないかと思ったり、先生とどうやってつきあえばいいのか悩む親もいた。学校が好きでなかったり、学校では成績がよくなかった母親の間でこの心配はとくに強かった（Yamamoto, 2001）。こういった母親は、自分には子どもの勉強をちゃんと見てやれるほどの教育がないと心配し、学校の成績が悪いことが子どもに遺伝しないか恐れていた。

私たちが焦点を当てた母親の中で、もっとも頻繁に子どもの学業のサポートに関して自分の力不足を訴えていたのは順子だった。彼女は子どもの頃、学校が楽しくなかった。失敗ばかり繰り返したという話からは、診断はついていないにしても彼女は学習障がいなのではないかと私たちは思ったほどだった。「勉強やるけど、やってもわからないというか、なんか意味が頭の中でわかってないからできない」。学校では彼女をサポートする方法を誰も見つけられないようだった。順子は単位をなんとか取得し、やっとのことで高校を卒業したのだった。8章で詳細に述べる予定だが、彼女は子どもをサポートするために、自分自身が勉強が苦手だったことをどう克服すればいいか少々当惑気味だった。ときには家で息子に勉強させようと努力してみるのだが、この努力も息子の抵抗にあうとやめてしまう。多くの母親がするように、子どもにひらがなの五十音表を見せたりもしたが、息子がいやがっている様子が伝わってきたのでやめてしまったそうだ。

順子と同様、さくらも自分には教育がないので子どもの勉強を見てやれないのではないかと心配していた。あるインタビューでも、息子の同級生の母親と比べて自分が劣っていることを次のように語った。

お母さんもすごくいろんなことを知ってる方で、そこは子どももひとりなんで、お母さんと一対一でいろんな話してるみたいなんですよ。だからその子もすごいいろんな知識があるんですよ、子どもなんですけど。だから、その子見てて、うちの子とほんまに同い年なんかなって感じるぐらい。その子を見てるから余計そう思うのかもしれないんですけど、うちの子はこのまま学校あがって大丈夫かなって心配になるんです。

子どもの勉強を見てやるときの母親の気後れに影響を与えるもうひとつの要因は、親子の情緒的かかわりの質である。すでに見てきたように、母親はときに子どもと情緒的にうまくかかわれていないのではないかと心配し、かかわり方がこれで十分なのだろうかと感じることがあるようだ。そもそも全般的な効力感が子どもとのかかわりにおいても弱い母親は、たとえ子どもの学校の勉強をサポートする努力をしていても、それがうまくいかないと感じる傾向にあった。

息子2人と娘1人の母親のベニがこのことを例証してくれる。彼女は短大を卒業しており、知的な面には自信をもっていた。しかしながら、ことしつけということになると、うまくいっていないと感じており、息子たちに当惑させられることもよくあった。彼らが学校にあがると勉強でつまずき始めたのだが、彼女にはどうする術もなかった。宿題をせず勉強についていけなくなり、成績は悪かった。子どもの学業の問題を克服する助けができないのは、自分がしつけをできていないことと関係があると彼女は思っていた。

長男はね、ぼーっとしてて、それこそ小さいときからお尻たたいてでも、ああしなさいって言うたら、言うこと聞いてするような性格なんですよ。小さいときは実際そうだったのね。たたいてでもさせる、しつける、みたいなとこでやって。次男はね、本当にちっちゃいときから自分が納得しないとしないねんね。今でもそうで、たたこうが何しようが自分が納得してないとしないのね。だから今だって、宿題をしないといけないよって言って、なんでしないといけないかとかも全部こんこんと説明して。しないといけないっていうことわかってるんです。全部わかってるのにしない。だから、どうしたらええのかなっていうのをちょっと悩んでるんですけど。うん。たたいてでもさせた方がいいんやろかってね。

こうした問題を解決するために、息子の担任と連携することがベニにはうまくできなかった。先生たちからはもっと息子の行動に目配りしてほしいと言われるが、彼女は自分がどういう役割を果たせばいいのかよくわからず、学校に任せたいと思っていた。

先生には、勉強せえへんかったり宿題せえへんのは悪いことやと、それはわかってる（と言いたい）。でも、それを私は担任の先生にフォローしてほしいのね。で、私もしてあげたいけど、彼にする意志がない限り、強制してまではしたくない。それで私の中ですごい葛藤があって……。

ベニと最後のインタビューをしたときには、中学2年生の長男が不登校になり、ほとんど家から出ず、ひきこもりになっているということだった。ずっと息子と一緒に家にいるのは大変なことだったが、息子をひとりにしておくこともしたくなかった。それは非常にストレスがたまることだったが、息子の行動をどう理解したらよいのかわからず、息子にどう対応してよいかもわからなかった。「彼はなんか微妙なとこなんですよね。かまってほしくないけどかまってほしい。その見極めがすごく大変でね」。

ベニの言葉を聞いていると、彼女が聡明な人間で、子どもに対する自分の責任とは何なのか、絶えず考えていることがわかる。しかし息子が必要とするものをとらえることができず、他人の助言も信頼していない。その結果、学校でうまくやっていけるように子どもをサポートする段になると、ベニには為す術がなくなってしまうのである。子育ての自己効力感と学校生活でのサポートとの関係については、8章で詳しく検討する。

学業のサポートに対する母親の自己評価に起きる変化

バンデューラの自己効力感理論によれば、人がどのように自分の能力を評価するかは時間が経過してもそれほど大きく変化するものではない。自分が将来とる行動は、過去のよく似た場面でのものと類似したものになると人は予想する。ある状況で自分がどれだけうまくやれるかどうかについて他人から受け取る情報も、時を隔ててもなお、かなり一貫したものになりがちだ。さらに自己効力感理論によれば、人は自分の能力に関する情報を解釈する認識の枠組みをもっており、一般化された自己認識と食い違う情報は、その枠組みを使って排除する。たとえば、ひとたび娘のことは理解できないという信念を構築してしまった千尋は、理解することができたときでも、それを無視したり軽視したりしがちであったようだ。バンデューラのこの考え方は、われわれの調査データでも検証することができる。われわれが3回繰り返し行った質問紙調査では、いずれの調査時点でも、子育ての自己効力感に関する類似した質問項目が含まれている。予想したとおり、これらの項目については、調査間の相関が高いことが判明したのだった[17]。インタビュー結果を検討してみると、幼稚園、小学校1年、2年を通して、ほとんどの女性の子育ての自己効力感についての評定値は、毎回ほぼ変わらなかった。子どもの新しい能力が発達し、新しいことに興味をもつようになったことは認めるが、今までどおりの枠組みの中でしか見ていなかった。

しかしながら、このパターンにはひとつ重要な例外がある。それは学業に関する分野である。子どもが幼稚園から小学校に入ると母親は急速に自信をなくしていった。この時期に、子どもの勉強のサポートに関する母親の効力感が変化してしまうことは驚くにあたらない。インタビューが回を重ねるにつれ、子どもが学校でうまくやっていけそうか、母親は新しい情報を次々与えられていた。子どもが幼稚園に通っているときは、母親は子どもの学校での将来性を推量できるだけだ。しかし4回目のインタビューをした時点で、子どもたちは小学校2年生であり、子どもが小学生としてどのように成長しているか、親たちは情報を与えられていた。子どもが学業上の困難を抱え始めると、母親は子どものとらえ方や、子どもの将来に抱いていた大きな夢について考え直さざるをえなかった。子どもの学業をサポートする自分のやり方が適切なのかどうか、深く考え込む母親もいた。

個々のケースを検証する中で、ときには多数の要素がからまりながら、学業のサポートに関する母親の自己効力感を低下させることも明らかになった。たとえばマリの場合、子育ての自己効力感の低下は息子の学力の低下と関連しているようだった。しかし、勉強、運動、音楽といった多くの領域で母親が

[17] 子育ての自己効力感についての調査結果間の相関は、幼稚園と小学校1年生の調査では.68、幼稚園と2年生では.64である。1年と2年では.82である。

要求することに息子が反抗するようになったこととも関連があるようだった。そのうえ、妹が兄より学校の成績が悪いことを知ると、子どもの発達をコントロールする自分の力量に限界を感じ始めた。

非常に行動的で意志の強い女性であるマリは、子育てに自分のすべての力を注ぐと決意していた。初回のインタビューのときは、もっとも自信に満ちた母親のひとりであった。息子の発達に非常に満足しており、息子の発達のレベルの高さから自分自身の能力が評価できると臆さず語った。

私はね、自分で言うのもなんですけど、すごくいい子に育ててると思う。今のところはうまく、すごくうまくいってると思うんですね。大人より聞き分けがすごくいいんですよ。もしそうだとしたら、私ってすごくうまいなと思うんですけど。だけど、それは私から言わしたら、すごく簡単な子育てなんですよ。

しかしながら、やがて息子の2歳年下の妹が成績も良くなく、行儀がとくにいいわけでもないことにだんだんと気づかされることになった。このときもマリは親としての自分の実績を評価するのに、子どものレベルを引き合いに出した。といっても、娘に関してのそれは肯定的な証拠と言えるものではなかった。

博之と比べると、ミドリはいい子じゃなくて……。博之のように「お宅のお子さんはほんとによく、しつけがいきとどいてますね」って言われることは、もう、めったにないですね。

2人の子どもの「でき」の違いを説明する際、娘の能力を伸ばすのに自分には努力が足らなかったと述べた。

上の子には心を込めて一生懸命、こうエネルギーを注いできたのに、上に注いでばっかりで。下の方にはあんたも一緒にって感じでやってきたから、気がついたらもうどれに対してもね、何にも優秀なことがないんです、下の子は。

博之が小学校1年生になると、成績は良かったが完璧というほどでもなかった。マリは予想外のことにがっかりしてしまった。それで息子の通知表を破り捨てたのだそうだ。将来息子が1年生の通知表を見つけてやる気をなくしてはいけないと思ったからだ。彼女は息子の成績を伸ばすために以前よりいっそうの努力をし、たくさんの課外活動をやらせた。2年生までには、塾に加えて空手、剣道、ピアノ、書道、茶道の教室に行かせた。息子は週末も含めて毎日、それも一日中、忙しかった。負担が大きすぎて息子は抵抗し始めたが、マリは全部続けさせると決めていた。

2年になってからは私に「なんで勉強しないといけないんやー」っていう発言がかなり多くなったの

と、面白くない、本当に面白くない毎日だとかよく言うんですよ。で、勉強にしても宿題にしても何にしても、ほんとになんでこんなことばっかりやらないといけないんだって言って、すごく私に訴えるんですよ。で、私も、それはしないといけないからしないといけないって、もう息子に絶対負けないように言ってるんですけど。

マリは、息子に無理矢理でも後押しし続けようと決めていたが、自分がまともなことをしているのか疑念を抱くこともあった。不安が増していることは次の発言からもよくわかる。「結局今やってることが何につながるかわからないし、悪いことになるかもしれない。嫌なことをね、毎日毎日1時間強いられてたらどうなるかなっていうのもちょっと心配してるんですよ」。思いどおりの素晴らしい子どもを作り上げるのはいかに簡単かと思っていた彼女の認識は、時がたつにつれ明らかに変わっていった。息子の成績が完璧なレベルから少し下がり始めると、マリは自分の力の限界に直面し、子育ての自己効力感は低下し始めた。この認識の変化は、マリが自分の成功を測る尺度はまわりの人が息子をどう評価するかだと強く信じていたことと、娘を息子のレベル付近まで引き上げることができなかったという事実に直面させられたことによって、いっそう際だつものとなった。

もっと微妙な別の要因もマリの自己効力感の変化に影響した。マリは、夫が子どもと過ごすのをはっきりと嫌がるようになったことに不満が強くなったようだ。6章でも述べるが、夫が子育てに積極的にかかわると、女性の親としての効力感が増す傾向にある。逆に、マリを含む複数の事例では、夫婦の関係が悪化し出し、それにともなって母親の子育ての自己効力感は低下していった。

結論

日本における自己省察（反省）の重視は、私たちが調査した女性たちにもはっきりと認められた。インタビューした女性のほとんどが自分の育児法について頻繁に反省するようだった。千尋のように子どもに対してやさしさが足らないと悩む者もいた。順子のように厳しくしつけしすぎたと思う者もいた。学業で子どもをサポートする力がないと悩む者もおり、順子はそのひとりだった。

反省の意味とその過程についての女性たちの発言を注意深く分析すると、2つのやり方があることが明らかになる。浅子、美由紀、康子を含む何人かの母親は、自分の子育てに自信をなくすことなく自己省察する方法がわかっていた。彼女たちは、親になるためにはただひとつの青写真があるという考え方には反対なのである。彼女たちは、美由紀が言う「それぞれのお母さん」がいるということを確信しており、役割を完璧にこなすことにはとらわれていない。美由紀が言うように、「私なりの母親でいい」ということなのだ。それとは対照的に、気に病んでもがき苦しみ、精神的に不安定な、康子が言うところの揺らぎ状態から抜け出せない者もいた。彼女たちは子育てにはひとつの正しい答えがあると思っているので、その「正しい」やり方がどれなのかわからなくなるとパニック状態になり、自分を責めるしかなくなるのだった。

欧米の観察者であれば、美由紀の反省の形は「西洋化」されたものだと解釈したくなるかもしれない。その理由は美由紀が役割完璧主義に反対し、手本を真似るのでなく自分の考えに従っているように見えるからだ。しかし、彼女の自己省察の中身をより深く聞くにつれて、私は美由紀のやり方が日本の伝統文化とかなり一致しており、おそらく日本の伝統文化をより深く理解したうえで、それを創造的に適用しているのだろうと考えるようになった。「私なりの母親」像を求める美由紀の探求は、禅僧、堀宗源の記述と一致している。堀は儀式的行動の中に、いかにして創造性が見いだされていくのかについて次のように述べている（Hori, 1996）。

禅僧の生活は儀式化された型に基づいているにもかかわらず、効率性が非常に重視される。仕事をもっと効率よくする方法を見出すのに、料理僧（典座）の一人ひとりが重圧を負っている。この2つの仕事の順序は逆にした方が速いだろうか、他の作業にこの残り火の熱を使えないか、包丁の刃をこちら側に向けたらもっとうまく切れるのではないか等々、常に自分の一挙一動を吟味する。「何を」作るかは書かれているが、常に改善が求められており、細部にわたって吟味したうえで「いかに」作るのか、その詳細は料理僧に委ねられている（p.30）。

「必要は発明の母であると言うが、日本の禅宗では、儀式化された型を維持すること自体が予想もしない洞察を生み出す父となる」と堀は結論づけている（pp.30-31）。この考え方を美由紀の事例に当てはめれば、彼女はよい親になるための一般的な文化スキーマから出発したが、「私なりの母親」になるにはどうすべきかをつかむために、その枠組みの中でその都度、新しいものに作り変え、やがてはそれを超えていくことができたということなのだろう。

本章で、反省とは個人的な内省と自己評価のことだと論じてきた。しかし、意味をもっと広げ、反省には他人からの批判という役割も含まれているととらえる必要があるだろう。禅の伝統では、個々人が自分の行動を理解し分析するのを助けるために、同輩や先輩からの批判が期待されている。堀が「切磋琢磨」と呼ぶプロセスでは、僧は先輩だけではなく同輩の僧からも批判を受ける。

> 入門してしばらくしてからも、僧は常に訓告、警告、叱責、説教を互いに行う。「法衣の合わせ目が歪んでいるからやり直せ！　おまえの態度は間違っている。人がおまえを正してくれるときは感謝せよ！　逃げ出すな！」（Hori, 1996, p.33）

いくぶん逆説的だが、この切磋琢磨のプロセスを通してこそ、共同体に所属感と信頼感が生まれると言われている。自己省察、挑戦、忍耐、努力の諸要素がバランスを保つとき、個人と集団は調和して機能し得る。自分の役割に関係する活動を通して集団の幸福に貢献するために、個人は自己修養に励む。そして、他の人間もまた自分の部署で自分の役割を果たすために最善を尽くすだろうと信じることができるのだ。トーマス・ローレンは、ここでは個人が次のように求められていると強調している（Rohlen,

1996)。

社会が相互依存的特性をもつことから、そこではそれぞれの役割を勤勉に遂行することを大切にする責任と義務が生じる。これは生活するうえでひとつの事実として教えられる基本的な前提である。自分の社会的役割に責任をもつ必要性はこの事実から来ている。……そのような社会の現実が強調されると、個人の違いは無視されたり、些細なことと見なされる（p.71)。

職場や学校、あるいは家庭という文脈で、そこでのメンバーがその日一日の行動のよかった点、悪かった点について考えあうとき、そうした社会的相互作用によって反省というプロセスがもたらされる。たとえば小学校では終礼の時間を設けており、子どもたちはそこで行動をふり返り、次への目標を立てる。キャサリン・ルイスは、「反省は、しつけ、集団づくり、『子ども丸ごとの発達』を育む努力、そしてまた学業をも補強する。扱う問題が何であれ、反省はそこでの学びの一部になっているようだ」と述べ、反省を日本の教育制度の礎石と考えている（Lewis, 1995, p.170)。また反省は日本のある種の心理療法を構成する形態のひとつでもあって、問題が生じたときにクライエントが他者を責めないで自分自身の至らなさに目を向けるよううながす（Lebra, 1986; Murase, 1986)。治療の文脈では、反省を行うことで他者から受けた配慮に対し感謝の気持ちが強まり、これからの活動に対する新たな自信が湧いてくるのだ。

「切磋琢磨」というプロセスは、子育ての領域でどのように表れているのだろうか？　本章で見てきたように、われわれの調査対象となった女性たちは、子育てのもっとも基本的な点についてかなり不安を感じていた。子どもとコミュニケーションをとる能力がないのではと考えたり、子どもへの基本的な情緒的かかわりが欠けているのではと思うことさえあった。自分の感情が抑えきれなくなったり、子どもたちと落ち着いて明るく振る舞うことができないこともあった。学校の勉強を見てやれないと心配もする。彼女たちはこの自信喪失をまわりの人にどう伝え、どんな答えを得ただろうか？　子育てというものは、その多くが私的に行われ、誰に見られることも裁かれることもない。しかしながら、親たちは専門家やメディアなど、離れたところからだけではなく、家族や友人からその場に即した批判や援助をしてもらうことができるし、実際そうしてもいるのである。

すでに私が述べたことだが、日本の母親は公的な批判を受ける機会が多いようだ（Holloway, 2000）。この種の批評は反省のプロセスと同様、親一人ひとりの所属感や信頼感を高めるものだろうか？　それとも、親でなければ味わえない自信や喜びを蝕むものなのだろうか？　母親に対する批判が建設的ではない、少なくとも役に立っていないと思う観察者もいる。例をあげると、心理学者の数井みゆきは日本の女性が抱く子育てについての不安は、「姑たち、無神経な夫、その女性の子育てに批判的な他の母親、あるいはメディアによる専門家のコメント」の結果として生じたものだと論じている。数井は「私見だが、『賢母』という日本の古い母親のイメージを推奨している人、そういう人こそが問題であり、母親に解決法を示せてはいないことを悟るべきときが来ていると思う」と述べて、こうした状況の終焉を求めている（Kazui, 1997, p.494）。

座禅の最中に眠くなってうとうとする僧は、仲間の僧から打たれることで助けられているのかもしれない。しかし21世紀の日本の母親がもっと自信をもって効果的な育児ができるようになるには、批判がどの程度役に立つのだろうか？　以下の章で私たちは、両親・義理の両親・友人・配偶者といったまわりの数多くの人たちからの援助と批判が、母親の自己認識や、幼い子どもの育児に効果的な方法を見出す母親としての能力に、どのような影響を及ぼすのかを検討することで、互いを磨くこと（「切磋琢磨」）の役割を見ていくことにしたい。

第三部

5章　子ども時代の記憶

最初の子どもが生まれたとき、こわかったんです。すごく子どもが嫌いなんです、ずっと。私自身が子ども扱いされてこなかったっていうのが、大きいかもしれないですね。……だから、あんまり子どもがかわいいとほんとうには思えなかったんです。今でも、子どものことは責任だけかなとか、ふとしたときに思ったりもします。（浩美、高卒、自己効力感の高い2児の母）

本書で報告した研究の予備調査として、和子・ベアレンズと私は札幌の40人の母親たちに、母として妻として職業人としての生活に関するインタビューを行った。私たちは彼女らに子ども時代の経験と両親との幼少期の関係について多数の質問をした。これらの問題を可能な限り明らかにしたかったのだが、彼女たちがこのような微妙な事柄についての個人的な気持ちを伝えてくれるかどうかはわからなかった。驚いたことに、これらの質問がひきおこしたのは、長話やしばしば感情的な反応であった。和子はインタビュー中に泣きだす人のためにティッシュを用意したほどである。おとなの女性で、自分自身が子どもをもつようになってはいても、母親たちは両親が自身を育てた方法について、いまだに生の感情を経験し、多くの人はそれを私たちに語るのを躊躇しないのだった。

率直さと感情のこもった反応に加え、私たちが驚いたのは、彼女らの何人かにとって幼児期体験はネガティヴで、どちらかといえば苦いものとなっていることであった。多くの女性は、自分たちの母親を心配性で、厳格で、支配的だったと述べていた（Holloway & Behrens, 2002 参照）。彼女たちの幼児期についてのこの暗い描写は私たちを格別に驚かせた。というのも当時、私たちが参照することのできた日本の幼児の社会化に関する研究文献は、日本の母親たちは子どもを行儀よくしつけようとするとき、やさしい、非指示的方略を用いることを強調していたからである（たとえば、Conroy, Hess, Azuma, & Kashiwagi, 1980）。さらに私たちは、土居健郎やその他の研究者たちが、日本の母親がやさしく、甘やかし気味に子どもに向き合うと強調してきたこともよく知っていたのである。

この研究プロジェクトに着手したときには、私は予備研究の結果を追跡しようと考えていた。また、私は女性たちの初期経験と彼女らの後の子育てに関する自己効力感との関連の可能性を探りたいと強く願っていた。欧米の研究では、親の共感性が高く、彼らを信頼できることを経験して育った子どもは、他者への肯定的な見方を形成し、自分自身を価値ある関係のパートナーと見なす傾向があることが強く示唆されている（Bowlby, 1973; Bugental & Shennum, 1984; Grusec, Hastings, & Mammone, 1994; Main, Kaplan, & Cassidy, 1985）。子どもたちが成熟するにつれて、これらの初期の表象は、他者への評価と反応を方向づける標識として役立つ。たとえ否定的にしろ肯定的にしろ、自分の子ども時代の経験に折り合いをつけることができた母親たちは、出来事を歪めたり、なかったことにし続ける母親たちよりも、効力感をより大きく、無力感や統制不能感をより小さく感じる傾向がある（Cohn, Cowan, Cowan, & Pearson, 1992; Coleman & Karraker, 1997; Deutsch, Ruble, Fleming, Brooks-Gunn, & Stangor, 1988; George & Solomon, 1999; Grusec, Hastings, & Mammone, 1994; Williams et al., 1987)。私たちは、日本でも似たようなダイナミクスが生じるかどうかを知りたいと思った。

したがって、子どもの幼児期に実施した本研究の第1調査で、調査協力者の母親たちに対して、彼女たちが子どものときに父母から見守られていると感じた、また気持ちを理解されていると感じた頻度について質問したのである。そのときに私たちは、より多く親に保護され、理解されていたと感じている母親の方が、そのことにより、親たちをより疎遠に感じ、よく叱られたと感じている母親よりも、高い子育て効力感を経験していることを検証することができた。たしかに、私たちは強い関連を見出した。事実、親たちから保護され、理解されていたという記憶は、夫や母親や友人などを含む他の現在の支援資源に対する認知よりも、女性の現在の子育てに関する自己効力感の強力な予測因子となっていた（詳細はHolloway, Suzuki, Yamamoto, & Behrens, 2005; Suzuki, 2010に報告されている)。

有意な量的関連が見られたことから、私たちはさらに女性たちの幼児期体験の資料を得たいと考えるようになった。私たちは、いかに、そしてなぜ、彼女たちの子ども時代に受けた気遣いへの認知が、子育て効力感に結びつくのかを知りたかったのである。私たちは、これらの母親たちへの1回目のインタビューにおいて、この話題についての話し合いから入った。すなわち、彼女たちの子ども時代がどのようなものであったか、彼女らの成長途上で両親がどのような存在であったかを語るように求めた。彼女らの思春期と青年期を主にとりあげた2回目のインタビューでも引き続きこの話題をとりあげた。このインタビューでもふたたび、彼女たちが自らの経験を率直に語る際には、それらが感情に彩られ、感情で満たされていることが示されたのである。

恐れられる父親と沈黙する父親

前近代の典型的な日本の父親は、「地震、雷、火事、親父」という脅威を警告することわざに示される力になぞらえられたように、自然の暴力と同類のものとして描かれてきた（Shwalb, Imaizumi, & Nakazawa, 1987）。現実の父親はこの恐ろしいイメージにそって生きているだろうか？ 十中八九そうではないと思われる。我妻洋は、文化的な理想像がどちらかといえば父と子の間の公的な距離を維持してきたと考えられるのに対し、多くの父親は、個人的にはわが子との間に温かい情緒的関係を形成したいと望んでいたと指摘する（Wagatsuma, 1978. 例としては、Sugimoto, 1927 を参照）。東 洋も日本の家族には強い父親像があったことはないと論じている（Azuma, 1986）。東によれば、家父長権の強い家族は「建前として受容」され、すなわち公式には受容され、一方、現実には大多数の人々は強力な男性像を拒否していたのである（pp.6-7）。

いずれにせよ、近代国家初期の政府官僚は、強い父親、イエの首長というイメージを転用して、家庭内の首長としての父親の観念を国家の首長である天皇の観念と結びつけようとしたのである。政治家は父親の絶対的権威を強めることによって、国民の君主に対する忠誠心を強化することを意図した。新たに復活した君主の地位を正当化することが切実に求められていたからである。穂積八束による以下の一節は、１８９０年代の保守的な文章であるが、父親の絶対的権力を強調するものとなっている（Ito, 2008, p.24の引用による）。

子どもたちが幼いときは、父親は知的にも身体的にも明らかに勝っている。これは父親が誰であれ通常のことである。これが優位と劣位とを自然に区別する、もっとも明瞭で見分けやすい基準である。いいかえれば、その基準は権力の関係にかかわるのであり、権力とは命令を発し、服従を強いることに含まれる論理なのである。私は、ここにこそ命令と服従の関係が教えられ、その関係が発展するのだと信じる。このように、親への尊敬は権力への尊敬なのである[18]。

この古くからの理想化された強い父親イメージに対して、現代の日本の父親は、実にしばしば核家族における「周辺的な」あるいは「周縁的な」メンバーとして、影のうすい人物として性格づけられる。アン・アリソンは、多くの女性が「父親が必要な財政的支援を供する限りは、彼が近くにいない方が生活は完璧に、円滑に回る」（Allison, 1994, p.109）と信じていると書き、岩男寿美子は、男性の子どもとの関係は彼らの妻たちとの関係よりも弱い傾向があると論じている。岩男によれば、「母親は子どもとの絆を夫との絆よりも強いと見ているのに対し、夫は妻との絆が子どもとの絆よりも強いと見ている」のだ（Iwao, 1993, pp.135-136）。

私たちのインタビューでは、両方のタイプの父親像が見られた。半数近くの女性が、父親は力が強く、かんしゃく持ちですらあったと述べている。彼女らは父親像を描く際に、恐いという語を典型的に用いていた。４人の女性 ―― 浩美、佳世子、順子、マリ ―― は身体的暴力を恐れながら育った（それぞれの親の思い出の記述については表５‐１を参照）。マリは父親について以下のように語った。

父はものすごい恐い父親だったんですよ。すごく恐いんですよ。もう、こんな恐い親はいないと思うぐらい恐いんですよ。しつけの面ていうのは、しつけを超える、常識を超える恐さで、たとえば、誰かに挨拶ひとつするにしても、ちゃんとできなかったら、１回目は口で言うんですよ。それ以上同じことをくりかえすと、もうバシバシ叩くんですよ。２回目も３回目も、たとえば物でも出しっぱなしにしてたら、何か言ってやなく叩くんです。叩いたあとの瞬間、はさみの出しっぱなしとかおもちゃの出しっぱなしとかされてた物を壊して捨ててしまうんですよ。もう二度と使えない状態にして捨て

【18】（訳注）穂積八束の原文は次のとおり。「幼稚ナル時ニ在リテハ、父ハ智力ニ於テ腕力ニ於テ子ニ優ル、コト明ナリ。何レノ父ト雖モ普通ナル事トス。是レ天然ニ優劣ノ判ル、最モ見易キ標準ナルヘシ。其ノ標準ハ則チ権力ノ関係ニシテ、権力トハ命令シテ服従サスル義ナリ。命令服従ノ関係ハ之ニ依テ教育セラレ、之ニ依テ発達シタルモノナラント思フナリ。故ニ親ヲ崇拝スル事ハ権力ヲ崇拝スル事ナリ。」（「祖先教ハ公法ノ源ナリ」明治25年。穂積重威（編）（1943）穂積八束博士論文集 増補版、有斐閣、p. 238）

表 5-1　対象者の両親についての記述（子育て効力感の順位による）

名前	子育て効力感	親	母親の子ども時代の両親についての記述
浅子	5.8	母	非常にきびしい，「よいことと悪いことをはっきりさせる」；「とてもすばらしい母」。
		父	「自分の世界にいる」；「ほとんど家におらず，私たちの相手もしたことがない」。
マリ	5.4	母	「神さま」，彼女がリラックスしたり，食べたり，眠ったりしているのを見たことがない。
		父	「とてもこわい」；暴力的；何をいってもきいてくれなかった。
雅代	5.4	母	非常にきびしくて，競争心が強い；ベストをつくすよう強いられた。
		父	非常にきびしくて，「保守的」；雅代が進学するのを望まなかった。
康子	5.1	母	やさしかったが，子どもが７人もいて忙しかった。「もう少しきびしく」勉強のことに関心をもってくれるとよかった。
		父	寡黙だったが，必要なときには助けてくれると感じていた；見えない愛情を感じていた。
美保	4.6	母	弟妹には甘かったが，美保や兄姉には厳しかった；のんき；「物事を深く考えなかった」。
		父	「話しやすい人」；買い物にはよくつきあってくれたが，将来についての助言は受けなかった。
美由紀	4.3	母	働きすぎでやさしかった；美由紀を姉たちよりもかわいがってくれた。
		父	子どもに無関心；「あとから考えると自分の父でないように感じた」。
さくら	4.3	母	「ほんとに，ほんとに好きだった」；いっしょうけんめい働いて，そのうえ，服を手作りしてくれた。
		父	病気でよく家にいたので，長時間一緒に過ごした；「子ども好きだった」。
リサ	4.2	母	非常にきびしかったが，子どもとよく遊んだ。リサはお気に入りだった。「母がとても好きで彼女のようになりたい」。
		父	「お酒をよく飲んだ。暴力はなかったが、同じことを何度も言った。飲んでないときはあまりしゃべらなかった。でも、こわかった」。
直子	4.0	母	勤勉；「非常に許容的。私たちにしたいようにさせてくれた」；「母を憎んではいなかった…むしろ愛しすぎていた」。

表 5-1　対象者の両親についての記述（つづき）

名前	子育て効力感	親	母親の子ども時代の両親についての記述
		父	「いつもはやさしく，おもしろい人だった」；「父とは友だちみたいな関係だった」。両親とも遠く感じる；「あまり話したことがない」。
礼子	3.9	母	母と自分は似ていると思う；「子ども時代の母のよいイメージ」をもっている。
		父	いつも近くにいてくれた；小さいときはよい関係だったが、青年期からはほとんど関係がなかった。
浩美	3.8	母	勤勉で，きびしくて，こわかった；「私には何も買ってくれなかった，おもちゃやなんか」。
		父	暴力をふるい，アルコール依存症だった；「変わった人だった。小さいときから好きでなかった。自分の父だと思いたくない」。
順子	3.8	母	まじめ；いい関係ではなかった；ほめてよい人だけど好きではない。
		父	きびしくて，ひどい体罰を使った，しかし順子は「お父さん子」だった，一緒に冗談を言い合うのが好きだった。
佳世子	3.6	母	「母とはあまり話さなかった。彼女と話をするとけんかになったことを覚えている」。
		父	「彼は酒飲みで，飲むと暴力をふるった」。「あまりよい関係ではなかった……彼とはあまり話さなかった」。
ユリ	3.6	母	やさしかった；「いつも笑っていて，子どもたちを保護する度量があった」；「私はお母さん子だった」。
		父	寡黙；両親は「よくけんかをし，父にはほんとうに悪い思い出をもっている」。
千尋	3.4	母	小学校でいじめられたとき，千尋を守って立ち上がってくれた。
		父	よい関係だった；「私はお父さん子だったかもしれない」。
ベニ	3.3	母	勤勉；ベニは「甘えたかった」が，もっと受け入れてほしかったと感じる。
		父	「子どもとのつきあい方」を知らなかった；ほとんど関係なかった。

注）子育て自己効力感の値は対象児が幼児期にあるときの第 1 次調査で得られた。値の分布範囲は 1 から 6 である。

るんです……。兄弟げんかしたら、父からお仕置きですね。ここをね、輪ゴムでパチパチされて、その後、皮膚がみみずばれになったんですよ。

後のインタビューでマリはこの話題に戻り、彼女の父親自身、親が厳格だった時代に育ったと語っていた。父親の親の時代は仕事がきつく、子どものことやその感情についてこまやかな配慮ができなかったことが厳しさの理由の一部となっているようだった。

父親たちの時代って、昭和の、みんな貧困だったりとかで、子どもに親もかまってない時代で、親は子ども産み落としたらほったらかしで、年上のきょうだいが子どもを育てるみたいな感じだったらしいですね。だから、お前たちはしつけられて、ほんとに贅沢だって繰り返し言われました。ちょっとしたわがままなんか言ったらほんとに厳しかったんですね。ほんとに厳しかった。父自身が父親に厳しくされたので、私たちにも厳しかったとも思います。祖父は、父を逆さ吊りとかしてたらしいです。ちょっと悪いことしたりしてたら、木に縛りつけてぶらさげたりしてたとか。それを父がやっぱりまねしたりしたので、私も厳しくされた。

母親たちは、自らが父親から受けた荒っぽい扱いについて多様な評価や解釈をくだしていた。何人かの女性は父親に対して愛情を感じることができず、実際に許してもいないが、父親の暴力にもかかわらず、肯定的な関係を保っていると述べる女性もいた。父親が何かを教えようとしていたのだと考える人々は、父親が単に暴力的だったとか抑制できない人だったと考えている人々よりも許容的であった。たとえば、マリは父の行いは十分な考えがあってのことだったのだと結論づけ、あれほどの暴力を許していた。

父は私たちにいい礼儀とかしつけを身につけさせるためだったと思うんで、そのときは納得できなかったんですけど、いまは私にとってほんとによかったと思いますよ。おとなになってからは父のことすごい理解できるんです。

後のインタビューで、マリは彼女ときょうだいたちは父の厳しいしつけのおかげでよい振る舞いが身についたとコメントしていた。

ほんとに昔のしつけとか教育の仕方っていうのは、私はやっぱり素晴らしかったと思うし……（そんなふうに）育てられてきた人々って、人の心の痛みを知ってたり、目上の人や先生を敬ったりする心ができている。上下関係をわきまえて、きちっと振る舞うことができてると思うんです。

父親のきびしく距離を置いた行動について好意的な解釈をした女性たちは、おとなになってからやっと父親の行動が愛情にかられてのことだったのだと気づいたと言うことが多かった。リサは、飲んでいるときの父はとても恐くて「ほんとうに嫌いだった」と言ったひとりである。おとなになって、父は「家族に囲まれていることを愛していた」のだと気づくようになった。彼女の父に対する考えは実家を離れてから変わりはじめたと言った。

私、高校は私立で下宿だったんですよ。家を離れてからはすっごい父が好きになりましたね。父と一緒の耐える時間が嫌とか、汚いとかまでは思わないです。ただ嫌い、恐いから嫌い、うるさいから嫌いだけ。（離れて）ありがたみがわかったんでしょうね。すごい心配してくれてるとか。

他の女性たちは父親の粗暴な行動が何らかの肯定的な意図によるとは信じていなかった。彼女たちは父親が辛い生活やうまくいかない夫婦関係による欲求不満があるとか、あるいは単純に自己抑制に欠けていると見ており、彼らの怒りがアルコールのせいでしばしばひどくなることに気づいていた。この見方の典型は浩美である。彼女は「私の両親は、互いにうまくいってなかった。父は酒を飲み、飲んだときにはほんとうに乱暴になった」と述べている。同様に、佳世子は父との関係はうまく結べなかったという。「父は大酒を飲むのが好きで、飲むと乱暴になった……私は父とは仲よくなれなかった」。

第2のグループの女性たちは、彼女らの父親は家族に無関心で、子どもに興味がなかったと述べている。父親は家族にとって周縁的メンバーであるとする現代のステレオタイプな見方の系譜につらなると言えよう。この種の扱いを経験した女性たちは、それが肯定的な意図に基づくとは解さない。多くは父親たちが自分に甘く、自分のことにしか関心がなかったので、子どもとの感情的つながりをつくれなかったのだと責めている。たとえばベニは、父親の関心のなさは母親との不安定な関係によるばかりでなく、彼自身の育ちとパーソナリティにも原因があると考えている。

私の父ってすごくボンボンの家に育ったんですよ。父たち兄弟2人にそれぞれお手伝いさんがついて、朝起きたらお手伝いさんがパジャマのボタンもはずして着替えさしてくれるような家で……。父が親たちを怒らせたり、父の父に逆らうとたたかれるんです。軍隊みたいな育てられ方されたらしいんですよ。だから、父自身が子どもとの接し方がまったくわからない人だったから……。遊び方ひとつ知らないんですよ。遊園地とかには連れてってくれても、さてどうしたらいいのかがわからない人なんです。……だから、私は子どもの頃だけ言うならば、遊んでもろた記憶がないんですよ。小さい頃は、あの昔の男の人みたいなもんですよ。夜遊び、女遊び、あたりまえみたいな人で、夜中帰ってきて、おもちゃ散乱してても平気。その辺で自分が寝れたらいいいって感じ。

子ども時代に父親との親近感を感じなかった女性が、成人後によい関係を結ぶのは難しい。父親の方は2人の溝に橋をかけようと試みたにもかかわらず、ベニは父親との温かい絆を感じることはできなかった。

私が32歳のときにね、うちの父がある日突然私に謝ったことがあるんですよ。小さいときに苦労かけたなぁって。その一言だけだったけど、なんかすごくうれしかったです。私ははっきりいって父が大っきらいでしたけど、そういう顔は見せないけど、この人も反省してんねんな、と思ってちょっとうれしかったです。

父親は関係の回復を望んだが、ベニは両親の近くに住んでいるにもかかわらず、かかわろうとはしていない。「もし両親が入院とかせえへんかったら、何か深刻なことが起こらんかったら、道端で会うのは別として、月に1回ぐらい会うだけかな?」。

第3グループの女性たちは、父親のことを周縁的な存在であるとする日本の父親のイメージにいくぶん合致する形で語っていた。しかしそれは、彼らが無関心だったり自己中心的だったりしたからではなく、仕事熱心で保守的なタイプの男性だったからであり、子どもに対しては大げさにではないが彼らなりの寡黙なやり方で気配りをしていた。たとえば、地方で育った7人きょうだいのひとりである康子は、父親がひかえめにではあったが、子どもたちに対する温かな思いをちょっとしたやさしい行為で伝えようとしたと語っている。

父親だったから、やはりある程度距離がありましたけど。距離というのは、昔だから、あの当時だから、親は忙しいから、一日中子どもに目をかけてる環境でもなかったし、あんまり会話とか、しょっちゅう一緒におしゃべりしたりとかいう関係ではなかったんです。けど、話せばわかる、話せば理解はしてくれる親だから、それに、父親の言葉ではポンポンポンとしか言わないんだけど、少ない言葉数の中にすごく大きな意味があるっていう、そういう受けとめ方をしてました。それと、たとえば昼寝をしてると、そこにあるタオルでもポーンと投げてくれる、やさしく掛けるんじゃないけど、お腹を冷やさないようにしてくれる親だった。だから、厳しいんだけど端々でやさしさを子どもながらに感じてたから、恐いっていう感じではなかった。

温かい、気遣いのある父親とともに育つ

千尋は面接対象の母親たちの中でただひとり、父親から一貫して情緒こまやかな支えと楽しい交わりを与えられた人のようだった。ひとりっ子であり、いわゆる「父の娘」(お父さん子)だったと語っている。子ども時代をつうじて、父親は彼女の高い教育を受けたいという願望を支援してくれた。両親は勉強を直接強制することはなかったが、彼女がよく勉強して4年制大学に入ると喜んでくれた。父親は彼女の大学受験に積極的にかかわった。彼女の建築家になりたいという当初の夢に父は反対し、女性に適した職業ではないと言い、自宅から通える大学なら入学してもよいと条件をつけた。そのときは父親の介入に不満だったが、父が地域の大学に進学先を限定したのは正しかったと考えるようになった。彼女

は自分の子どもたちについても同じモデルを当てはめ、男の子は親を離れて苦労して精神的にも肉体的にも強くなる必要があるが、一方、女の子はより保護され、守られる環境で育てた方がよいと考えていた。

千尋はまた調査対象の中で唯一、成人後も父親と親密な関係を続けている女性であった。面接の時点で父親と同居していたのも彼女だけであった。明らかに、父親は彼女の人生において慈愛はあるが、いくぶん支配的な振る舞いを続けてきた。彼女と夫が彼女の両親と一緒に住むと決めたとき、若夫婦は別棟の「二世帯」住宅を建てたかったが、千尋の父は彼らの望みを無視し、両方の家族が一緒に住める家を建てると決めてしまった。父親にいくぶん支配されているように感じながらも、彼女は生活の場を楽しみ、親たちのおかげで家がいっそう明るくなっていると感じていた。父親は彼女が参加する学校でのボランティア活動に助言し、役所の仕事に応募したときも応援してくれた。

父親との成人後の関係について、これほど肯定的な態度で語る女性は他にはひとりもいなかった。しかしながら、何らかの肯定的な内容を語っている女性は数名いた。そこから彼女たちがどのような関係を望んでおり、何が助けになり、楽しいと感じるか、その一端をとらえることができるだろう。何人かの女性は父親と冗談を言いあったり、友だちのような関係だと思われるときが楽しかったと言っている。順子はその一例である。一方で、彼女の父親はきびしく、支配的だった。とくに食事のときはそうだった。順子が食事を食べ残したり、テーブルにきちんと着いていなかったりすると父はひどく怒った。このようなときには、父は彼女をたたいたり、殴ったりすることもときにあったので、怪我を恐れて家から逃げだすこともあった。しかし、ときには2人の楽しい時間もあった。「(父は) 普段はすごく面白くって、(私と) ふざけあって、もう、『漫才師になったら？　2人で』って言われるぐらいやったんですけどね」。

母親との初期の関係――支持と保護

本研究に登場する女性のほとんどすべてが、母親はたいへん勤勉だったと語った。彼女らの母親は1930年代後半から1940年代前半に生まれ、第二次大戦後の日本の窮乏生活を生き抜いてきた世代に属している。面接した女性はすべて母親が多くの困難を経験したことを知っていた。この先行世代の女性たちの多くは、店番をしたり賃働きをしたり農作業に従事したりと、家庭外で働いていた。家庭内にとどまり、子育てに専念することができたのはごく少数にすぎなかった。中には7人もの子どもを育てた人もいる。面接した女性の約半数は、母親があまりに多くのことに責任を負っていたため、わが子が必要とする助言を与えられなかったのだと信じていた。たとえば、直子は放任ということばを用いて彼女の母親について語った。これはネグレクトに近いほどの許容的な子育ての態度を意味している。

母は仕事してたんですよ。自営なんですけど。だから、細かいことは何も言わなかった。勉強しなさいとも、何かしなさいとも。全然細かいことは言わない。――わりと放任っぽい感じかな。私たちの好きなようにさせましたね。

何人かの調査協力者も、母親が仕事にかかりきりで子どもたちに目を向けてはいられなかったので、子どもの頃は自分自身の感情や要求を抑えなくてはならないと感じていた。ベニは成長するにつれて母親からの気配りや手助けがほしいと思うようになったが、決してそれを求めなかった。なぜなら「自己中心的なことを言ってはならない」と感じていたからだった。

これとは対照的に、母親が忙しい仕事、気難しい夫、多くの子どもの世話をかかえながらも自分のために時間をどうにかしてつくってくれたことを記憶している女性もいた。彼女たちは、さまざまな困難にもかかわらず、子どもに目を配り、献身的であり続けた母親のことを深く尊敬していた。たとえば浅子は、多くの住人が道徳面で厳しさに欠けるところのある工場住宅に住んでいながら、子どもたちに善悪の判断力をもたせようと母親がいかに努力したかを語っていた。また、さくらは母親がフルタイムで働いていたにもかかわらず、子どもの衣服を手縫いしていたことを覚えていた。康子は忙しい親たちが子どもをいくらか放任しすぎたと思っている人だが、彼女でさえも両親は自分たちきょうだいに対し、勉強がいかに大切であるかを伝えることができたと認めていた。

でも宿題しなさいとか、一度も言われたことはないんです。そうね、言われたことないっていうよりか、言う暇がなかったんですよ。親が忙しくて。だから、ほとんど野放し状態で、まったく束縛がなくて……。勉強も、好きな子はうんとやればいいし、大学に行きたければ借金してでもちゃんと勉強させるって言ってました。

何人かの女性は、母親が父親から守ってくれたのがありがたかったと述べた。すでに見たように、本研究の女性の多くは父親をいくぶんか恐れており、暴力を受けることもあった。何人かは母親が間に入り、父親の怒りから子どもを守ろうとしてくれたと語っていた。たとえば、母親とあまりうまくいっていなかった順子でさえも、母親は彼女を守ってくれようとしたと認めていた。「父がたたいたり殴ったりしているときに、それがあまりひどい場合は、母は止めようとしてくれました」。母が暴力的な夫に逆らうのがいかに大変だったかマリにはわかっていた。

母はすごいやさしかったです。父の正反対でした。父親はすごい怒ってバシバシやられたけど、母親からたたかれたことは一度もなかったんです。母はいつも守ってくれてて。……父親は母親に対してもすごい厳しいですし、母は恐がってたと思います。でも昔の人だから、逆らうこともなく、はいはいって聞きながら、子どもにもお父さんの言うとおりやろうねって。

何人かの女性は、母親が父親の激しい怒りからどれほど自分を守ってくれたか説明してくれた。とくに、父親がジェンダー差別的な考えから女の子らしくしろと言って娘のチャンスをつぶそうとしたときには肩をもってくれたのだった。たとえば、雅代は大学への進学希望をめぐる母と父の意見の違いを語った。父は彼女に昔風の娘として育ってほしかったので、勉強などしなくてよいと言っていた。

とにかく父は、女の子らしい、ふつうの女の子がいいんですよ。素直な……。鼻持ちならん女にはるなって、言ってたように思いますね。でも母は、違ったと思います。母は負けるなと言う。そう、そのとおりの言葉ではなかったけれど、蔭では、そういう気持ちが私にずいぶん伝わってましたね。負けてはいけないって。

雅代の母は、夫に積極的に反対することはできないと思っていたが、雅代の高校時代に父親が思いがけず亡くなってからは、雅代の進学の目標をおおっぴらにサポートしてくれるようになった。浅子の母も浅子が生き方を決める後押しをしてくれた。浅子が少女時代にサッカーへの情熱をもちはじめたとき、父親は女の子がスポーツを本気でやるなど信じられないと言って反対したが、浅子の母親は、夫の反対や近所の人たちからの非難、娘の健康への心配があったにもかかわらず、彼女のサッカーへの思いを応援すると決めたのだった。

父がよう言うたんやけど、女の子だから（サッカーなんか）してはだめとか、とくに私の時代まだまだ、女の子がサッカーする時代じゃなかったんで、父親も、女やから……みたいな部分がありました。

母親は寒い晩でも大きいジャンパー着て、私がランニングしてるのを見守ってくれたりしたんですけど。やっぱり女の子だから、夜は危ないでしょうと言って。父親はそういう部分ではあんまりやさしくはなかったですね。

何人かの女性たちは、注文が多く公平さに欠ける夫に反対することで、母親が難しいディレンマに直面したことを認めていた。夫をうまくなだめ、表立って刃向かうことはしないですんだ母親もいたが、激しく衝突し、怒りの報復を受ける場合もあった。本研究の女性たちは、母親たちがこのような危険を冒し、あえて味方をしてくれたことに感謝していた。

成人して幼児期と折り合いをつける

すでに記したように、質問紙調査の結果から、彼女たちが温かい態度で育てられたと認知している場合には、子育てに関する自己効力感が高いという強い関連があることが示されたが、質問紙では母親の育て方と父親の育て方を区別してはいなかった。ただし表5-1に示したように、質的な分析資料からは、彼女たち自身の母親との関係が、子育ての自己効力感の決定的な因子であることがわかる。

さらに言えるのは、高い自己効力感をもつ母親の多くは、自分の親がなぜそのように振る舞ったのかということについて、時が経つにつれ、よく理解できるようになったと感じていたことである。彼女たちは、親たちにとってもどうにもしがたい要因 ―― 貧困や慣習、多人数家族など ―― が、彼女たちの経験した問題を生じさせた原因の一端であると考えがちであった。自分自身の子どもの誕生は、しばしば、親を理解し同情を感じるようになる転機となった。自己効力感の高い母親たちの中には、自らの経験を分析し、たとえそれが否定的なものであっても、そこから有益な教訓を引き出している者もいた。たとえばマリの場合、父親から過酷なしつけを受けたが、自分は子どもたちに同じことはしないように努めていると語っている。

理由を聞かずに（父は）手が出ちゃったりするところを、それは子どもながらに悲しくなることがあったので、そうならないように考えて子どもには言ってあげてるんで、結果的によかったな……と。

対照的に、効力感の低い母親は、幼少時の自分の母親との関係を、疎遠で葛藤が多かったと特徴づける傾向があった。千尋は唯一の例外であり、彼女は両親のいずれとも（子ども時代も現在も）良好な関係であると述べたが、自分自身の子育て能力には自信がないと語っていた。効力感の高い母親は幼少時に多少失望するようなことがあっても何とか乗り越えてきたが、自己効力感の低い母親は、彼女たちが幼少時に求めた基本的な配慮や愛情や保護を両親が与えようとしなかった、あるいは与えることができなかったという憤りの感情とたたかい続けてきた。

たとえば、ベニは母親のことを「わがままバアサン」だと言い、母親はいまでもベニが自分の感情を抑え、求めに応じるのが当然だと思っているのだと語っていた。母親がかつては懸命に働いたからといって、それを理由にわがままを言うのは許せないと感じ、彼女のいらだちは強まっていた。

母はすごく甘えてて……。これ持ってこいとか、あれ持ってこいとか。持っていったら、これ違うやんとか言って、また別のを持ってこさしたりとか……。すぐにしなくていいことなのに、今すぐしてほしいとか言ったり……。

全調査対象者の中で、浩美はもっとも確信をもって幼少時の体験が自分の親としての自信に影響していると言明していた。彼女の父親はアルコール依存症で、母親は中学時代にいなくなった。浩美は辛かった子ども時代のせいで、リラックスして他の人と楽しく過ごすことができないのだと信じていた。

人が朝いてて、夜に帰ってきてっていう生活になじんでないです、自分自身。それは普通なんですけど、私にとっては普通じゃなかったから。で、私はずーっとひとりで過ごす方が好きなんです、ほんとうは。だから、子どもとか主人がいるときがすごい苦痛に思ったときもあります。

本章の冒頭に短い引用で示したように、浩美は自分が辛い子ども時代を過ごしたせいで、子どもたちと情緒的かかわりを結ぶことができなくなってしまったのだと強く信じていた。しかし、彼女は他者の支えによって変わる可能性も認めていた。インタビューの過程で、浩美は他者、とくに夫から人間関係や普通の家庭生活についていくつか学んだ事柄について語っていた。

はい、主人が家で私のわがままを見てくれてるから、主人のためにも、子どものためにも、普通の人間になりたいっていうか、そういう思いで人と接するようになりたい。たぶん、子どものときにちゃんといろいろ家で聞いてあげないといけないと思うんです（夫が私にしてくれたように）。

浩美の幼少期体験に根ざした傷つきやすさの感覚は、他の人々と親密な関係を結ぶ際の期待感に枠をはめることになっている。彼女は内省的な人間だったので、自らの他者への不信感が夫や子どもたちに対する反応にも影響していることを説明できたのだろうが、彼女自身のそうした洞察に加え、子ども時代の体験の強烈さが、幼少時の記憶の後の認知への影響を際立たせたのかもしれない。彼女の物語は、幼少時の体験の産物としての自己の否定的イメージが克服可能であることを示唆している。彼女の場合、そうした歪んだイメージを変えるのを助けたのは夫であった。この問題については6章でもう一度とりあげ、あらためて配偶者の支援について深めることとしよう。

結　論

幼児期についての女性たちの語りを掘り下げることによって、両親の行動それ自体以上に、それをどう理由づけるかが、彼女たちの両親に対する感情面での受けとめ方の鍵となることが明らかになった。両親が子育ての理念を実行しようとしたことを理解している母親たちは、いかにそれが極端なものであっても、困難な家庭状況から脱して自己効力感をはぐくんでいることが多い。両親のことを自分勝手であまりにもわがままで育児が首尾一貫せず、面倒見もよくなかったと見る人々との違いがそこにある。

欧米の多くの研究で、両親との間に安定した絆を形成した子どもは、おとなになってから、自分が他者からの敬意に値する存在だととらえ、他者を信頼する傾向があることが見出されている（Bowlby, 1973; Main, Kaplan, & Cassidy, 1985）。そうした研究においても私たちの今回の研究と同様、当事者による幼少時の体験の解釈の重要性が強調されている。幼少時の出来事への評価を方向づける認知の枠組みは、体験の客観的性質よりも、後の関係を決定するうえで重要なのである。最近、和子・ベアレンズは日本において母親自身が自分の幼少時体験を ── 肯定的にであれ否定的にであれ ── 受容できているならば、その子どもは、不安定な状況になっても母親を安全基地として頼れることを見いだしている（Behrens, Hesse, & Main, 2007）。

本研究の対象となった女性が親を語るときに多いのは、次の3つの語り方のいずれかであった。第1は、母親や父親がよく働く寡黙な人たちであって、必ずしも多くを語らないが、愛情と配慮は注意深い監督の形を取った（見守る）。それは、康子の父親のように眠っている子どもに毛布を掛けたり、浅子の母親のように暗くなってから練習する娘を寒さの中で見守るなどの行動によって間接的な形で示された。調査協力者たちは、親は善意からそうしてくれたと信じていたが、彼女たちが必要とした助言を与えてくれなかったと感じたり、彼らがあまりにも許容的（放任）だと感じることもあった。3章で見たように、何人かの女性は、今もこのタイプの保守的な親の姿を理想であると信じていた。

第2のタイプの親はたいへん厳しく、礼儀や姿勢やテーブルマナーなどの社会的慣習を強制した。このタイプは放任式の子育てとは正反対であった。その多くは父親であったが、体罰に頼る傾向があり、子どもとともに考えたり子どもの動機や意図を理解しようとすることがほとんどなかった。こうした男性は葛藤を感じることもなく、無理矢理に妻や子どもたちを思い通りにさせることも躊躇しなかった。このタイプの親のもとで育った女性は、親を前世紀の遺物と見なし、親たちは社会的に価値のある道徳特性を子どもに吹き込もうとしていたのだろうと見ていた。彼女たちはその試みを評価しており、このような厳しいしつけによって自分たちは怠惰やわがままに陥らずにすんだのかもしれないと考えていた。しかしほとんどの女性は、この考えは厳しすぎ、時代に合わないとも思っていた。

第3のタイプの親は子どもとよく話し合い、支えてくれる存在であった。このタイプに描かれるのは大部分が母親であったが、千尋の父親はこの特徴をもつ唯一の男性であった。このタイプの親は、子どもとよく話をし、豊富な話題でおしゃべりを楽しんでいた。また、子どもの目標や望みが不適当なものでない限りは支援しようとした。回答者の何人かはこのタイプの親について、友だちのようだったが、子どもの利益をいつも最優先に心がけてくれていたと語った。彼女たちの多くが、自分の子どもに対してはこのタイプの親でありたいと望んでいた。

厳格なタイプの親についての女性たちの記述はとくに印象的である。というのは、日本の父親についての西欧の通常の叙述 ── 温厚なサラリーマン ── とはかなり異なる様相を呈しているからである。それよりもこれらの父親は、日本のことわざに見られる、恐くて権力のある父親に近いものがあった。さらにこうした父親像は、日本では親密な関係は「共生的調和」が特徴であって、その中での葛藤はあらゆる犠牲をはらって最小化することが目指されているという、よく引用される主張とも一致しない。「日本では、身内が直接に不満を述べることは関係の終わりをおそらく意味することになる……葛藤はたやすくは受け入れられない。むしろ、結びつき、心の読み取り、関係の尊重が強調される」(Rothbaum, Pott, Azuma, Miyake, & Weisz, 2000, p.1135)。こうした特徴づけは、マリの母親にとっては驚くべきものであるはずである。きょうだいげんかの罰として夫が娘を木に逆さ吊りにするのを、どうやったらやめさせられるか彼女は必死で考えなければならなかったのだから。

重要な問いがひとつある。これらの男性は子育てに関する文化的な制裁様式に従っていたということなのか、それとも父親の役割として広く認められた価値観に適合できなかった人間の一例なのかということである。マリと順子に、まわりの人々は父親の行為をどう評価していたのだろうかと尋ねたところ、彼女たちは、父親の行動は当時の正常な養育行動の範囲内だったと断言していた。マリや順子や浩美が成長途上で直面したのは、悲惨な事態だったにもかかわらず、彼女たちの家庭の問題が外部の人間に気づかれることはなく、知られたとしても家族内の私的な出来事と見なされたようである。彼女たちは母親が唯一の守り手だったと語っていた。たとえ教師や専門家からの支援や保護の手があったとしても、ごく稀であった。これらの語りは、女性や子どもたちが暴力を受けても公の場でそれを語ることができず、援助を受けることもできないコミュニティで生きていくには、苦しい代償がともなうことを示唆している。

これらの女性たちの経験が、日本の家族のダイナミクスをどの程度代表しているのか私には判断できない。ここでの私の目的は、見出されたテーマの一部を示すことであって、その普遍性をとらえることではないのである。いずれにしても、最近までは日本では子どもや配偶者への虐待に対してほとんど公的な関心が向けられてこなかった。政府機関はこれらの問題についてデータを収集し始めているが、虐待の定義は管轄によって異なり、集約は難しい。民間機関も公的機関も、家庭内の暴力の問題に対する政策とプログラムを開発しつつある（Goodman, 2006; Shoji, 2005）。小説や回想録もまた、虐待的な関係にまきこまれた日本の女性や子どもの窮状に注意を喚起してきた（たとえばMori, 1993, 1995; Ozeki, 1998）。同様に、アルコール依存の問題が本章で記述した家族のダイナミクスに関係しているのは明らかであるが、歴史的には家族内の問題として受けとめられ、治療もされないままであることもしばしばである。しかし、現在ではそれもまた保健福祉の専門家と行政からの関心が向けられつつある（Borovoy, 2005）。

こうした改革のすべてに対する深刻な挑戦となるひとつの基本的な問題は、男性と女性の間の権力の格差であり、それが日本では非常に広範囲に残存している。母親の役割に高い価値が置かれていることは、転じて男女間の社会的な権力の問題に結びつかざるをえない。それは教育と雇用の分野での平等をかちとることを妨げるからである。女性が高等教育を受けることが少なく、経済的に男性に依存することが多いほど、彼女らとその子どもたちは虐待に対して相対的に弱いままである。これらの問題については夫婦関係をとりあげる次章で掘り下げることにしよう。

6章　夫たち――重要なパートナーか、周辺の他人か？

うちの人は、仕事が忙しくてとか言って子育てにタッチしない父親とはちがいます……。何から何までやってくれる。父親として、今これしてくださいっていうのはないですね。彼は海渡（息子）をどこにでも連れていってくれます。（浅子、高卒、自己効力感の高い2児の母）

結婚前の期待はね、2人で一緒に家事をするの、そういうのいいなってあったんですよ。でもそういうの、してくれへんのやと思って、もう、あきらめになって……。こっちがするからしなくなるでしょ。言わなかったら全然してくれないんですよ。いまはもう、言ってもしてくれないときあるから。あきらめに変わってきて……。もう、何も期待しなくなった。（順子、高卒、自己効力感の低い2児の母）

京都に暮らした薬種問屋の妻、中野万亀子の日記には、日本の近代家族構造が形をなしつつあった1

910年の結婚生活が興味深く描かれている（中野、1981）。若い主婦として、万亀子は日記に学ぶべき家事についていろいろ新たに挑戦していく様子を書き記した。結婚後4年を経ても家事をうまく切り盛りするにはまだまだ修行が必要な新米主婦として、万亀子は自らを描いている。彼女の善意の努力も時に夫や義母から批判され、傷ついたり失望することもあったが、彼女はいつも失敗から学ぼうとしていた。日記のある節に、彼女が夫のために自分で凍らせてつくった高野豆腐をめぐるエピソードがある。夫にこの料理は食べられないと言われたときの驚きを彼女は次のように記している。「朝のお菜にと旦那様に差しあげると、これはしたり、おほめに預らずして、第一、かつをがきに入らぬ。そして、こうやどうふくさい。さっぱりもてません。これは矢張りこちらの不注意。それでは今日こそはおきにめす様にと、今日は朝からおとふ買ふて、ばんになるのをと、まった。」（p.33）

万亀子のような若い妻の家庭内での地位は低かった。とくに子どもが生まれるまではそうであった。高野豆腐の失敗の一件からもわかるように、万亀子は夫に認めてもらいたいと思い、自分のことを夫に従うべき存在だと見なしていた。彼女の家庭内での役割と、夫や義母との関係は、20世紀初頭の日本の家族の過渡的な性格を映し出している。日記が書かれた当時は、イエが公的に認められた家族構造であった。イエ制度のもとでは、家長（通常は男性）が疑問の余地のない権威をもつ地位にあった。しかし家族の様式により影響を受ける儒教的倫理観には違いがあり、その程度により、理屈のうえでは妻たちも家族内の権威者から好意を受け、彼らとの間で調和のとれた関係を築くことも期待できるのだった（Wagatsuma, 1978）。

姑は意地の悪い監督者であるとよく言われるが、実際のところ、万亀子の姑はきびしくはあるが親切に接してくれたように記されている。万亀子の義母は、若い嫁の実母が数か月前に亡くなったことを気の毒に思っていたのであろう。義母は前向きな女性であったようで、万亀子に家事のしきたりを伝えるだけでなく、新しい技能を学び、時代の変化に合った活動に参加することも勧めてくれた。

中野家はイエの伝統的な規範を何とか堅持しようとしていたが、万亀子と夫との関係には、家計の工夫の相談以上のものも見受けられた。万亀子が日記を書いていた時代は西欧の思想や制度にふれることも増え、教育者や改良運動家は、家族を夫婦関係の拠り所の単位として定義しなおすよう、人々にむけ力説していた（Sand, 2003）。この新しい形の家族は家庭という固有の名称をもち、情緒的で親密な家庭内空間として概念化され、イエとは区別されていた（Ito, 2008; White, 2002）。1912年の記録によれば、恋愛結婚はわずか3パーセントであったが（Fuess, 2004）、夫と妻との関係を、温かさと親密さで特徴づけようとする期待は高まりつつあった。1800年代後半になると、愛情をあらわす新しい言葉として愛が用いられるようになった。愛は一夫一婦婚による異性間の家庭内でのロマンティックな感情体験を意味し、色という語に取って代わった。色は、かつては男性のもつ愛着の感情の意味で用いられ、感情的な要素に加え、「男性 - 男性関係」や「複数の性的パートナー」をもつ可能性も含めた性的関係の意味合いが強いものだった（Ito, 2008, p.100）。

実際、高野豆腐のエピソードは、万亀子の夫に対する純粋な愛情の表出として理解することができる。日記には、高野豆腐のエピソードの前に、夫の病気の間、彼女が昼も夜も看病していたことが記されている。夫の調子が良くなってきたことに安心して、彼女は快気祝いのちょっとしたご馳走として高野豆腐を作ることを思いついたのである。
万亀子は夫を愛していただけでなく、夫からもやさしさと思いやりによって報いられることを明らかに期待しており、日記のさまざまな箇所で、夫が彼女の気持ちを考えてくれないことに憤慨している。たとえば彼女は、夫が友人と夕方から外出した帰りをしばしば夜半まで待たねばならなかったことを記している。彼女は夫を出迎え、夜食を用意し、入浴を手伝うことになっていた。彼女はこれらの仕事を妻の責任であると受けとめてはいたが、彼女の払う犠牲に夫が感謝しないことを非難している。

此ごろはまたわるいくせがついて、〔松井家にお立寄りになるといつも〕おそくまで。……私だってねむくて寒くて。横になればいつも〔眠りこんでしまい、おかえりに気がつかず〕門《かど》に三十分もたゝせるそうだし、十二時にさへお帰りになされば何も云ふことないわ。一人で〔お帰りを待っているのは〕こわいことよ。（p.199）

万亀子はおおむね幸せであったようだが、日記には、彼女が主婦の役割、すなわち家事を担う職業としての専業主婦の役割に押し込められていることには満足していない様子も見受けられる。とはいえ専業主婦というこの地位は、古い時代のイエ制度の下で多くの女性が経験したことに比べれば向上はしていた。たとえば日記の全篇にわたり、万亀子は夫が男友だちとともに楽しんでいる豊かな文化生活に自分もっと十分に参加したいと述べている。万亀子が自分の親類や子ども時代の友人を訪ねる機会はときたまに限られていた。一方、夫は美術展の鑑賞、演劇や音楽の公演めぐり、友人仲間との会食などに時間を費やしていた。彼女はときどき友人と文化行事に参加したが、それも夫と義母から許しを得られたときだけであった。観劇に出かけて家事をおろそかにしたと夫が小言を言ったときに、彼女は不満をひそかに日記に書き留めている。イエ制度は女性が家長に対して疑いをもたず、喜んで服従するという前提のうえになりたっていたのであるから（Ito, 2008）、彼女が日記に記した不満は、イエ制度に明らかなひび割れが入っていることを示すものであった。

古いイエ構造を複製し、その上に新しい家庭での生活への期待を継ぎ合わせた雑種の家族構造は、日本が軍事力を強化し、帝国樹立に向かって活動を進めた数十年の間、持続した。日本の家庭生活は、第二次大戦後ふたたび激変した。今度は、家族の規模と構成、主要な家族の行事の時期、家族の役割の性格など、すべてが顕著な変化と見直しを迫られることになった（Hendry, 1981; Uno, 1991; White, 2002; Yoshizumi, 1995）。アメリカ軍による7年間の占領中に新憲法が制定され、これによって家族に関する多くの法律も改正されることになった。イエ制度は解体され、夫婦を基礎とする核家族が優勢となった。20歳以上の個人は結婚に親の許可を必要としなくなった。この時期には、見合い結婚の習慣が普通だとする見方も少なくなり、若者は結婚の土台として、恋愛感情と相手との相性を期待するようになっていった。いわゆる恋愛結婚の比率はしだいに高まり、1912年の3パーセントから1950年の20パーセントへ、さらに1960年代には見合い結婚の比率を超えるにいたった（Fuess, 2004）。

このような行動様式の変化は、結婚と離婚にかかわる社会法制と慣習の変化をひきおこした（Fuess, 2004）。近代初期には、男性はもちろん、女性にとっても、離婚の手続きは容易で、日本は世界でもっとも離婚率の高い国のひとつであった。しかし西欧からの批判もあり、日本政府は新しい法制度を通じて夫婦の離婚を難しくした[19]。さらに時代を経て１９５２年に出された最高裁判決は厳格なものであり、（不倫などのように）過失のある配偶者は法的に無責の配偶者が反対する間は離婚できないとされている。この法律は生涯にわたる結婚生活の保障と、それによる法的に無責の配偶者にたいする経済的な扶養とを実施させるうえで効力があった。この判例によって離婚率が急激に低下しただけでなく、「良妻賢母」の概念を、家事の責任と市民活動と就労とをバランスよく行う人から、家事と子育てにすべてを捧げる「専業主婦」という意味に、最終的には変えることにも役立つことになった。

それから25年後、最高裁は１９５２年の決定を変更し、有責配偶者の側が法的に無責の配偶者から離婚をかちとることも可能になった。離婚率は次の10年のうちに上昇し始めた。１９５０年代の０・７５という最低値から１９９５年には１・６へ、さらに２００１年には２・３へと上昇している（Tsuya & Bumpass, 2004）。諸外国を見ると、アイルランド、イタリア、スペインは１・０未満であり（２００１年）、一方、アメリカは４・０で最高である。日本では、親権は「子どもの最善の利益」を考慮して付与されるため、大多数の場合は母親の手に託される。しかし、現在の法律は配偶者の扶養や親権をもたない親

[19]（訳注）１８９８年公布の民法のこと。それまでの離縁状による離婚は消滅し、結婚も離婚も届出制に移行したため。

の子どもの扶養に対する責任をほとんど定めていないので、離婚による経済的結末は女性にとって非常に不利である（Fuess, 2004）。本章で後に見るように、不幸な結婚をした女性は、結婚を解消することの経済的な意味を慎重に考えざるをえないのである。

これに加え、戦後の社会変化も女性の家庭内役割を変容させることになった。日本経済は工業化と大企業経営へと変化し、ジェンダー役割はいっそう固定化されることになった。仕事上の必要により、夫は家庭から長時間遠ざけられた。妻は家庭を守り、家計をやりくりし、子どもを育てるべきであるとする期待がますます大きくなった。学校の卒業証書によって企業や職場での地位が左右されるため、母親は子どもの進路の確保を献身的に支援するよう強く期待された。それは、母親自身が職場に出て長時間働くことや、高位の職につく機会を減少させることになった（Allison, 1991, 1996; Yamamoto, 2001）。20世紀は女性の家事への義務もまた増大する時代だった。家庭生活が物質主義や消費との結びつきを強めたからである（Sand, 2003; White, 2002）。

１９６０年代から１９７０年代には、母親役割こそが女性にとって最優先のものであると見なされていた（Hendry, 1981; Schooler & Smith, 1978）。しかし１９８０年代に成年に達した人々は、妻の役割として、情緒的な充足にも高い期待をもつようになっている（Iwao, 1993; Rosenberger, 2001; Shwalb, Nakazawa, Yamamoto, & Hyun, 2004）。現代の女性の結婚生活の質への満足度に関しては、研究文献によって不一致が見られる。ある研究者たちは、大多数の日本女性は結婚生活に関して、低いが到達可能な期待を抱いており、夫に対する満足度は西欧諸国と同程度であると主張している（Iwao, 1993; Mori, 1997）。他の研究者は、女性の変化に男性の行動が追いついていないため、女性たちの間にかなりの不満を生じさせていることの証拠を見出している（Borovoy, 2005; Condon, 1985）。たとえば１９９０年代半ばに行われた日米の未婚の男女に対する比較研究によれば、日本女性の結婚の利点に対する認識はアメリカ女性よりもはるかに否定的であった（Tsuya, Mason, & Bumpass, 2004）。

事実、１９９３年から２００３年の間に、主に週末のことではあるが、日本人男性の家事にたずさわる量はわずかに増え、子どもの世話をすることもわずかながら多くなりつつある。しかし、多くの女性はこれらの活動への夫のかかわり方には不満を感じ続けてきた。１９９３年から１９９８年の間に実施された国の調査によれば、男性の家事参加はあらゆる面で5年の間にわずかながら増えているにもかかわらず、夫の家事参加の程度に不満をもつ既婚女性は増加している（National Institute of Population and Social Security Research, 2000）。同じ研究機関による追跡調査では、１９９８年から２００３年の間に夫の家事や子育てへの参加についての女性の満足度はごくわずかな増加にとどまり、夫の関与についての彼女らの期待も大きく低下していることが示されている（国立社会保障・人口問題研究所、2006）。

調査結果では、女性の職業の有無は夫婦の家事の分担にほとんど影響がないことも示唆されている。職場と家事労働の両面について時間計測を行った研究によれば、無職の女性は1週間に37・6時間家事に費やし、その夫は仕事と家事に49・1時間費やしていることが見出されている。一方、有職女性は無職女性の2倍近い時間（73・1時間）を仕事と家事とに費やしている。有職女性の夫はこれらの仕事に51・4時間費やしているが、無職女性の夫よりも週2時間多いだけである（Tsuya & Bumpass, 2004）。この基本的な構図は、東京大学のようなエリート大学を卒業した女性についても変わらない（Strober & Chan, 2001）。

日本の男性が子どもと過ごす時間は諸外国の男性に比べるときわめてわずかなものである。２００５年に行われた国際調査によれば、日本の父親が４歳から６歳までの子どもと過ごす時間は１日３・３時間で、タイ（５・７時間）やアメリカ（４・４時間）、フランス（３・６時間）、スウェーデン（４・５時間）の父親よりも少ない（National Women's Education Center, Japan, 2005）。父親が子どもと過ごす時間がさらに少ないのは韓国のみである（２・７時間）。子どもと過ごす時間についての父親と母親との差について見ると（出生から12歳までの平均）、日本の４・５時間は、韓国（４・３時間）、タイ（１・２時間）、アメリカ（２・５時間）、フランス（１・９時間）、スウェーデン（１・２時間）よりも大きい。父子のかかわりについての日本と他のアジアの国々との間の大きな差は、文化的伝統や経済成長率の面での両者の類似性を考えると格別に興味深い。同報告書の第２調査では、父親の家事参加についてアジアの５都市を比較しているが、ここでも日本の父親の参加率が相対的に低いことが見出された。また、東京の父親は、ソウル、北京、上海、台北の父親に比べて帰宅がはるかに遅い傾向にあった。東京の父親は家事参加が最低、子育てへの参加も最低であった（例外は子どもを入浴させることだけであった）。たとえば、東京の父親の26・８パーセントが毎日子どもと遊ぶと答えているが、それにたいしてソウルでは41・２パーセント、北京では54・２パーセント、上海では44・４パーセント、台北では48・５パーセントであった（Benesse Educational Research Institute, 2006a。Benesse Educational Research Institute, 2006b も参照のこと）。

石井クンツ昌子による詳細な調査から、日本とアメリカの父親が10歳から15歳までの子どもとともに行う活動の違いが明らかにされている（Ishii-Kuntz, 1994）。日本の父親は日常的に子どもと話をしたり、夕食を一緒に食べたり、宿題を手伝ったり、スポーツやその他のレクリエーション活動に参加することがアメリカの父親より少なかった。これらの違いが日本の父親の職場の条件という原因のみによるとは言えないことは明らかである。日米とも父親が週末に職場の仕事をしていることは同じだが、日本の父親はゴルフやパチンコなど、おとなのレジャー活動に週末を過ごすことが多かったのにたいして、アメリカの父親は家事や子どもの相手をすることが多かった。

日本の父親の家事参加度の低さが仕事時間の長さだけでは説明できないとすれば、このようなパターンを生じさせている要因は他に何があるのだろうか。ある調査では、日本の男性自身が父親役割を他の役割よりも重く見ており、自分自身の父親以上に、親としての役割を引き受けていると自認していることが示されている（Shwalb, Kawai, Shoji, & Tsunetsugu, 1997）。しかし別の研究者は、職場の条件が男らしさの重視という文化的規定を生み、家庭生活に参加しないことを強調し、強化することにより、日本の男性は「仕事のために家を留守にすることが男を上げるためには必要である」と考えるようになったのだと主張している（Ishii-Kuntz, 2003, p.199）。男性の勤務後のつきあいの必要性を調査したアン・アリソンは、こうしたつきあいに会社が費用を負担する程度に応じて仕事の範囲が拡大してそれが男性の領域となっていき、一方、家庭はもっぱら「当然のこととして」女性の領域と決められることになったのだと論じている（Allison, 1994, p.199）。彼女はさらに、家庭の領域は仕事の領域からますます分離され、男性は喜んでさらに強く職場にかかわろうとする――つまり「家族が彼を家庭に引き戻そうとしなければ、会社が彼に要求する時間とエネルギーはさらに大きくなり、受け入れられやすくなる」（p.199）と指摘している。こうした強い構造的圧力は、女性からの要求や、政府による男性の家庭生活参加を奨励する弱々しい試みよりもはるかに強力なのである（Ishii-Kuntz, 2008）。

職場が父親の家事不参加をひきおこす原因となるもうひとつの事情は、企業が労働者を定期的に新しい地域へ転勤させる慣習（単身赴任）である。子どもを慣れた土地から引き離して学業の妨げになるよりはと、妻と子が1か所にとどまり、夫がひとりで異動する家族が多い。最近の統計では家族の約3・7パーセントがこのタイプであり、アメリカの約3倍になっている（Bassani, 2007; Hamada, 1997; Tanaka & Nakazawa, 2005）。

男性の家事への不参加は、女性自身の行動にも原因があるのだろうか。アメリカの研究では、母親たちは意識するとしないとにかかわらず、自らのアイデンティティを守るために、夫の子育てへの関与を妨害することがあるという。「母親による門番」として知られる現象である（McBride et al., 2005）。似たような要因が日本でもはたらいているのかもしれない。女性は夫が家庭生活に関与しないことに不満であることがさまざまな調査で示されているが、多くの女性は、仕事をもっている場合でも女性が家事と子育てに責任をもつべきだと信じ続けている。総理府の報告書（Prime Minister's Office, 2000）には、「女性は仕事をもつのはよいが、家事・育児はきちんとすべきである」という意見に賛成するかどうかを成人に質問した1997年の世論調査の結果が引用されている。この意見に「賛成」または「どちらかといえば賛成」と回答した女性は、フルタイムで働いている場合で81・1パーセント、パートタイム85・2パーセント、無職83・2パーセントであった。こうした女性の意見は、夫たちのこの問題に対する態度とよく似たものだった。実際、日本の女性はジェンダー役割期待に関する限り、他の先進諸国の女性よりも保守的である。国立女性教育センターが実施した比較研究でも、日本の女性は韓国と並び、タイ、アメリカ、フランス、スウェーデンよりも「夫には子育てよりも仕事を優先してほしい」と考える傾向が強いことが明らかになっている（National Women's Education Center, Japan, 2005）。前世紀に生じた家族と結婚の構造の変化と、母親としてのアイデンティティに代わるアイデンティティへの社会的承認が得られない状況を考え合わせるならば、日本では男性同様、女性の間にも不一致と合意の欠如が見出されるのは驚くべきことではないだろう。

以下では筆者らの資料に立ち戻り、研究対象となった女性たちの、夫に対する見解を詳細に見ていこう。妻は夫に何を期待し、実際に夫から得ている支援についてどう感じているのだろうか。また、夫が期待にそった振る舞いをしてくれないときに妻はどう反応するのか、夫の行動は妻の子育て効力感を上昇させるのか低下させるのかということにも興味がもたれる。次節の調査資料で、男性がかかわる活動のタイプについての（妻の側から見た）概観と、夫について、および彼らの結婚生活についての妻からの主観的印象の断片をまず取り上げることにしたい。

現代の父親の家庭内活動への関与

本研究の調査に協力してくれた116家族の家事責任のバランスについて概要をつかむために、家事、育児、親せきや友人とのつきあい、夫婦のコミュニケーションに関する22の活動項目について、夫がかかわっている頻度を質問した。回答によれば、夫は洗濯、料理、ごみ出しなどの家事をほとんどしないが、妻は夫が子どもとの生活に比較的よくかかわり、いつも一緒に遊んだり、話したりしてくれると評価している。

さらに、妻が夫の手助けの質をどのように評価しているのかを明らかにするために、もっとも助けになると思う5つの活動を選んでもらった。もっとも高い評価だった活動には、子どもとのつきあいと、妻への情緒的な側面からのサポートが含まれていた。「子どもと話をする」が最高で、母親たちの83パーセントが選び、「子どもと遊ぶ」(54%)、「夫婦二人の時間をつくってくれる」(55%)、「私の話を聴いてくれる」(49%)が続いた。対照的に、家事に関する項目はほとんど挙げられていない。たとえば「洗濯をする」を上位5項目の中に挙げた母親はなく、「料理、皿洗い」を挙げたのは7名のみであった。調査対象者の中でフルタイム就業者はほんの少数であったことを考えると、夫に多くの家事負担を期待しないのは驚くことではない。しかし、このように男性が生計の基本的責任者として役割を担っているにもかかわらず、家族の快適な生活様式を経済的に支えている夫の能力を高く評価する女性が38パーセントしかいないという結果は驚きだった。

母親たちが家事労働のジェンダーによる分業を受容していることを示すもうひとつの指標は、結婚生活の10の側面についての満足度を問う一連の質問に対する答えだった。彼女らは、夫との現実の関係についてよりも、結婚生活における夫婦の役割や責任の分担方式について満足している割合が高いようであった。たとえば61パーセントが結婚生活の責任分担に満足しているのに対し、夫のパーソナリティが好きだという人は47パーセントのみ、また、夫婦間の愛情表現や性的関係のあり方が気に入っているという人は45パーセントのみであった。

彼女らが夫から何を期待しているかを理解したうえで、私たちの次の検討課題は夫からのサポートの心理的効果を探ることであった。結果は、夫が助けになると認めている女性は抑うつ性が低いことを示していた。また、夫とよい関係にある女性は子育てにストレスを感じることが少なく、それは子育てに関する自己効力感の高い認知につながっていた（Suzuki, 2010）。いいかえれば、夫からのサポートが妻の子育て能力への自信に効果を及ぼすのは、母親たちのストレス感情の軽減という回路を通じてのことだと思われた。

調査結果は、父親が家族という単位の周辺的なメンバーなどではなく、妻の感情を支えることを通して強力な役割を果たしていることを示すものであった。これらの結果から、さらなる問いが生まれた。とくに、このような結婚生活について女性たち自身はどのように感じているのか、何が彼女らを幸せだと感じさせ、何がフラストレーションをひきおこすのかを知りたかった。筆者らは、夫の情緒的なサポートがどのように妻の抑うつ度とストレス感情を軽減させ、またどのように子育ての自己効力感を高めるのか、実例を見出したいと考えた。また、なぜ夫が家庭生活に寄与したりしなかったりするのかについて、妻側の挙げる理由もさらに知りたかった。

結婚生活への視点——怒りと幻滅

筆者らが面接した16人の女性による語りと質問紙への回答の分析から、千尋と順子を含む7人が、結婚生活をはじめから否定的にとらえていることが示唆された。対照的に、浅子と美由紀を含む4人の女性は一貫して夫に対して肯定的であった。残る5人は表面上は否定的でも肯定的でもなかった。この5人のうち2人は、最初は夫に対して肯定的であったが、調査が継続するにしたがい、しだいに幻滅し、否定的な語りになっていった。最初に順子をとりあげ、夫に対して著しく批判的な妻の認識を分析しよう。

順子は勤労者階層の生まれで、幼児期には暴力的な父親によって、また学童期には学校での辛い体験によって傷ついたが、19歳のときに夫に出会った。4年間のデートを重ね、彼女は両親の反対を押し切って結婚を決めた。順子の表現によれば「私たちが決めてしまったから、親たちもしようがなかった」のだった。順子は結婚後まもなく妊娠し、早々に妻と母親という新しい役割につくことになった。

筆者らが順子と接していた3年の間、彼女は不満だらけの結婚生活に何とか気持ちの折り合いをつけようと必死だった。夫との関係についての否定的な見方が現れたのは、面接の中で、パイチャート（円形図）に彼女の費やす時間の配分を、妻、母、勤労者、友人としての役割と、仕事／趣味／その他の活動に分けて描くように求めたときであった。順子は円の4分の3を切り分けて母親の役割とすることから始めた。残りの4分の1を3等分し、ひとつを仕事に、ひとつを趣味に充て、仕事と他の活動に多くの時間を割けないから、気持ちのバランスがとれないし、ストレスも大きくなるのだと説明した。3番目の切片をさらに2つに分けて、ひとつを友人であることに、もうひとつを妻であることに充てた。妻の役割に充てた狭い扇形を見つめ、彼女はじっと考えてから、冗談めかしてそれを全部「消してしまいたい」と言った。

　順子の不満の理由のひとつは、夫が家のことを何もしようとしないことであった。最初のインタビューの間に、順子はパートタイムの仕事をもち、夫の労働時間は1日6時間を超えることはめったにないのに、家事の一切と育児をまったく夫の助けなしにやっているのだとこぼしていた。結婚当初、彼女は夫が家事を助けてくれると期待していたが、それはかなわぬ夢だった。本章冒頭の引用で触れたように、彼女は夫が給料を入れる以外に家のことを何かしてくれるよう望むのはあきらめていた。

　2つ目の不満は、夫の子どものかかわり方についてだった。彼女の理想の父親像は「ふだん細かく言わないで、大事なときにガッと叱ってくれる父親」だったが、実際の夫は面倒なことの解決をいやがり、子どもとかかわることにほとんど興味を示さなかった。

　　やっぱりもっと子どもと外で遊んであげたりとかしてほしいです。今あんまりしてない。家帰ってきたらごろんとしているタイプやから、テレビの守りばっかりしてるから。今でも言うてます。「連れてって遊んであげて」って……家では食べるしかしない人なんやから。

3つ目の問題は、夫が彼女の家族への貢献をほとんど認めようとしないことであった。彼は彼女に対して関心を示すことも彼女の気持ちに関心を示すこともなかった。彼女は、夫が未熟で自己中心的な性格の人だと繰り返した。彼は酒を飲むと文句を言い、理屈っぽくなった。順子の父親を思い起こさせるパターンだった。あるとき、彼は5歳の息子が母親のことを思いやるほどにも自分は妻のことを気遣っていないと言って驚かせた。彼はまた、彼女が少し疲れていると思うときでも、彼女の気持ちを気遣うことに時間をかける気はないことも認めた。

結婚して10年の間、順子は夫の責任感と愛情のなさを何とかしようといろいろ試みてきた。最初は、彼の小言にも家事をしないことにもがまんしていた。しかし、しだいに「黙っているのはおかしい」と考え、「彼に言い返す」ことを決意した。その結果、激しい言い争いをするようになり、子どもたちをこわがらせることになった。4回目のインタビューでは、彼女は夫に面と向かって対立するより、できるだけ避けるようにしているのだと打ち明けてくれた。彼女は夫の勤務時間が長くなったことにほっとしていると語った。なぜなら「彼が家にいない方が家庭生活は、まあ気楽」だからだった。夫がいなければ彼女のすべき家事は少なくてすんだし、それに加え、「子どもたちも父親から何かしてほしいとは思わないみたい」だった。夫が休みの日には、彼女は家を空ける。用事を作って子どもと外出したり友人と出かけたりして、夫と一緒に過ごさなくてすむようにするのだった。

結婚生活について順子と同じように否定的に評価する他の女性も、夫の家事不参加をめぐっては似たような問題を挙げている。夫が家のことを手伝わないと述べた女性はひとりではない。マリは、自分には3人の子どもがいる、ひとりは夫だと言っていた。彼は怠け者だし受身で、言われなければ歯も磨かないそうであった。パートタイム勤めをしている礼子にとっての結婚生活は、夫が家事も育児もまったく手伝わないので大荒れだった。夫は、妻というものは家事をしっかりやったあとになお十分な時間とエネルギーがある場合にのみ仕事をもってよい、という意見だった。夫が妻を手伝うよりも多くの時間をバスケットボールと友人との飲み会に費やしているのが彼女にはとりわけ腹立たしかった。

こうした不幸せな女性のすべてが共有する認識がもうひとつある。夫が子どもにほとんど関心をはらわないことである。ベニは、自分自身も実のところ夫のことを深く気にかけてはいなかったけれども、父親らしくはなってくれるだろうと最初のうちはいくらか期待を抱いていた。

理想の父親像はありましたよ、子どもと遊んでほしいとかね。そういうのはちょっとようしない人なんですけど、恥ずかしがり屋なんで。私は、そんな若いお父さんみたいに一緒に公園行って遊んであげるとか、そんなんしてほしかったけど、それはできない人やったけど、それはそれで彼の性格を考えたら、しゃあないかなって思ってるから。今は父親として、ちょっとがんばってほしいなと思ってんやけど。

父親としての夫の能力に対するベニの低い評価は、3年間の調査期間中ずっと続いた。息子が小学校時代に友人関係と勉強の面で深刻な問題に直面したときも、夫が適切に対応してくれたとは思えず、それが彼女にはかなり不満だった。上の息子が不登校になり、部屋に引きこもったときも、夫は息子のために時間を割こうとせず、息子の問題解決を助ける手だてを考えようともしなかったとベニは語った。

結婚生活がうまくいっていない女性は、夫がめったに妻に対して愛情表現をせず、コミュニケーションをはかろうとする関心もないと口をそろえた。ユリは最初のインタビューのときには、夫が自分に目を向けるよう説得できるかもしれないという希望をいくらかはもっていたが、4回目のインタビューまでにはあきらめていた。「だから、言うだけもう無駄っていうか、もう言っても、そんなん知らんよって言われたらすごい悲しくて、だから言わなくなる。……彼の言うことがとってもいやなの。だからもう何も言わない」。彼女の寂寥感と孤立感はベニも共有するものである。ベニは夫を信じようと努めたあとは、よくなるより悪くなっているといつも感じるのだと言う。「前はよく話してたんですけどね、今はしないんですよ、かえって。おかしな言い方なんですけどね、すればするほど溝を感じるんですよ、私が。それで余計、落ちこむときがあって」。

日本の男性に関する文献では、仕事の重い負担や半ば義務的になっている勤務後のつきあい、長い通勤時間が、家庭生活への十分な参加を構造的に阻害している、あるいは家庭生活とは疎遠な男性のアイデンティティを形成していると説明するのが一般的である（Allison, 1994; Ishii-Kuntz, Makino, Kato, &

Tsuchiya, 2004）。しかし妻たちの語りからは、男性の家事への不参加の理由について職場のせいというよりも、夫の性格のせいだと彼女たちが考えていることは明らかである。母親たちは、夫の配偶者としての、また父親としてのふるまいに対する失望を、怠惰、依存、自己中心性などの性格的な欠点に帰属させ、仕事に関連した圧力が原因であるとは考えない。たとえば順子は、夫には家事をする時間がたっぷりあるはずだと言い、彼の仕事のスケジュールは楽なもので、9時に出かけて3時には帰る幼稚園児のようだと軽蔑したように語った。他の女性も、夫は子どもの相手をする時間がないというが、パチンコのような娯楽に費やす時間はあるのだと指摘する。実際に長時間働いている夫に対しても、妻は必ずしも同情的ではない。たとえばマリの夫は、業績のよい大企業で管理職として長時間働いている。にもかかわらず、マリは夫に家事を引き受け、休みの日にはもっと子どもと接してほしいと望んでいる。彼女は、夫が優先すべきことを見直し、仕事を整理すれば、自分や子どもたちと過ごす時間を十分つくれるはずだと信じていた。

心理学では、人が起こった結果を説明するための理由づけが、その結果がひきおこす、その人の感情的反応に影響することがよく知られている。もし妻が、夫が家事を引き受けないことの理由として、彼には不当な上司がいて時間外の仕事を押しつけるのだと考えるならば、がっかりはしても夫に怒りを感じることはない。しかし、もし夫の家事への不参加の理由を、彼のバスケットボール好きや自己中心性など人格的欠陥のせいだと考えれば、彼女は大いに怒るだろう。不幸な結婚生活を送っている7人の妻たちは明らかに怒っていた。家族の前では怒りを抑えようと努めていると語る女性も何人かいた。たとえば康子は、夫の子どもっぽい性格に対してもっとやさしい態度で接しようと思い、子どもと同様、彼を「育てている」のだと語った。しかしこの戦術は部分的にしか成功していない。「私は子どもたちに目配りするのと同じように彼にもしている……だけど、彼とけんかになるのを止められなくなる」。千尋もまた感情的なかかわりをもたないようにし、夫との接触を避けようとしていた。「亭主、元気で留守がいい、あれですわ」。

数人の女性は自分の感情を抑えず、ある種の問題については激しい抵抗を試みていた。たとえばマリは、夫が自分の意思で家庭よりも仕事を優先したと彼女が思ったことに対して、闘いを繰り広げている。彼女の見解では、夫が家庭での義務を果たさない以上、彼の個人的な持ち物の管理をしてやる必要もないのである。「主人がやるべきことを、父親としてやるべきことをやってないから、そんな会社にかかわることぐらいは自分でしなさいっていう気持ちから発生したんですよ。というのはやっぱり、子育てっていうのは夫婦でやるものなのに、もう仕事仕事に追われて一切かかわってないんですね」。彼女は夫のシャツの洗濯はしたが、アイロンがけはしなかったので、「朝になると、彼はまるで人生がかかっているみたいにアイロンがけをするんです」。だから、「妻に喜ばれるような夫になれば、アイロンなんか毎日してあげるわよ」ということなのである。

なぜ不幸せな結婚生活にとどまるのか？

妻たちがとても満足できないような結婚生活にとどまっている理由の第1としてあげるのは、自分自身と子どものための確実で十分な経済的保障であった。ユリは夫との関係では金銭の役割が重要だととくにはっきりと主張していた。ユリによれば、夫はほとんど家におらず、妻と娘に対する愛情をまったく失っていた。気持ちは離れているにもかかわらず、彼は家族への経済的責任は果たし続けていた。ユリは才能豊かな音楽家だったが、妊娠が目立ち始めたときに解雇された。彼女には多くのパートタイムの仕事があり、家計を補ってはいたが、自分と娘の生活を支えるには不十分であることを認めていた。娘には塾に通わせ、放課後のレッスンを受けさせなければならなかったし、彼女自身も買い物を楽しみ、友人と外出したかった。夫の収入なしには、中流のライフスタイルは維持できなかった。だから、空虚な結婚生活の寂しさをがまんしようとした。

だからがまんできるとこまではもうがまんして、だからその代償じゃないけど、収入があればがまんができる。自分に収入がない分ね。私に収入があったら、悪いけど、すいません（笑い）。面接者：離婚したいという意味ですか？　うん、まあね。娘の父親としては置いとくけど、……でも父親としての役目もあんまりしないから、だからほんとは要らないんだけど。

もうひとり、佳世子という女性がいる。妻が夫を評価する基準に照らすならば、夫は彼女の最低限の期待にも応えられていない。佳世子の両親がお膳立てをした結婚だったが、結果的には夫としても父親としても不適当な男であることが明らかになった。佳世子によれば、彼にはよい暮らしをするのに必要な能力が欠けており、家庭生活にかかわることも好まなかった。彼は子どもの学校行事にも参加しないし、電球を替える程度の本当に簡単な家事もしようとしなかった。佳世子によれば、夫は気が短く、酒を飲むととくに怒りっぽくなるのだった。夫はちょっとした彼女の失敗を見つけては、何日も口をきいてくれないことがあるという。怒りを表に出しているときよりも黙っているときの方が「彼がこわいと感じる」と彼女は言っていた。「私はしゃべらないのはがまんできない。息が詰まるから、しゃべらないと。だから1日や2日はがまんできるけど、もうそれ以上はがまんできなくて、謝ったこともありますけど。今はもう、気つかってあんまり怒らさないようにしています」。このような苦労にもかかわらず、佳世子には夫と別れる気はなさそうだった。彼女は中卒でしかなく、非常に内気だった。これが現実だった。たとえ高学歴であっても、子育てのために職場を離れた女性が再就職しようとすれば大きな障害に出会うことがわかっているので、彼女には経済的に自立する希望がほとんどもてなかった。

満足できる結婚生活の要件

結婚生活に満足し、幸せさえ感じている女性が4人いたことはすでに記した。彼女らは、夫が子どもの相手をよくしてくれると言っていた。また、夫は信頼でき、妻の心配ごとにも理解を示して必要な助言を与えてくれると感じていた。筆者らが面接した女性の中では、浅子がもっとも強く夫からのサポートを受けていると感じていた。子どもの頃のことについて、浅子は自分が決して典型的な日本女性ではなく、両親も彼女と結婚してくれる男性が見つからないのではないかと心配していたと語っていた。彼女は常に運動選手であり、サッカーにのめりこみ、日本女性のステレオタイプ像からはしだいに遠ざかっていった。しかし、幸運の一撃がひとりの男性との偶然の出会いをもたらした。驚くべきことに、また喜ばしいことに、彼は浅子のサッカーへの情熱を分かち合ってくれたのだ。短い交際期間をへて彼らは結婚した。２人の結婚にはスポーツへの愛が土台となっていた。

だから、ときどきこんなにサッカーやっててええんやろかって思うときがあるんですよ。サッカーの試合になると結構出ることになるんですね。だから（夫が）いやがってないんやったらいいや、私も好きやからと思って。一緒に（サッカー）やってるんです。だからここまでこれたんかなって思いますね。

夫は彼女のサッカーへの愛を共有するだけでなく、子どもと遊ぶのをとても楽しんでいると浅子は言う。彼が子ども好きなのは、結婚前からいつも幼い甥や姪と喜んで一緒に過ごしていたことからわかっていた。息子が生まれたとき、彼は機会さえあれば赤ん坊と一緒にいた。浅子が笑いながら言うには、「彼がどこに行くにも息子を連れていってしまう」ので、週末はときどき寂しく思うこともあった。息子を買い物や公園に連れ出すだけでなく、競馬場に連れていったり、一緒にテレビで競馬を見たりもする。まだよちよち歩きをしている間に、海渡は父親とレースを見て色の名前を覚えてしまった。夫は息子の興味に合わせたり興味を広げたりできるような遊びをいつも見つけようとしていた。海渡が電車に興味をもっている時期には、2人で町じゅうを電車に乗ってまわり、海渡は時刻表を見て数字や文字を読むことを覚え、駅に表示されている記号の意味もわかるようになったくらいだった。

2人がときどき長時間出かけることで少し除けものになったと感じる以外は、夫が海渡に熱心にかかわることについて浅子に心配はなかった。彼女は自らに門番の役割ではなく、2人の関係がうまくいくよう支える役割を割り振っていた。2人が深い関係を結ぶ機会をつくるのはよいことだと思っているだけだと彼女は説明する。「ただ私はあかちゃんが産まれて、母乳だから、そういうふれあいがあるけど、お父さんは産まれてもたぶん実感がないと思うんです、肌と肌っていうの。夫が海渡と一緒に風呂に入るようにすればいい（そうすれば、同じようなかかわり方ができるようになるだろうと思ったの）」。さらに、所属するスポーツクラブでトレーニングをしたりサッカーの試合に出ることも含め、彼ら3人は一緒にさまざまなことに取り組んだ。2人目の息子が生まれたときには、新しい車で長距離ドライブをするなど、家族が一緒に過ごす新たな方法も夫婦は見つけた。

浅子は、夫が子育てに積極的にかかわる理由を、彼の興味とパーソナリティによるものだと考えている。また、彼の仕事のスケジュールはきつい方ではなく、見通しが立てやすいので、毎晩6時には帰宅できるのも利点だとつけ加えた。彼女はまた、自分自身の意見を主張できるし夫もそれをよくきいて尊重してくれると思うと語っていた。これは浅子が母親から学んだ教訓かもしれない。浅子の型破りなスポーツへの興味について、母親は父親の反対にもかかわらず早くから応援してくれた。結婚後まもなく夫が彼の両親との同居を言い出したときも、浅子の母は彼とはっきり話し合うように助言してくれた。

　うちの母親が言ったのは、喜んで同居してて当たり前と思われんように、あんたが決心したうえでのことだとわかっといてもらわな、ということで。世間一般に姑問題とかあるけど、全部が全部、姑さんの言うこと聞くとかじゃなくて、娘の話だけは聞いてほしい、話だけでも聞かへんかったら絶対ストレスたまる、それができへんようなら、もう同居っていうのはやめといてほしいってだんなに言うてくれた。

浅子の夫に対する自己主張、スポーツとのかかわり、子育ての分担に感じる安らぎの感覚はどれも「伝統的」なものではなく、西欧風のものに近いように見える。けれども彼女の結婚観は人間関係にかかわる大きな哲学の一部をなしており、それは彼女が熱心な信者である仏教の教えに添うものだった。誰もが性別や社会的地位にかかわりなく、共感的で思いやりをもつことが大事だと彼女は面接を重ねるたびに強調していた。「何かをするっていうことでもひとりでできるものじゃないから、いろんな人が集まってひとつのものができるっていう部分がたくさんあると思うんですね。だから、人と人とのつながり、やさしさとか、そういうのが一番だと私は思ってます」。夫もまた非常に信心深い人であった。浅子と夫との関係は、彼らが信念と実践の体系を共有し、そこに自分たちの人生に意義と目的を見出すことができていることにより、とりわけうまくいっているのだろう。

美由紀も結婚生活が幸せだという女性のひとりだが、彼女の場合、浅子とはいささか状況が異なっている。というのも、美由紀は夫が必要とすることや望むこと、することに合わせるのが妻の義務だと考えているからである。すでに紹介したように、美由紀は伝統的な主婦の温かさとやさしさを備えている。しかし、ときには勇気と粘り強さをもって行動することもできる。アメリカから研究者が訪ねてきたときのごちそうの準備がそうだったし、次章に見るように、緊急の問題が起こったとき、それを隠してしまわずにきちんと対応するよう、子どもの学校の教師に求めたときもそうだった。

彼女の結婚生活のはじめの頃の話を聞くと、ほとんどのことを自分では決められないという印象だった。美由紀はどちらかといえば受身の形で夫となる男性との関係に流されたようである。彼女は、もともとは姉のために仕組まれた見合いの席で夫と知り合った。姉が直前に病気になり、美由紀が代理で出席することになったが、この青年との出会いは楽しいものだった。彼は、はじめてのデートでも不器用でつきあい下手だった。2人は数年間デートを続けた。けれども求婚を受け入れたときも、「ほんとうにどちらでもよかった」のだと彼女は語っていた。

結婚前に彼女は働いていたが、結婚後は退職して主婦業・母親業に専念することに決めた。なぜなら彼が頭から足の先まで面倒を見てくれることを望んだからである。彼女は最初のデートでそのことに気づいたと語っていた。冗談交じりに言うのだが、彼は靴下を裏返しに履いており、それは母親がきちんと揃えてくれなかったからだと言ったらしい。この時点で、結婚後にもし靴下が裏返っていたりしたら彼女のせいにされることを思い、仕事をもちながらこの手のかかる男性を満足させていくことはできないだろうと美由紀は思った。

彼女は15年近くになる結婚生活で3人の子どもをもうけたが、結婚生活の大部分について満足していると語った。子どものことについても、夫は期待に応えてくれていると強く確信していた。「結構ねぇ、コンピューターも教えてもらえるし、いろんなこと教えてもらえるから。バスケットも一緒にそこの土手でやったり、ローラーブレードの練習するいうたら、ふざけたりするんですけどね。でも、それがうれしいみたいで一緒に遊んでますね」。彼女は、夫が暇な時間、寝て過ごすことが多いのにいらいらすることがあると言っていた。しかし順子とはちがい、美由紀は夫にしてほしいと望んだことをしてもらうことはできた。「だからだいぶ寝たなと思って判断したら、こっちから主人を起こして。運動しといでとか言うて起こしたりして、1時間ぐらい子どもを連れ出してもらって」。

夫の手のかかる性格にもかかわらず、美由紀は彼の助言や支えに助けられていると信じていた。彼女が言うには、夫の注意を惹いて無理にでも自分の方を向かせ、話をきいてもらう戦術をとることもときどきはあるのだった。

よっぽどこっちが困ってもうかなわんときは、叫びまくるからって言うてあるし。あたしは黙ってるタイプ違うから……おかしくなる前に助け求めないと。ほんとに人間て耐えきられへんもんがあるから。それはわかっといてもらわなって言うてあるんです。

いろいろな点で、困りごとに自分が感じているストレスを夫はわかってくれるのだと美由紀は語る。たとえば姑に小言を言われ、非難されたことがあったが、辛いだろうが「どうかがまんしてほしい」と夫は言った。そのとき、なぜ彼女が困っているのかわかるとも言ってくれた。美由紀は子育てについての夫の意見がありがたいと語った数少ない母親のひとりである。「ついつい主人に甘えてますけどね。だから主人がそうやって、私のできへんとこをフォローしてくれる、っていうのがすごい子育てにとってよかったなと思いますね。聞いてないようでいて、一応聞いてくれてたっていうのがね、すごいなと思う」。

結婚に満足している女性は他に2人おり、それが浩美とリサであったが、2人とも美由紀や浅子とある点では共通していた。彼女たちは、家の仕事やその責任を夫婦の間で平等に負担しなければならないというような強い平等主義を支持しているわけではない。しかし夫に対しては、妻が家事に貢献していることに敬意を払い、自分たちの気持ちを思いやってほしいと望んでいる。浩美はとくに、夫の手助けのおかげで気持ちよく、日常のこまごました問題について楽天的に対処している。その一例として、浩美は第1子が生まれる前後の彼のやさしさを挙げていた。ある晩、彼女は近づく出産への不安と足のむくみの不快感で寝つけなかった。そのことを夫に言うと、気分のよいことではなかっただろうに、彼は「最高の思いやりとやさしさ」で彼女の足を自分の体の上に載せてくれた。たったそれだけのことで彼女は気分が落ち着いた。彼はそばにいて自分を理解し、赤ん坊が生まれてからも彼女に気を配ってくれるだろうと思われたからだった。

浅子の夫は子育てへの関与がとりわけ際立つ存在であるが、結婚に満足しているグループの他の父親たちもみな、夕方、ときどきは子どもと過ごし、一緒に入浴し、テレビを見る。浩美によれば、夫はPTA活動にかかわり、町内の子ども会の世話をし、子どもと入浴し、子育てについての「あらゆること」を彼女と話し合ってくれる。浩美とリサは、夫とのレジャーを楽しんでいるという。2人とも週末にはよその夫婦とつきあい、友人の家を夫婦で一緒に訪ねてゲームをしたりビールを飲んだりするという。

彼女たちの夫は、わずかではあるが家事もしてくれる。浩美の夫は自分の衣服は自分で整え、仕事や趣味である野球に必要なものも自分で用意するという。リサによれば、自分が仕事に就いてからは、週に2日は朝の身支度を自分でするようになったそうである。リサは夫が長時間働いているのに対して、自分はパートタイムだから、夫には家事を多くやってもらわなくてもいいと認めていた。

数量的に評価するならば、彼女たちの夫は家庭生活の平等なパートナーからはほど遠い存在であるように思われる。子育てについていえば、夜間や週末の限られた短い時間に遊び相手をしてくれる以上の深いかかわりをもっているのは浅子の夫だけである。ましてや夫たちの家事の量は、自らが就労しているかどうかにかかわらず西欧の妻たちが夫に期待する量には遠く及ばない。しかし調査対象の他の夫たちに比べれば、はるかに積極的に重要な役割を果たしており、妻たちの期待に近いものがある。

夫からのサポートと妻の子育て効力感

すでに記したように、116名全体の調査結果は、夫からのサポートを受けている妻は抑うつ感が低いことを示している。このパターンはインタビューを行った少数グループでも支持された。結婚生活に満足している4名の抑うつ性は、結婚生活に不満を表明した7名の3分の1の値であった。また、16名の母親の子育て効力感の値を分析したところ、効力感を高く評定した女性の大部分は夫から得ているサポートに満足感を示していた。これらの母親の自己効力感の値と夫への満足度の評定値とを図6－1に、自己効力感の低い女性の値と夫への満足度の値を図6－2に示す。

ふたつのグラフからは、他の女性たちに見られる連関とは明らかに異なる例外的なパターンを示す3名、マリ、礼子、浩美の事例が注目される。マリと礼子は2名とも、とりわけけんかの多い結婚生活であるが、研究の最初の段階で、母親として全般的に有能であることが示されていた（マリは4章に記したように、時がたつにつれて目立って効力感が低下していくのであるが）。マリと礼子の語りを分析すると、2名は夫婦以外のつきあいのネットワークに強く支えられていることが明らかになった。マリは教育問題に大きな関心を抱き、第1子出産後から子どもの発達について幅広く本を読んでいた。彼女は教材製作と塾経営を手がける会社との間に強いつながりを作り、その出版物を読んだり、セミナーに出席したり、子どもを塾に通わせるだけでなく、子どもの進捗状況について2週間ごとにその会社の教育専門家

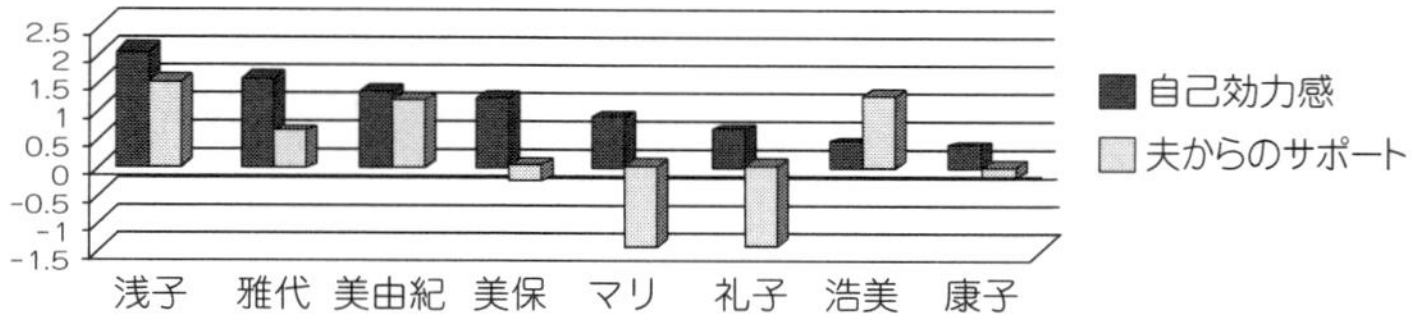

図6-1　自己効力感の高い母親の子育て自己効力感と夫からのサポート評定値

注：項目の数値は標準化されている。

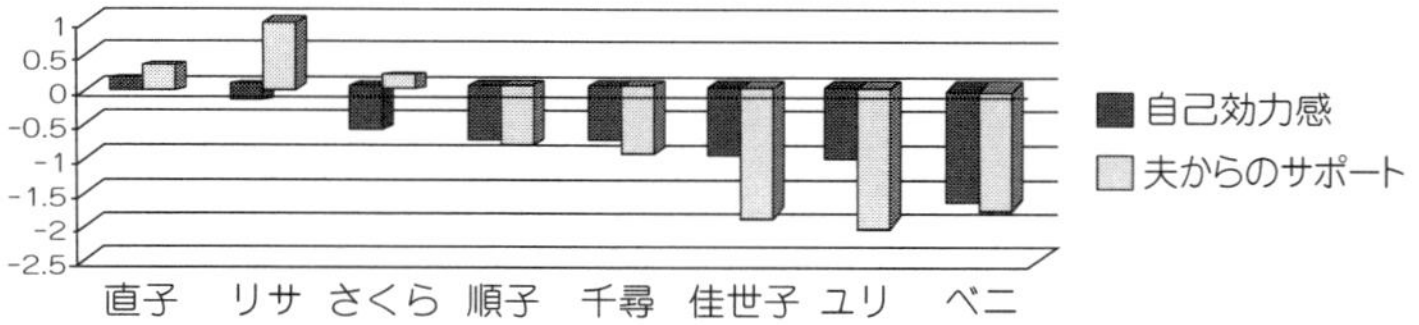

図6-2　自己効力感の低い母親の子育て自己効力感と夫からのサポート評定値

注：項目の数値は標準化されている。

に個人的に相談していた。こうした助言が得られたことにより、夫が相談相手になってくれず、彼女の話によれば子どもの相手もめったにしてくれない状況であったにもかかわらず、息子の幼稚園時代には子育てへの自信を感じることができたのだった。

礼子は夫婦以外の2つの拠り所から情緒面と実際面でのサポートを受けている。彼女は子どもたちが通う学習塾の責任者と親しくなった。この女性は子どもたちの学習の進度のことだけでなく、発達の問題についても助言してくれるので、よい相談相手となってくれている。さらに礼子は、有職女性の強力なネットワークにも加わっていた。こうした女性たちとの関係と職場環境全体が、彼女を成長させてくれただけでなく、親としての彼女を支え、情報を与えてくれたのだった。子どものしつけにはきびしさと毅然とした態度が必要だと教えてくれたことがとりわけありがたかったと彼女は語っている。

逆のパターンが浩美の場合である。彼女は非常に助けになり、よくかかわってくれる夫がいるにもかかわらず、子育て効力感の低い母親だった。浩美の自信のレベルは3年間相対的に変動がなく、夫のサポートに対する認知も同様に変動がなかった。すでに記したように、浩美自身は子育ての不安を抑えるうえで、夫が大事な役割を果たしてくれていると語っていた。5章に記したように、幼児期トラウマをひきおこした境遇から、現在の状況に対する彼女の反応は形作られており、夫や友人からのサポートにもかかわらず、完全には克服できない状態にある。浩美には心の傷があるが、夫の助けによって少しずつ「ふつうの」家庭生活について考えることができるようになっていった。

結論

日本の友人が祖母のものだったという着物を見せてくれたことがある。落ちついたグレーの微妙な模様で、布地は魅力的だったが、華やかなものではなかった。友人は、祖母が新婚時代に夫から贈られたものだと言っていた。友人がその着物を畳み直したときに、贈り物の特別な意味が明らかになった。着物の前身頃に真珠色の線描で、若い夫がほんの少しのシンプルな筆で一つがいの鶴を描いているのを見せてくれたのだ。それは幸せな生活を末長く共に送ることへの彼の望みがうかがわれる美しい表現であり、新妻のみが知り、世間からは隠されている。本研究の聴き取りでも似たようなやさしさの瞬間を垣間見ることがあった。彼女たちは夫に対し、子どもを公園に連れていってくれたり、口うるさい夫の母とのつきあい方をアドバイスしてくれたり、掛け布団の下で足の重みに耐えてくれたりしたことを思い出して感謝していた。

本研究の質問紙調査の回答者は、夫が家事に積極的に協力することや彼自身の持ち物を管理することは、ほとんど重要だと思っていないと答えていた。彼女らがもっとも望んでいるのは、夫が父親としての役割を果たし、子どもと遊んだり、話したり、将来のことを語り合ったりすることであった。彼女たちはまた、夫から気持ちの支えを得たいと望んでいた。そして一日の仕事のあとで一息ついて、自分たちの話を聞いてほしいと願っていた。調査では、夫からの経済的なサポートは相対的に重視されていないことが示されたが、面接では、彼女らは子どもの習いごとや塾の費用が目に見えて増えていくことを挙げ、夫が高い収入を得てくれることが必要だと語っていた。総じてこの結果は、母親たちは父親役割のもっとも重要な要素として、感情面でのサポートを挙げることが多いというデヴィッド・シュワーブらの研究と一致している（Shwalb et al., 1997）。

本研究で夫との関係を一貫して幸せだと感じている4人の母親に詳細な聴き取りを行ったとき、夫が自分のパーソナリティや仕事上の必要による制約はあるものの、その範囲内で妻や子どもとつきあってくれていると彼女たちは感じていることを知った。美由紀はかなりの程度夫に従属していたが、にもかかわらず、ほんとうに夫から得たいと望んだものについては夫に求めることができるし、夫もそれに応えてくれると信じていた。他の女性は、夫とはもっと相互的な関係にあると語っていた。彼女たちは夫と妻との役割を対等あるいは重複したものと見ているわけではなく、夫からの寄与も妻からの寄与も同様に重要であり、夫婦のどちらもが同様に尊重されるべきだと互いに信じているのである。

不幸なカップル7例が抱える不和の種 —— 怠惰、未熟さ、情緒的な絆への冷淡さ —— は、(欧米の研究者の視点から見ても)異質なものではない。本研究の調査対象となった女性たちは、夫の仕事の割り振りや他の結婚生活の側面よりも、とくに夫のパーソナリティに不満をもっていた。私がとくに印象的だと思うのは、夫が家庭生活に責任を果たせないことを、夫その人に原因がある問題だと妻は見ており、職場の義務の不適切さや長い通勤時間その他の構造的制約に原因を求めてはいないということだった。カレン・ケルスキーの歴史的な分析によれば(Kelsky, 2001)、日本の女性は日本の男性のことを長年にわたって批判し続け、それに付随するかたちで西欧の男性を理想化していると述べているが、本研究の女性たちの鋭く個人的性質に向けられた批判は、それとも響き合うものである。

こうした現象は、大きな社会的要因がそれぞれのジェンダーに特定の役割や責任を割り当て、そこに価値を付与する過程をじっくりと考えようとするよりも、個人の批判へと向かいがちな日本の一般的な文化的傾向の一部なのだろうか。4章で私は「切磋琢磨」という考え方を紹介した。それは他者が自ら行ったことをふり返り改善することをうながす目的で、その相手を批判する習慣を意味する言葉である。「磨く」という語には、母親(あるいは禅僧!)として成功するか失敗するかは、役割が求めていることを遂行するための努力によって決まるという信念が横たわっている。いいかえれば、外的な障害よりも個人の積極性を強調するスタンスである。こうしてマリが言うように、男性が父親や夫の役割を十全に達成できるかどうかは、彼が正しく優先順位を定め、その達成のために懸命に努力するかどうかにかかっているのである。男性自身の視点をもっと知ることも興味深いことではあるが、日本の父親の見解を明らかにする研究文献は際だって少ないのが実情である。

彼女らの怒りや失望にもかかわらず、インタビューした16名のうち、真剣に離婚を考えていたのはひとりだけだった。最近の研究によれば、日本の若い女性は上の世代よりも離婚を容認する傾向があるが(Bumpass & Choe, 2004; Choe, Bumpass, & Tsuya, 2004)、本研究で夫に不満を強く感じている女性は、自分の感情を抑え、夫との接触を避け、友人とのつきあいや仕事に時間を費やすことで不満に耐えているようだった。彼女らもときには自制心を失って怒りを爆発させるが、誰も関係のダイナミクスを変えるべく計画的に取り組んでいるようには見えなかった。専門家の支援を受けようとする者は誰もいなかったし、誰も夫が関係を改善しようと真剣に考えているとは言わないのだった。

このような処世術は、形式的な意味で結婚生活を維持することにはなるのかもしれないが、彼女らはそのためにどのくらいの心理的コストを払っているのだろうか。著述家によっては、典型的な日本の結婚にコストはほとんどかからず、多くの利益があるのだと言う者もいる。彼らは、日本の女性は、夫が家族システムの中で周辺的な役割しか果たしていないことを許容し、結婚生活中も感情的な負担からの解放感を味わっていると言うのだ。たとえばロスバウムらは、彼らが言うところの「共生的調和（symbiotic harmony)」への日本人の志向をアメリカ人の「生成的緊張（generative tension)」志向と対比させ

（Rothbaum et al., 2000）[20]、岩男寿美子の議論（Iwao, 1993）を引用して、彼らは日本の夫婦が互いを当然の存在であると思うぜいたくを享受しているのだと主張している。「日本人の関係性は保証、すなわち役割に規定された行動と、社会的ネットワークと社会的価値が継続を保証していることについての認識を土台として、共生的に調和している。無条件で、永遠で、思いやりの感情に根ざす、忠誠心に基づく愛が強調される」（Rothbaum et al., 2000, p.1135）。ロスバウムらによれば、日本の夫婦は関係が永続的で壊れないものだと見なしているので、言語的なコミュニケーションや互いに感謝を表現すること、あるいは関係の維持に「取り組む」必要がほとんどないのだという。

しかし私の感覚では、女性が「2つに割れた球の片方」という結婚のあり方を受容しているように見えるのは、しばしばあきらめや抑うつ、あるいは怖れさえも意味する、ものいわぬ表現なのである。ベニは夫との会話のあとの孤独感を生々しく語り、佳世子は、夫が再び怒りを爆発させ、そのあとに続く沈黙の日々によって味わうことになる苦痛への懸念を語っている。本研究の女性たちに示されるように、日本の結婚はさまざまな理由によってもちこたえられている。しかし、困難な結婚生活を強いられている人々が経験するものは、しばしば調和以外の何かなのである。ロスバウムらが、文化的に認められた夫妻間の「心的テレパシー」と見なしている深い沈黙は、無関心のあらわれであることや、怒りや絶望の感情を意志の力によって抑えつける試みであることが容易に示される。ユリが自らの不幸な結婚と折り合う試みについて言及したように、「毎日ががまんの日々」なのである。

明らかに、ロスバウムによる日本の結婚についてのイメージは現実の記述ではなく（彼はそのようなものとして描いているわけではないが）、せいぜい文化的な理念の記述と呼ぶべきものであろう。しかしわれわれのデータに基づくならば、それが現代の妻たちの、少なくともこの特定の世代についての文化的理念を表していると信じることもできない。幸福な結婚生活を送る女性は、夫のことを信頼できる自らの能力に価値をおいている。ロスバウムの結婚生活のイメージとは対照的に、彼女たちは夫が自分に感謝の気持ちを表し、（彼女たちの献身を）当たり前のことだとは思わないことを喜んでいる。彼女たちは、ある種の積極的なパートナーシップを熱心に引き受け、その中で家事と子育てについての主要な責任を果たしつつも、夫からの実際的な手助けと助言をも望んでいる。やさしい気質の美由紀でさえ、どのようにして夫から望むものを得ることができるかを心得ている。こうしたインタビューから、日本の結婚の成功例は、「共生的調和」という理想化された見方に基づく模範的な関係であるというよりは、（欧米の研究者にとっても）まったく異質なものではない、つまり、日本文化固有のものではないと私は主張したいのである。

[20]（訳注）ロスバウムらによれば、日本の家族関係は他者の要求に自己を合わせようとする「共生的調和」が特徴的であり、乳幼児期は融合、児童期は他者の期待、青年期は両親や友人との関係の安定、成人期は配偶関係が保証されることである。これに対比されるアメリカの家族関係は、愛着対象（親）に近接し親密さを求める欲求と、分離・自立し外界を探索する方向への欲求との拮抗という「生成的緊張」により特徴づけられ、乳幼児期には分離と再会、児童期には好みをはっきりさせること、青年期は両親への親近性を友人に移すこと、成人期には新しい関係を信念と希望をもって信頼することが強調される。

第四部

7章　しつけ――子育ての秘訣

言うこと聞かなかったらおしりペンとたたくこともありますよ。「聞かなかったら、お尻を出してみんなに見てもらいなさい」と息子には言うんです。まわりに年上の女の子がおったら恥ずかしがるんでね。（中略）初めの頃はね、まわりがすごく気になって、思いっきり怒れなかったんです。買い物に行ったときに怒るのはいいんですけど、友人と一緒にいるときにはどう思われるのか気になって、それで怒れなかったんです。（順子、高卒、自己効力感の低い2児の母）

今んとこわかんないんですよ、何言うていいのか。……どういう言葉を使ったらいいのかわかんないんです……。叱るとぶすっとしたりすねたりするから。何、言っていいんか、ことばを選んで言わないとあかんねんけど。何て言っていいんか、ちょっとわからないときがあるんですねぇ。そういうときは子どもをほったらかし……腹が立つというより悲しくなる。親が言うてもわかんないし、どうしたらいい

んだか、たまに悩むときがあるんですよ。（佳世子、中卒、自己効力感の低い2児の母）

子育ては簡単なことではない。上に引用したように、順子は体罰の肯定と、しつけ（discipline）がうまくできない自分への批判との間で揺れ動いている。佳世子はどうやったら娘とうまくコミュニケーションがとれるのか、かなり不安をもっている。佳世子は娘によい振る舞いをすることの必要性を伝えたいと思っているが、なかなかうまく説明できず、娘が涙でもって応えるのを見て、自分の対応が失敗したと感じるのだ。これは、私たちの研究の協力者である女性たちが、子どもとの毎日のやりとりの中で直面する多くの問題のほんの一部にすぎない。

本章では、最初に歴史的な観点から、子ども期の特徴と子育ての目標について検討することを通じ、子どもの社会化というテーマについて考えてみたい。それを前提としたうえで、16名の母親の語りから、彼女たちが子どもに何を望んでいるのかを見ていくことにする。全体として見れば、母親が子どもに望んでいることは、歴史的な時間を経てもなおかなり連続性をもつものであることがわかる。それは、他人に迷惑をかけずに世の中を渡っていける能力をもった、思いやりと協調性のある大人になってほしいということである。

本章の第2の目的は、自分の子どもが他の模範となるような大人となるために必要な能力を、母親たちはどう育てていこうとしているのか、彼女たちの考えを描出することである。彼女たちにとっての関心事は、子どもに依存と独立との間でどうバランスをとらせるかということであり、社会的な状況の中で、どうやって適切な行動をとったらいいのか理解させることだった。本章では、母親がこうした目標を達成する際に直面する困難について論じる。さらに、自らの子育てに自信をもっている母親が、適切な行動を選択しそれを堅持する一方で、自信のない母親は、一貫性のある方法を見つけ出すのに苦労しているのを見ていくことになる。

本章の第3のそして最後の目的は、親族や友人による子育て支援の役割を検討することである。6章で見てきたように、夫が子育てにかかわり、サポートしてくれると感じている女性もおり、そうした女性は、夫との間で距離を感じ協力的でないと感じている女性たちに比べると、うまくやれていると感じている。同様に、親族や友人もさまざまなレベルでサポートを行っており、そうしたサポートは子育ての問題に直面したときに助けになる一方で、かえってストレスや不安を増大させることもあるのである。

しつけの歴史的な意味

しつけは子どもの社会化のための作法に関する日本語であり、適切な態度を植えつけ、正しい行動を教えることを意味している。この言葉の伝統的な意味について、人類学者のジョイ・ヘンドリーは、日本の民俗学事典から次のような定義を引いている。「子どもが一人前の大人になるために、生活し、適切な行動をするうえで必要な技能を身につけさせること」(Hendry, 1986, p.11)。子育てについての専門家による助言は、中国から入ってきた7世紀の文書の中にすでにみられる。1600年代以降の文章では、中国の教師や哲学者の思想の上に、日本固有の規範に合わせたものが書かれるようになる（Kojima, 1996)。19世紀半ばになると、欧米の子育てに関する思想が徐々に広がるようになり、思想家や改革者は、その一部を日本の状況に適合させ、取り入れるようになる。その中には、子どもの人格発達や知的発達への養育者の影響であるとか、過度に刺激を与えたり過保護にすることの危険性であるとか、子どもの技能の習得状況に応じて親の対応を変えていくことの必要性であるとかといったことが書かれている。

しつけに関する初期の文献で一貫して強調されるのは、子どもは本来良き者であるという信念である（Kojima, 1986; Yamamura, 1986)。中国の儒学者は、子どもが基本的に正直であることを強調し、徳のある大人に育てるためには、子どもは養育者から厳格にしつけられるよりも、やさしく愛情を込めた世話をされる必要があると主張している。日本の思想家は、子どもに「高貴な精神」を認め、他方、親を「（しつけの）役に立たない存在」とし、対比を際立たせることで子どもの純粋さを強調している（Yamamura, 1986)。この点から、原罪を強調し、道徳的堕落の克服を重視する、欧米の宗教思想（たとえばカルヴィニズム）は、子どもについての日本人の思考にはほとんど影響力をもたなかった。

近代以前の日本人の信念で、欧米で普及しているものとは異なるもうひとつの点は、成人と子どもを異なる段階として区切る思想である。山村賢明によれば、子ども期を成人と明確には区切ってこなかった中世ヨーロッパとは異なり、日本では常に子どもは大人から区別され、「年齢をもとにした一連の社会的に系統性のある段階を経て徐々に大人になってゆく」（Yamamura, 1986, p.30）ものと信じられていた。前近代日本でもっとも重要な移行期は6歳である。この年齢で、子どもは初めて独立した人間として認識され、共同体の一員となる。7歳になる前の子どもは「神のうち」と考えられており、尊重すべき存在であると考えられてきた（この点について、別の解釈も行われているので、そちらも参照のこと：Chen, 1996)。15歳までには、どの階層の子どもも成人と見なされるようになり、家庭の内外の仕事に責任を負うようになる（Hara & Minagawa, 1996)。

子どもの本質について書かれた昔の日本の文書にみられる最後の特徴は、道徳性や知的能力の点で、生まれたときには子どもたちの間に違いはないと考えられている点である。欧米では、子どもが生まれながらにもっている気質が強く影響すると考えられてきたのに対し、日本の著述家は、大人が人生で成功するかどうかは個人の努力によって決まるものであり、それはその人間がどのような育てられ方をしたのかに影響されると考えていた（Kojima, 1986)。こうした認識は、現代の著述家にも引き継がれており、忍耐と努力が成功の鍵であり、子どもに勤勉さを身につけさせるのは親の責任であると見なされている（Holloway, 1988)。

子育ての目標について、近代以前の日本では2つのテーマが突出して議論されてきた。第1は、子どもは調和のとれた人間関係を理解し、それを尊重するように社会化されるべきであるという点であり、第2は、子どもは「自らに与えられた役割を知り、社会の中での自らの立場を受け入れ、与えられた仕事を懸命にこなす」（Kojima, 1986, p.43）ことの大切さを認識することが期待されているという点である。子どもの発達の目標は、女児にはより従順で抑制的であることが求められるというように、これまでも男女で異なっており、現在も異なったものであり続けている（Dore, 1958）。大人として成功するために期待され、求められるものは、社会階層によっても異なっており、それぞれの階層の成員が就くことが可能な職業に応じてその目標は異なっていた。

社会の調和と個人の勤勉の意義を植えつけるために、大人たちは何よりも親子間で強い絆を形成するよう助言されてきた。初期の著述家は、相互的で慈悲深く、柔軟さをもつ「家庭的な親密さと情愛」（Kojima, 1986, p.46）をあらわす言葉として、「親《しん》」という文字を用いている[21]。そのため、両親は子どもに対して粗野で口汚い言葉を使わないように、また、怒りやいらだちを子どもにぶつけることのないように助言された。3章で見てきたように、他者に依存し、寄りかかることが許される、心地よい感覚を意味する甘えの概念は、日本の子育ての顕著な特徴としてしばしば引用されている（Doi, 1973/2002）。原ひろ子と皆川美恵子は、日本の子育てに関する文献を概観し、「欧米の人間は、成熟を独立した個人となることと結びつけているが、日本人にとっての成熟した人間とは、いつ、どのように、また誰に対して依存するのか、あるいはすべきでないのかがわかっている人間のことである」（Hara & Minagawa, 1996, p.11）と論じている[22]。

こうした支持的な関係のもとで、子どもは大人による行動統制によってよりも、大人を観察すること

[21]（訳注）小嶋秀夫は該当部分で次のように書いている。「山鹿素行は孟子を引用し、父子関係の基礎には家庭的な親密さと情愛を意味する『親』があると述べ、なぜ孟子が『愛』という言葉を用いなかったかを説明している。『愛』は一方的な感情であり、恩寵や身勝手さを含んでおり、嫌悪にもつながるのに対し、『親』はもっと深い感情で、それまでの相互交流の結果として生じるものであり、相互性を含むものなのである」（Kojima, 1986, p.46）。

を通じて学ぶと考えられてきた（Kojima, 1986)。子どもは外部から容易にコントロールされることのない自律的な個人と見なされており、したがって、社会化が目標とするのは、子どもの行動を変えることよりも、理解の仕方を変えることであった。そのため近代以前の専門家は、親に対し、管理は柔軟にするように、また体罰は避けるように力説している。ただし、過保護や甘やかしの危険は常に潜んでおり、多くの著述家が、子どもは多少は欠乏と厳しさを経験する必要があるとも述べている。そうした経験により、子どもは、大人になってから遭遇する困難に耐える力を育てることができるのである（Kojima, 1986)。

第二次大戦後、子どもの生活は大きく変わった。イエ制度が廃止され、核家族が一般的になると、祖父母など、拡大家族のメンバーは徐々に子育ての責任を負わないようになった。そのうえ、子どもが長時間学校で過ごすようになり、父親も家から離れた職場で長時間過ごすようになると、父子間の交流は乏しくなっていった。

母親はそれとは反対に、家庭以外の活動から排除されるようになっていった。こうした変化が生じた結果、母親は、幼い子どもの生活で一貫してしつけの役割を担う唯一の存在になってしまった。

一般的に言えば、親は、社会的な役割をうまくこなすのに必要な技能を、子どもに身につけさせることに注意を向けてきた。１９８０年代前半に実施されたインタビューと質問紙調査によれば、就学前児をもつ母親は、子どもがきちんとあいさつをし、正しい姿勢を保ち、食事のマナーを守り、身の回りのものをきちんと管理することなど、毎日の社会的な決まりごと（礼儀作法）を教えようとしてきた

(Hendry, 1986)。母親はこうした行動上の決まりごとだけでなく、相手のことを考える、親切にする、人に迷惑をかけない、がまん強いといった道徳的な資質を育てることにも関心を払ってきた。母親によっては、さらに自分の考えや要求、感情を明確に表現できる能力も強調している。こうした社会的技能の強調は、１９７０年代末に行われた、日米の就学前児をもつ母親を対象とした比較研究によっても確かめられている。道徳的な成熟、自己コントロール、基本的な礼儀のような、周囲の人間と良好な関係を維持する際に必要とされる技能を、日本の母親はアメリカの母親よりも早期に子どもたちに身につけさせることを望んでいた(Hess, Kashiwagi, Azuma, Price, & Dickson, 1980)。

第二次世界大戦の前も後も、子どもには、単に行動のうえで言うことを聞かせるだけでなく、何かをするときにはその理由を理解させることが重視されてきた。１９５０〜６０年代に実施された調査に基づき、ベティ・ランハムとレジナ・ガリックは「日本では、子どもにわからせることの重要性が強調され、子どもが喜んで従うのでなければ意味がないと考えられてきた」ことを見いだしている(Lanham & Garrick, 1996, p.104)。著者たちによれば、わからせるという発想は、人間が本質的に善良であるという信念と結びついている。もしも親が子どもの本質的な善良さを信じているならば、子どもが不作法な振る舞いをしたときには、子どもがまだ善悪の区別がついていないか、その状況での適切な振る舞いをまだ理解できていないからだと考えるであろう。一般的に言えば、母親たちは、子どもが素直であること

[22] 次に見るように、日本の大人も自律に価値を置き、自分の身の回りのことを自分でやれるようになることを子どもにも期待している(Hendry, 1986)。このことは就学前教育の主要な目標ともなっている(Holloway, 2000)。

を望んでいる。この場合の素直さとは、大人の権威に単に服従するだけでなく、心から従うことを含意するものである（White & LeVine, 1986）。

子育ての目標に関して議論を呼ぶ最後のテーマは、親はともかく偏りや極端なところのない子どもに育てるべきだというものである。たとえばジョイ・ヘンドリーは、幾人かの母親が十人並みであることに価値を置いていることを見いだしている（Hendry, 1986）。ただし、こうした目標は日本ではすでに時代遅れの文化モデルになっていると批判する研究者もいる。われわれの調査では、8章で紹介するように、学業や職業の達成とのかかわりの中に、この「平均的である」という発想を見ることができる。多くの母親が平均的な成績をおさめることを望んでいるというこの結果は、自分の子どもたちに極端に高い成績を望むという、日本人に対するステレオタイプな見方とは相容れないものである。本章と次章で議論するように、多くの日本の母親は、自分の子どもが平均的であることを望みつつも、こうした比較的控えめな望みを達成するのも非常に難しいと感じていた。

よい子とは？　社会的感受性への変わらぬ関心

私たちの研究に参加した女性たちの考えと感覚とを理解するために、16名の女性が抱いている、子どもに対する目標について最初に検討することにしたい。私たちは母親たちに、自分の子どもについて話し、長所と短所についても挙げてもらうように求めた。さらに、子どもの将来について何を期待しているのかも尋ねた。彼女たちの答えは、子どもが人間関係の大切さを学び、周囲の人間とうまく関係が結べるようになることを非常に強調するものであった。母親たちが、男女を問わず自分の子どもに求める資質としてもっとも頻繁に言及するのは、やさしさであった。彼女たちは子どもに思いやり、繊細さ、礼儀正しさを望んでいた。彼女たちはまた、人に迷惑をかけないことを学ぶことも大切であると強調し、子どもが、自分の行動が他人にどう影響するか気をつけるようになったときには、誇らしさと喜びを感じると言っていた。

たとえばサッカーのスター選手であり、子育てについての効力感の高い浅子は、子どもには他の人を尊重することを学ばせることが重要だと強調している。浅子は良好な人間関係を築くことについて、道徳的な意味だけでなく、実用的な面での利点についても強調する。

やっぱり人とのふれあいって大事でしょ。そのとき自分のことしか考えられないっていうのはすごく恐いことだと思うし、だから自分の好きなことをやりながらでもまわりの人のことも考えられるようになってほしいんです。やっぱり人のことが考えられるっていうことが一番大事だと思うんですね。何かをするときでもひとりでできるものじゃないから、いろんな人が集まってひとつのものができるっていうことがたくさんあると思います。

順子は自己効力感は低いけれども元気がよく、２人の子どもを育てていたが、彼女もまた子どもが社会的に有能な人間になることを強く望んでいた。浅子が共感性のような心理的な態度を強調しがちであるのに対し、順子は規則正しく振る舞い、他人に迷惑をかけないことを重視していた。

自分の子どもにはどんなふうに振る舞ったらいいのか知っておいてほしい。私の方がちゃんと行儀よくするにはどうしたらいいのかわかってるから、子どもに教えてるみたいな感じになるけど。子どもたちが人前でうるさくしていたらいつも気になるでしょ……そんなときは叱るんですよ。人に迷惑をかけてないか、いつも気になるんです。

日本社会は「集団主義的」であると言われるが、そうしたステレオタイプのイメージとは裏腹に、彼女たちは、自分の子どもが集団の基準に合わせすぎることを望んではおらず、むしろ、子どもには自立的であることと人に対する感受性との間でバランスをとってほしいと考えていた。彼女たちはときどき、子どもが自分で計画的に行動し、過度に他人に影響されないことを、「my pace」という英語表現をそのまま借用した言葉で表現している。順子は繰り返し自分の息子がマイペースであってほしいと語っていたが、それが全面的によいことであるのかどうかは迷っているようだった。

いいとこはね、やさしいとこですかね。うちの子はお年寄りはすごく好きみたいなんですよ……うちにはひいおばあちゃんがいて、だいぶ身体が弱って老人ホームに入ってるんですけど、初めて会ったときでも、誰だかよくわかってないのにおばあちゃんのところに近寄っていくんですよ……本当にやさしいなあって思うんですけど。でも反面、ちょっと冷たいっていうかね、冷めてるって言ったらいいのかマイペースって言った方がいいのかわからないですけどね。長所と短所がもうわかりやすい子なんですけどね。

母親たちはまた、活発で元気がよく、ちょっと乱暴なくらいの子どもの方が望ましいと思っているようだった。浅子は息子が幼稚園のとき、少し臆病で慎重なのを気にしていた。彼はスポーツをするよりも、本を読んだりピアノを弾いたりするような静かな遊びが好きで、たくさんの違ったことに手を出すよりも、ひとつかふたつ興味のあることだけに集中した。浅子の家族はみなサッカーをするので、子どもにはとくに複数のスポーツに喜んで挑戦してほしいと考えていたが、息子が新しい経験には積極的でない点が気になっていた。2度目のインタビューで、スポーツクラブに通うのが好きだと息子から聞いてうれしかったと話してくれた。「子どもには楽しいことがいっぱいあることをわかってほしかったので、とてもうれしかったし、自分の耳を疑ったくらい」。

母親たちが価値をおく態度の中には、子どものジェンダーと結びついたものもあった。彼女たちは、娘についてよりも、息子が内気であったり不安が高かったり消極的であることを心配していた。美由紀は息子のことを、「男の子にしたら少しおとなしすぎる」と評していた。最初の頃のインタビューで、美由紀は、息子が「男の子にしたらちょっと気が弱い」ので、「たたかれてもたたき返せない」のではないかと心配していた。その後のインタビューでは、息子がちょっと乱暴なところも出てきて、他の子どもたちともしっかりとかかわり、自己主張もできるようになったと喜んでいた。

対照的に、母親たちは娘に対してはもっと静かで素直であることを期待しているようだった。中には娘の学業成績をあまり重視していない母親もいた。たとえば美由紀は、自分の娘たちがかわいらしく、まわりから愛されることが重要だと信じており、学校でうまくやっていくよう子どもを後押ししつつも、息子に対するほどは成績を重視していなかった。美由紀は2人の娘を比較し、一方は賢いけれどもあまりかわいくなく、もう一方はかわいらしいけれども賢くないと見ていた。彼女は賢くない方の娘の成績にいらだつこともあったが、夫には、賢い方の娘であるミオよりも彼女の方が後々うまくやっていけるかもしれないと話していた。というのも、「女の子はでけへん方がかわいげがあってええし」「勉強バリバリできて、なんでもできるミオはなかなか嫁入りできんかもしれん」からだ。

高い成功をおさめている千尋もまた、子どもの性格と行動は性別によって決まると強く信じていた。彼女自身は大卒資格をとることでステレオタイプな性役割期待に挑戦し、また専門職として仕事をしてきたが、息子と娘では根本的に違っており、ステレオタイプな性役割に沿ったスキルや態度を身につけるべきだと考えていた。娘が学校でうまくやっていくことを学ぶべきだとは言いつつも、自己主張が強くなりすぎることなく、女の子がどうやって自分自身を表現すべきか、何とか伝えようと努力していた。

がまん強いことが何よりも大事なことだと思う。自分のことばかりでなく、他の人とやっていくことが大切だし。自分が言ったことだけが通るんじゃなくて、自分のしたいことばかりを主張するわけにはいかないでしょ。他の人の考えや意見を聞かないといけないいし。自分のやりたいことだけを言ったら駄目だし。自己主張もいいけど時と場合を考えないと……。そうすれば自然とどこでがまんしてどこで自分の意見を主張したらいいのかわかってくるんだと思う。実際は難しいことだけど。

自立をうながしながら依存の欲求を受け入れること

甘え（依存とわがままの受容）の概念は、日本の子育てに関する文献の中で注意を惹いてきた。３章で述べたように、甘えは親子関係のもとにある力動的な関係であり、雇用者と従業員や、教師と生徒など、他の二者関係のひな形となっている（Behrens, 2004）。われわれは研究を通じ、母親が子どもの依存について何を期待し、また自立の要求だけでなく、わがままを通したいという要求にどう応えているのかに関心をもってきた。さらに、甘えの関係と、子どもたちを適切にしつけるうえで母親が直面する問題とがどう関連するのかも理解しようと努めてきた。

最初の調査で、１１６名の母親全員に甘えについてどう考えているか尋ねた。子どもが甘えてきた場合、それを満足に思うかを直接尋ねたところ、69パーセントが満足だと答え、21パーセントはもっと甘えてもいいと答え、９パーセントは甘えを減らしてほしいと答えていた。母親たちは、５歳という年齢を考えれば子どもがわがままであってもかまわないと思ってはいたが、子どもが適切なやり方と程度で、また適切なときに甘えているると常に考えているわけではなかった。多くの母親は、子どもが疲れたり悲しいときに甘えてくることが多いと語っていた。そうした意味で、彼女たちは甘えには子どもたちに安心感と元気を与える働きがあると考えていた。甘えが、親密さや楽しい感情の表現であると考えている母親は17パーセントしかいなかった。当然のことだが、子どもが不安定になっているときには甘えが重要な意味をもつようになるので、就寝時や疲れたときには、子どもが甘えることが多いと母親たちは感じていた。こうした時間帯は、母親にとっても子どものわがままを聞いてやる余裕のある時間でもあった。

ほとんどの母親が、甘えは子どもが成長するにつれて減少する現象だろうと考えていた。子どもに甘えてほしくないときはどんな場合か尋ねたところ、たとえば、母親自身が疲れていたり忙しいときや、子どもたちが公衆の面前にいる場合のように、もっと自制心をもって成熟した振る舞いをすべきだと彼女たちが考えている場合などは、子どもの欲求を満たす場としては不適切だろうと考えていた。母親たちは、子どもが本当に寂しさを感じたりおびえているようなとき、あるいは親子のつながりについて肯定的な感情を表すような場合には、甘えの欲求を喜んで受け入れるようだった。一般的に言えば、母親たちは子どもの甘えを自然なものと見なしており、とくに問題であるとか扱いにくいものとは見ていないという印象を受けた。

16名の母親による、より詳細な語りから、この年齢の子どもの母親がある程度までは子どもの依存的な欲求を認め、受け入れていることがはっきりとする。どの母親も子どもの甘えを完全に否定することはなく、異常なことであるとも考えていなかった。他方、甘えが不適切である場合があり、子どもの甘えを受け入れないこともあることを全員が自覚していた。浅子は、子どもが育つにつれて甘えの意味が変わってくることを考え深く説明している。

私が思うには、子どもの年齢によって甘えの表現の仕方もすごく違ってくると思うんですね。ちっちゃいときの甘えっていうのは、コミュニケーションも入ってると思うんです。親しみの表現だし、親を求めていることを表現しているんだと思う。でも幼稚園や小学校に行くようになったら、甘えたい気持ちを抑えることもできるようにならないと。親がそれを教えてやらなければ子どもにとっていいことじゃないと思う。そうしないと大きくなってから、自分でできることでも他の人がやってくれるだろうっていう、そんな意味で甘えるようになってしまうんじゃないかな。だから私は甘えという言葉が時と場合によっていろんな意味があると思うし、子どもによっていい意味も悪い意味もあるんだと思う。

最初のインタビューの時点で、浅子の息子はまだ幼稚園に通っていたのだが、彼女は自分の子どもが過度に依存的であることを心配していた。彼女が息子からの働きかけを拒絶することはなかったが、家の中という私的な範囲に限定しようとしていた。ただし、その程度のわがままであってもまわりから見れば甘すぎると思われるかもしれないと彼女は考えていた。

すごく不安になったときとかは甘えてきますね。幼稚園で何か不安なことがあったときには、うちで私にひっついてきます……甘やかすっていうときは、一緒に遊ぶ。私は母親ですけど一緒になって遊ぶ。私も息子もわがまま言いながら遊んでます。主人とも3人で、まわりから見たらそれはあかんやろみたいな遊びもしてるかもわからないんですけど。でも自分で乗り越えないといけない、不安とか立ち向かうときは、やっぱり自分で乗り越えてほしいなと思うんですけど。

順子も、家では甘えてもいいが、外ではよくないと考えていた。

寝るときには甘えていいよって感じでいます。一日の終わりに怒って寝るより安心して寝た方がいいじゃないですか。だからそういうときに息子がくっついてきても、「もう1年生で大きいのに」って言わないで、よしよし、可愛い可愛いってスキンシップをします。人の前っていうんですか、きちっとしてないといけないときは、やっぱり甘えないでほしいなって思いますけど。子どもの行儀が悪いとまわりからいろいろ言われるから、親にもそういう体裁があるんです。

順子のような区別は、日本人の一般的な傾向である、公的な場での外見と、人には見せない実態の間の著しい対比と対応するものである。杉本良夫が指摘するように、日本の人々は「規範のうえで適切で正しい見かけと、公には受け入れられないかもしれないが、私的に、あるいははぐれ者たちの中では受け入れられてきた現実」(Sugimoto, 2003, p.28) を明確に区別している。日本語にはこうした区分に対応する言葉の対がいくつか存在するが、私たちの研究の目的にとってもっとも重要なのは、外と内の区別である。個人は外では決まった種類の行動をとることが期待されているが、その一方で、家という私的な空間では、それとは異なる種類の行動をとる。人々は公的な場での行動は世間、すなわち他者の行動を知り、それを評価する、想像上の共同体の成員の監視の目にさらされ、評価されると感じている。私たちの研究に協力してくれた女性たちも、公衆の面前では他人の目を意識することになるので、行動がより制約を受けるのだとしばしば語っていた。美由紀の次の言葉のように、母親たちは、甘えることは私的な場でのみ適切であるということにとくに敏感だった。

幼稚園ではあんまり「抱っこ抱っこ」なんて言わんといてほしいですね。そんなときは恥ずかしいなと思います。家ではまあえっかと思うんですけどね。子どもを迎えに幼稚園に行くと手を握ったり抱っこしてもらいにきたりするから、息子には「違う違う、幼稚園ではしない」とか言うんですけどね。人の目があるし、来年は小学校に上がるのにっていうのがあるから。

順子が甘えについて自らの考えを展開する中で明らかになった、甘え概念のもうひとつ別の主題は、子どもが母親に依存するだけでなく、母親も依存してくる子どもの世話を焼き、甘えさせてやることを楽しんでいるという点であった。彼女は、ときどきは子どもがもっと自分に甘えてほしいと思っていたが、子どもの方は友だちと一緒にいることを選ぶことも多かった。「もうちょっと甘えるときがあってもいいかなと思う。友だちの方に行きすぎてるんで、ちょっとこっちが寂しいかな。でもだんだん親離れをしていくのだから仕方ない」。彼女は、自分の息子や娘が友だちと時間を過ごすことに興味をもつようになってきたことを知り、3人目の子どもが欲しくなった。「子どもが私にひっつきたがらず、嫌がるようになったら、そのときは甘えてくる子どもがもうひとり欲しくなる」。順子の子どもを甘えさせたいという望みは、子どものものというよりも、彼女自身がそれを望んでいたからであったが、順子はそうした自分の願望を抑えていた。私たちの対象者の多くと同様、彼女もまた、子どもたちの自立への欲求は当然であり、避けがたいものであると信じていた。

千尋は娘に対しては温かな感情をもつことができず、息子に対しては強い愛着を感じていたのだが、彼女も子どもの甘えに対する自分自身の感情の役割について語っていた。2人の子どもに対して異なる感情を抱いているので、娘の依存感情を満たしてやろうという自分の気持ちもそれに影響されているということを認めていた。

2人子どもがいるんですが、男の子の方がかわいい。ほかの人も同じことを言いますよ。性別のせいかどうかわからないけど、何となく男の子の方がかわいい。娘は同性としてみてしまうので、その感覚で叱ってしまう。だから娘には意地悪というか、厳しくしてしまうんです。息子が友だちと遊びに行ってうちにいなければ娘だけだし、そんなときは娘のこともかまいますよ。娘の方もいつもよりくっついてきます。スキンシップみたいなこともね、もっとやってやりたいです。普段はあんまりしないので。

母親の多くは、子どもとの気持ちのつながりが、子どもをしつけ、教育する際の基盤になると信じていた。次節で見るように、子どもとの情緒的な結びつきに問題を抱えている母親は、子どもに適切な振る舞いを理解させることも難しいと感じているようだった。

母親はどのようなしつけの方法を用いているのか？

116名の母親の大部分が、子どもが6歳の時点で、子どもたちの不作法な振る舞いに対して複数の対処方略を使い分けていると報告している。もっとも一般的な方法は叱ることであり、ほぼ全員が言及していた。もうひとつ一般的な方法は、その行動がなぜ悪いことなのか理由を説明し、正しい行動を説明するというものであり、こちらはおよそ半数の母親が言及していた。たたく、あるいはその他の体罰については、3分の1の母親が言及していた。子どもを脅したり締め出すようなしつけに言及したのは15パーセント以下であった。

私たちは、子育てについての一般的な効力感が、しつけの方法と結びついているのかどうかについても検討した。図7-1に示すように、子育ての自己効力感の高い母親の方が、子どもの不作法な振る舞いに対し、自分の感情に流されずに一貫した対応ができていると考えていた。また、しつけが必要な場面では柔軟に対応できると考えており、結局のところ自分のしつけの努力は有効であると考えていた。子どもを叱ったりたしなめたりしたあと、子どもの態度がよくなったと思うか、子どもの気持ちを理解できると思うか、子どもを叱ったりたしなめたりするときに、子どもの反応を気にしてためらうことはないかといった点に関しては、効力感の高低による違いはなかった（しかしながら、効力感の高い母親の方がこうした状況のいずれでも得点が高い傾向があった）。したがって、母親の行動（として母親自身が認識しているもの）が、子育てに関する自己効力感にもっとも影響すると思われるしつけの領域は、実際にそれを行う能力よりは、むしろ感情を抑え、柔軟に対応する能力なのである。

この調査結果をふまえると、子育てに関する自己効力感がどのように、また、なぜしつけの有効性と結びついているのか、疑問が生じる。子どもがおもちゃを片づけるのをいやがるときに、自信のある母親の心には何が思い浮かぶのだろうか。そうした状況にうまく対応できないと思っている母親に比べ、子育てに自信のある母親は、なぜ冷静に首尾一貫した対応ができるのだろうか。あるいは反対に、就寝時間になっても寝ようとしないでぐずる子どもに対応するとき、子育てに自信のない母親は何を考え、何を感じているのだろうか。こうした疑問に答えるため、インタビューデータに戻ることにしたい。

適切な行動の必要性を理解させること

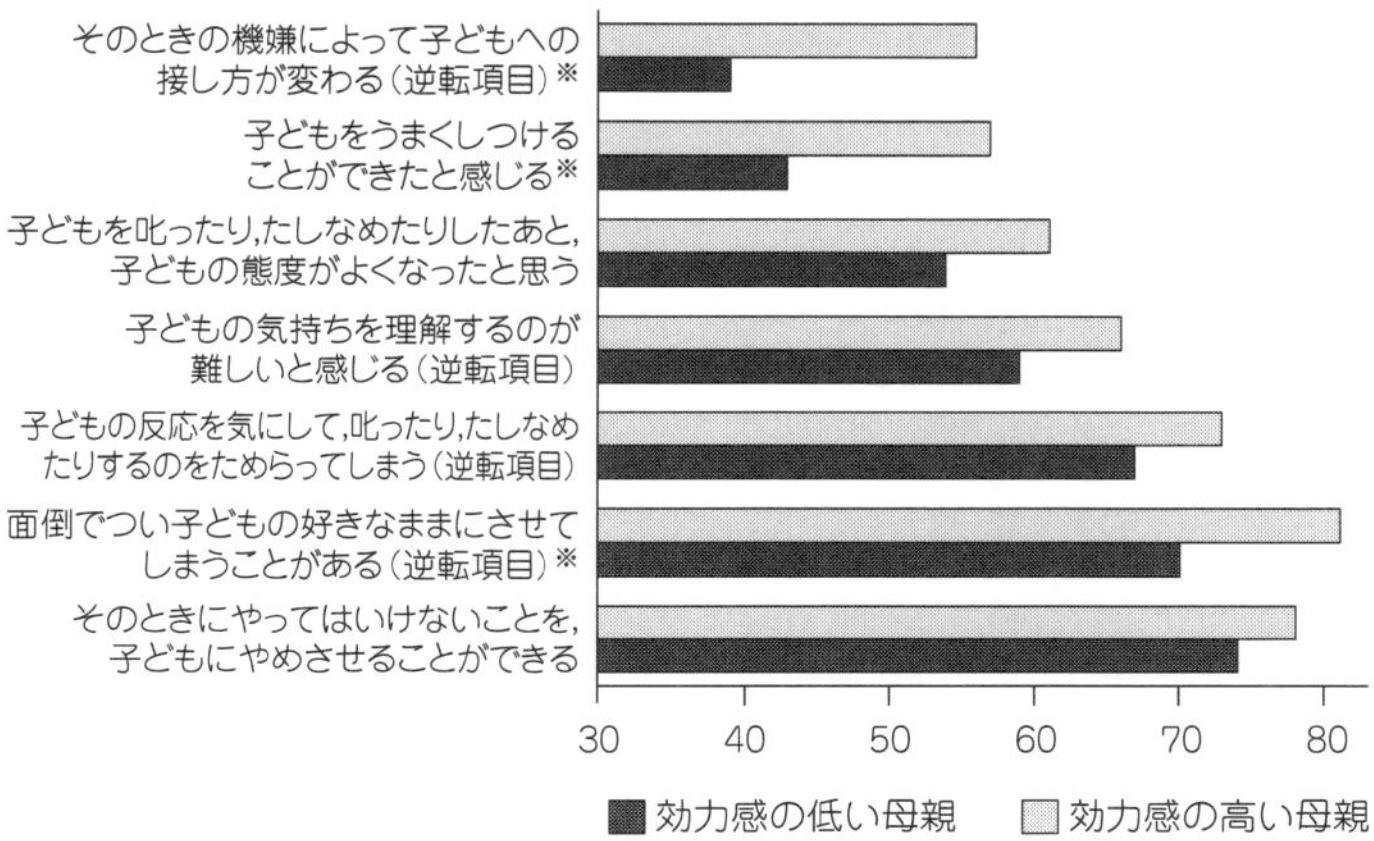

図7-1　子育ての自己効力感の違いごとのしつけの有効性についての認識（※印は有意差が見られた項目）

訳注：「しつけについて、日ごろ、お母さまは、以下のことをどのくらいの割合で感じられたり経験されていると思いますか。例えば100％とすると、何％くらいの割合だと思いますか？　当てはまる数値をご記入ください」という質問への回答。ただし、逆転項目は、100％から当てはまると答えた数値を引いたものである。

本章の初めで概略を説明したように、よいしつけとは、単に子どもに行動のうえで言うことを聞かせることではなく、なすべきことの理由を子どもが理解できるようにすることであると、日本の親は信じている。母親の多くは、従順ということの意味を子どもが理解し、それに対して肯定的な態度をとれるようにすることが重要だと考えていた。たとえば浅子は、息子が他人のことを考慮することの大切さに気づくきっかけとなった出来事について話してくれた。あるとき、息子が幼稚園から帰ってきて、クラスの子どもがパンツを濡らしてしまったことについて話してくれたことがある。このとき、浅子は他人に思いやりをもって接することの大切さをどのように息子に教えようとしたか、次のように説明してくれた。

幼稚園であったことを話してくれるのはよいことだけど、そんなふうに話して嫌な気持ちにならないの？　その子はおなかがいたかったのかもしれないでしょ。だからそんなときは「おもらしや」なんて言うんじゃなくって、「どうしたの？」とか「大丈夫？」とかって気をつけてあげることが一番大事よって息子には教えるようにしてます。そのときは本人はわからないかもしれないけど、人からしてほしくないことは自分も人にしないように言ってます。……ですから息子にはそんなふうにしないように言います。納得したかどうかわかりませんけど、でもずっと言い続けてます。そのうちに絶対わかってくる時期も来るやろう思ってるんで、必ず話をすることにしています。

これまで見てきたように、順子は浅子とは対照的に、慣習的なやり方に従うことを強調し、ときに体罰も行っていた。彼女は体罰の意義について両義的に考えており、「幼稚園の先生のようにやさしく言い聞かせる」ことができない自分に対して批判的になることもあったが、別のときには、古いやり方かもしれないが有効な方法であると体罰を擁護していた。彼女はときには子どもの頭をたたくことの方を好んでいると断言しており、「頭じゃなくお尻をたたく方がいいというようなおかあさんとはつきあえない」「そんな人は納得してくれないかもしれないけど、そんなのしつけじゃないと思う」と言っていた。

体罰について肯定的な見方をしているにもかかわらず、順子は息子が適切な振る舞いの意味を理解できているか知りたいのだと話していた。

ふだんは厳しく叱りますよ。あんまり怒らないように見えるみたいなんですけど、そうではないんです。……自分が悪いと思ったらぱっと怒るので、ほんとは叱るのがあまりうまくないのかもしれない。ま、言うこと聞いてくれたらうまく怒れてるということかな、としか思えないんで。子どもを理解するのは難しくないですけど、言ったことをほんとにわかってるかはどうかな。

順子と同様、多くの母親が子どもに理解させたいという理想と、言うことを聞かせるためだけにしている現実の違いをわかっていた。マリは子どもにただ言うことを聞かせるだけのときもあることを率直に教えてくれた母親のひとりだった。

子どもの気持ちをわかってあげたうえで、相手にもそうだねって言ってくれたときにね、あーわかってくれたんだなと思って。できるだけ、そういう納得できる時間をとるように心がけてはいるんですけど。……でも危険なときとかは、一方的にね、こうでしょうって言うときもあるんですよ。

子どもに何が正しい行動かを理解させるという目標を達成するために、ほとんどの母親は、最初は体罰よりも言葉による方法を用いていた。そこで選ばれた方法は叱ることであり、そこには通常、間違った行動を指摘し、それにより傷ついたり迷惑をこうむった人がいることに気づかせ、どのように行動すればよいのか、子どもに考えさせることが含まれている。母親たちがもっとも有効だと考える方法は、穏やかで冷静なものであった。けれども彼女たちにとっても、いつも怒りを制御するのは容易なことではない。全員が、疲れていたり忙しいときや、穏やかな言葉で解決しようという自分たちの努力にもかかわらず、子どもの不作法な行動が収まらないときには、感情が沸騰して怒りが爆発することを認めていた。ほとんどの母親は、怒りを爆発させることは生産的でないと考えており、このことは、自分の感情と子どもの理解とを結びつけて考えているリサの次の説明にも現れている。

頭ん中で考えたことを子どもの目線でちゃーんと説明するんだけども、がーっと怒ったらもうわーっと言うことになる。詩織の頭には残ってないかもしれない、私が何怒ってるのか。……ただもう私が「ばーん」っていくときは、詩織はもう怯えてるだけ。とりあえず謝らないと、とりあえず返事しないとって感じ。もう私がぐわーってなって、詩織はごめんなさいーって。もう可哀相ですよ。ほんまにちょっとなんかしようと思ったらこんなことになって。

浅子は、夕食時におもちゃを片づけるよう言うときにしばしば直面する息子とのもめごとを例にとって、しつけ法がエスカレートする典型的な過程を話してくれた。浅子は最初、部屋を片づけるように静かに言うのだが、息子の方は夕食後も遊ぶからと言って片づけようしないことがしばしば起こる。彼女はいらだつにつれて、より高圧的な対応へとエスカレートさせていくのだった。

一回目は冷静に言えるんですけど、でもそんなふうに返事が返ってくると、「違うやろっ」ていうふうになって。そんでまたそこで言い訳されたらかってなってしまう。だから、「(声を荒げて)片づけなさい」っていう口調になります。そしたらすねながらも、片づけます。納得いかないのかどうか、わからないんですけどね。で、もうひとつ段階があって、それでも片づけへんのやったら、「もう、処分するよ」って言うと、それいややから必死になって片づけますね。もう最後の方は、「(声を荒げて)お父さん、帰ってくるよー。早く片づけないと」とか。口調はすごい大阪弁でばんばんしゃべってます。

美由紀も順子同様、厳しく叱る方だと自分のことを評していた。彼女は常に自分の感情をコントロールしようとしているが、夫や子どもからは自分がどれほど怒りっぽいかしばしば指摘され、かっとなったときには角を生やした鬼と比べられると言っていた。「ものすごい怒りますね。外に聞こえてたら恥ずかしいなっていうぐらい怒鳴ってますねん。だから、主人がようそんなに怒れんな、びっくりするわっていうぐらい怒りますから。もうすごい高い声が出ます。子どもも『お母さんの頭に角が生えてる』って言いますよ。だからそれぐらい怒ってるんだなっていうの、わかるでしょ」。

女性たちの多くは、かんしゃくを起こしたあとになってから、何が起こったかふり返ろうとしていた。自分で自分を責める者がいる一方で、冷静に叱ることができないことをあまり心配していない者もいた。

美由紀は、活発に動き回る小さな子どもと長い時間一緒にいなければならない以上、自分が怒りを沸騰させるのも仕方がないと考えていた。

たぶんものすごい傷つくやろうなっていう怒り方もしてると思うんですけど、もう本当にそこまで考えてる余裕がないですから、こんなん言うたら傷つくんちゃうかなとか思ってる余裕はまったくないです。だからそばで聞いてて主人は言葉の暴力やと言うんですけど。でも、私にとったらもう365日毎日一緒にいてるんやから、これぐらい言わな言うこと聞かないという感じで言ってるんですよ。虐待とかじゃないって私ははっきり思ってるんですよ。

浅子も比較的効力感が高い母親だったが、ときどき自分の行動をふり返り、ストレスのせいで感情的になっていると結論づけていた。けれども、自制心をなくしたことについては自らを責めるようなことはなかった。

あーちょっと怒りすぎたかなとか、ちょっと感情的になったかなっていうときはあります。……やっぱり、いらいらしてるときとかは私、感情的になりやすいのかな。……怒って、で、冷静になってからその物事を私もふり返ることが多いんです。とくにおふとんの中入って、「ああいうときって感情的やったんかなー」とかって思うんです。一日ふり返るのは、ふとんの中なんですよ。

誰が助けてくれるのか？　夫、親、姑、友人の役割

6章で見てきたように、夫の子どもたちとのかかわり方やコミュニケーション能力について、私たちの研究に参加した女性たちがどう見ているかについては、様々であった。当然、家庭生活への参与の度合いの高い夫はしつけに関しても重要な役割を果たしていた。たとえば浅子は夫とともに、彼女が感情を爆発させて息子に悪影響を与えることのないような方法を工夫し、息子に自分の怒りから「逃げ出す余地」を与えようとしていると常に語っていた。家にいるときには、夫はどちらか一方の肩をもたないように気をつけ、息子が夫から安らぎを得ることができるようにしていた。夫が家にいないときに叱ることになった場合には、息子には祖母のうちに電話をかけ、少しの間避難することも許していた。

効力感の高い母親のひとりであり、良好な結婚生活を送っている美由紀も、彼女と夫が用いる類似の方法について言及していた。

主人には私が怒ってたら子どもの味方してほしいんです。私が感情的になって怒ってたら、主人になだめる役してくれっていう感じ。……主人がイライラして子どもに当たってる場合は、私が面倒みるから、子どもの逃げ道は作られてる。おばあちゃんがいたら、おばあちゃんとこ行くんですけど。

彼女は長女との関係が難しい中で、夫がそれとは別の関係を長女との間に築いてくれていることに感謝していた。

ミオが小さかった頃は娘の扱いがとても難しかったんです。……夫が言うには、あの子はかしこいって言うたんですよ。次から次興味もち出して、私めちゃくちゃしんどかったんですよ。私はもう女の子女の子してるような接し方やけども、主人はあの子を男の子みたいな感じで扱ったら、けっこうあの子には合ってたみたいで。もうひとりの娘の方は女の子っぽいので、私の場合はミオより合うって主人が言うんですよ。その子によって接し方を変えないといけないんやけども、私にはできないっていう感じで、ついつい主人に甘えてますけどね。だからけっこう主人が私のできへんとこをフォローしてくれるっていうのが子育てにとって良かったなと思いますね。

夫が子育てに関与しない女性の場合は、しつけの枠組みを自分で作っていかなければならなかった。千尋が言うように、夫にも手がかかることもあるので、子どもをしつけることが余計に難しくなることもあった。「男の人っていつまでも子どもみたいなところがあるでしょ？　そんな人は自分の息子と競い合う。……日本の男の人は自分の息子が子どもだってことがわかっていないんです。だから子どもがお父さんのものを壊すとものすごく怒ったりするんです。……まるで子どものけんか」。彼女は夫のことを、消極的でものぐさだとも評していた。夫は子どもたちにゲーム機で遊ぶときには寝転んでやらないように言うのだが、夫自身がテレビを寝転んで見ているのであまり効果はなかった。千尋と同様、順子も子どものしつけの負担は彼女がすべて背負い込んでいると感じていた。彼女の夫は気むずかしく、子どもには評価するような接し方をしており、解決方法を示さずに批判するばかりだった。

家庭生活についての歴史的な概観から明らかになったように、子育てについて助言しサポートするのは、日本では伝統的に姑の役割だった。以前であれば実家の母親との関係を断ち切らなければならなかったが、現在はそうしたことはないので、実母も一定の役割を果たすようになってきた。私たちの調査でも、女性たちは実家の母親が頼りになる存在であると感じており、子育てについての助言や情報の提供だけでなく、情緒的なサポートも母親から受けていた。けれども姑に関しては通常、自分の子育てについて批判的すぎると感じていた（Imamura, 1987も参照）。浅子はこのパターンの典型的な事例である。5章で見てきたように、彼女は自身のサッカーに対する強い情熱を支えてくれた母親との間で親密な関係を保ちながら育ってきた。母親は結婚当初もいろいろ助言をしてくれ、義理の親との同居によって浅子が大きな犠牲を払っていることを夫にははっきりと言うよう忠告してくれたのだった。義理の親と過ごす生活は、子どもが生まれるといっそう厳しいものになった。

もう今は同居してないから、一から十まで見られてるわけでもないし、こっちも気になることもされてないんでずっと気が楽になりました。……姑はこの言葉を言ってしまうと、この人はどう思うやろうっていうことを考えない人なんですよ。けっこうもうぱっぱっぱっぱっぱって言う人だから。その言葉を自分はすごく深く考えてしまう方なんで、そういうときに、えって思ってちょっと傷つくこともあるんです。

性格的に浅子は物事の肯定的な側面を見る方であり、親たちによる援助には感謝していた。けれどもそれはまたストレスのもとにもなった。

もう、戸を開けたら見えるかなっていうところに自分の母親が住んでいて、お姑さんの方も自転車でちょっと走ったところに住んでます。まわりじゅう親戚っていうか、一族で近くに住んでるんで、すごく助かってます。やっぱり今、核家族が進んでるなかで、こういうことはストレスになることもあると思うんですよ。自分たちの家族だけじゃなくて、親族がまわりにいてるだなんてストレスもあるかとは思うんですけど、昔の人はこういうふうにして過ごしてきてるんやなあっていう部分がすごく味わえることがありますね。

美由紀も、注文が多く自分に対して批判的な姑とがまんしながら関係をもち続けなければならなかった。妊娠したときには、お腹の赤ちゃんが自分のものではなく姑のものであるような、落ち着かない感覚にも見舞われた。

とくに、日本では嫁姑関係がすごくかかわってくるんですよ。自分の子どもであって自分の子どもでないんですよ。おばあちゃんが入ってくるから。おばあちゃんがこんなふうに育てなさい、どうのこうのって。この子のおしめ替えてても、「こんなおしめの替え方してたらあかん。足がこんなになって、足脱臼するからあかん」って言われて。あたし保母さんしててんぞって言いたくなる。……主人の親が別の家に住んでいても本当にいろいろ口出ししてきます。……ふたつのやり方がぶつかると、結局は姑に負けてしまいますよね。いまは核家族になりましたけど、生活は夫のうちの影響を強く受けるんです。……子どもが生まれればぜったいほうっておいてくれません。

美由紀は夫と話すことで少なくともフラストレーションを発散することができたので、まだ恵まれていると感じていた。けれども夫は彼女に同情的ではあったものの、できるだけ自分の母親のことをがまんするように求めるのだった。美由紀はいい嫁であろうと努め、姑と対立したり反対するようなことはめったになかった。対照的に、順子は夫が同情してくれることもない状況のもとで、姑の厳しい批判に耐えなければならなかった。自身の短気な性格のままに、ついに順子は自分のいらだちを抑えようという努力を放棄してしまった。

姑の話を聞くと嫌になります。子どもたちの生活に鼻を突っ込んでくるんです。この子ら英語習ってるじゃないですか。ほんならなんか、他の何か習ったらいいのにとか、体動かすやつとか、もともと絵を描くの好きやから絵の何か習わせたらとかね、お義母さんから言われるんですよ。でも決められんのがやなんですよね。あたしも、ああそうですねって初めは適当に合わせてたんですけど、最近はもう、私たちは全然違うふうに思ってますって言うんですよ。

千尋は私たちのサンプルの中で、自分の両親と暮らす唯一の例である。6章で見てきたように、彼女はとくに父親と仲がよかった。彼女の親は子どもたちにとって、浅子の母親や姑が果たしているのと同様、「避難所」のようなものだった。「おじいちゃんもおばあちゃんも結局は甘いんです。でも子どもが叱られたときに逃げ場があることはいいことだと思う」。千尋の親は全体的にみれば彼女を支援してくれていたが、しつけについては批判的なときもあり、それがストレスとなって子どもに感情的に対応することもあった。

そんなふうに言われると、私もかぁってなるから、それでまた子どもにきつくあたるでしょ。それ人間やからしかたないですよね。ああ、いけないいけないと思いながら、子どものちょっとしたことでかっとなってしまう。

千尋は夫の親からの批判と自分の両親による批判は区別しており、「血のつながった相手」からの批判は無視してしまうと語っていた。たしかに彼女にとって最良の対処法は、彼女をいらだたせる物事についてはあまりこだわらないようにすることであり、自分の親や友人に相談することはあまりなかった。「心の中に思っていることがあってもあんまり人に尋ねるようなことはありません。文句を言っても始まらないので、あまり口には出さないんです」。

私たちの調査対象の女性の多くにとって、友人もまた重要なサポート源であった。多くの女性が、子どものことで抱えている問題について他の女性から話を聞くと安心すると語っていた。順子は「うちの子だけかなと思ってて、友だちから、その年頃はみんなそんなもんよって言われたらホッとしますねぇ。……自分のとこも異常なことなんて何もないんだって納得できるのはとても大事ですよね。そんなら、そんなに心配しないでええんかなぁとか思えるし」。さくらも同じようなことを言っていた。「子育てはいつもひとりでしていたので、どうしたらいいのかわからなくなることがあるんです。だからほかの人も同じようなことになってるとわかればほっとします。子どもが何も変わってるわけじゃないことがわかったら安心できる」。

友人の話を聞くと、抱えている問題が自分だけのものではないことがわかって安心できるだけでなく、子育てについて有用な情報や助言ももらえるのだった。浅子は深い信仰をもっていたが、同じ教団の女性たちと週に一度会い、自分たちの信仰のことや、その他気がかりな事柄について話し合っていた。彼女は自分が必要なときには必ずそうした人々が助けてくれると信じていた。順子も日頃よく会う友人のネットワークをもっていた。とくにひとりの友人は、彼女が子育てについて疑問を感じたり懸念をもったりするときには大切な話し相手になってくれていた。

なんて言うんでしょうね、人から何か言われるとお説教みたいに聞こえるときがあるんですよ。でも柏木さんとしゃべってると、うちの息子のこと大丈夫やって言ってくれはるんです。こっちは心配で、そんなことないですよ、とか言うじゃないですか。自分の子どもを信頼できてへんのかもしれませんけど。柏木さんとしゃべってるときはもう、お互いに正直なところを言えるからいいんですけどね。

美由紀は保育士として教育を受けてきたこともあり、サポートや助言を受けるよりも与える側の立場だった。

私の話を「そおかぁ」って、すっごくよく聞いてくれた友だちもたくさんいました。保育所で働いた経験が生かされてる部分があって。「保母さんしてたんやから、こういうことわかる?」っていう感じで聞かれる方なんですよね。そうしたら、「こうこうで、こんなんで、こうやと思う」って言ったら感心して聞いてくれる人は多いんです。お母さんたちは私の方が子育てのことをよく知っているって思っているみたいね。

女性たちの中には、友人との関係を軽いものにしておきたいと考える者もいた。彼女たちは、友人に立ち入ったことまでは打ち明けないようにしながら、一緒に外出したり共同で何かすることを好んでいた。千尋もそのひとりだった。彼女は学校行事を他の女性たちと一緒に手伝うのを楽しんでおり、子どものクラスや授業にかかわる中で友人も作っていた。けれども他人から評価されることを気にするあまり、自分の抱えている問題を表に出すことはまれだった。

あたしはどっちか言うたら、こんなこと言うたらはずかしいって思う方で。ええかっこしぃのところがあるのかもしれないけど、あんまり言いたくない。冷たく見えるかもしれないですよね。言える範囲までのことしか言いたくないから、言えることは言うようにしています。だから「そうやってんねんなぁ」とか言うだけなんです。

浅子もときどき顔を合わせる程度の母親たちとのつきあいには注意が必要だと語っていた。

今の時代のお母さん方の常識が自分とは違うのでついていけないんです。いいことでも悪いことでも、口が軽いっていうか、この人にはすごくいいように言って、ある人んところではまた別のように言う。そういうのわかります？　そういうのがすごくいやで。……でもその人に対して嫌いとかそんなんじゃなくて、気をつけておつきあいしないといけないなってすぐ自分で線を引いてしまう。

結論

子どもが成長し、発達するにつれ、親は日々新たな問題に直面する。他の国も同様であるが、日本でも、親には、自分たちが適切なことを行っているのかどうかを判断するための、信頼できる道しるべがほとんどない。彼女たちの対応は、少なくとも短期的に見ると、有効なものであったのかどうかわからないことが多いのである。いずれにしても、あるひとつの養育行動がうまくいくかどうかは、その問題にかかわる個々人の性格ばかりでなく、家族の成員相互の関係の歴史や、その状況の特性による。状況がこのように複雑で曖昧なものなので、自分が適切な対応法を見いだすことができるという、ある種の自信をもつことが親たちには非常に重要である。自信に欠ける母親は、役立つ親であるために必要な技能をもっていたとしても、自信のなさからそうしたスキルを実際に活用することができなくなっている。子育てに自信がないために、行動を起こすべき機会を逃してしまったり、ひとつのやり方から別のやり方へ行ったり来たりを繰り返している。とくに困難な状況に直面したときに、自信のない母親の場合は、あらかじめ計画していた方法で粘り強く対応することが難しいのかもしれない。不安や自分の自信のなさに押し流されそうになっている親は、自分の感情に気をとられ、子どもに注意を向けることが難しくなっているのだろう。こうしたことから、母親が自分の効力感を強くもっている場合の方が、効果的な子育てが行われやすくなるのだろうと思われる。

本章で私は、母親が子どもに対してもつ目標について検討し、それが時間の経過とともにどのように移り変わってきたのか見ることから始めた。現代日本で生じている大きな構造的、経済的な変化にもかかわらず、幼児期の子どもの社会化をうながすための取り組みとして好まれる方法には、かなりの安定性が見られる（Hendry, 1986; Lanham & Garrick, 1996; Peak, 1991; White, 2001）。全体的に言えば、本研究の女性たちは、子どもたちに他人に対するやさしさと、思いやりをもてるようになってほしいと望んでいた。彼女たちはまた、他の人々と仲良く協力し合うことを学ぶことを期待し、人に迷惑をかけないことを学ばせたいと強く思っていた。

ある意味で、こうした目標は非常に控えめなものである。たいていの母親たちは、子どもが傑出した資質を発達させることを望んではおらず、むしろ他の人々とともに暮らしていけるような、日常的な人間らしさを身につけてほしいと望んでいた。母親によっては、「人並みである」ことを子どもの目標に挙げることもあった。次章で、私たちは子どもの学業成績と、その結果としての職業達成について同様のパターンを見ることになる。単純に言えば、ほとんどの母親は、自分の子どもたちが堅実で平均的な市民となることを望んでいたのだった。

しかしながら、子どもに望むことはささやかなものである一方で、母親たちが子どもと向き合う際に、自らに課す基準は非常に高いものであった。子どもの様子や発達の状態に強い関心をもち、子どもに応えるために高い感受性を備え、さらにしつけに関しては冷静で理にかなった態度を維持するために必要な自制心をもとうと努力していた。とりわけ重要なのは、彼女たちが自分たちの努力の成功について、子どもが示す実際の行動にではなく、行動を動機づける規範の内面化（つまり理解すること）を重視しているという点であった。子どもが体では従っても心ではそう思っていないならば、母親たちは自分のいいしつけが成功したとは感じていなかった。子どもが自分の経験することに対して、情熱とエネルギーと関心とをもち続けるのを鈍らせるようなことを、彼女たちは望んでいなかった。むしろそれを成人した社会の一員として必要な成熟した方法で表現し、またそれができるよう方向づけることを望んでいた。

　ほとんどの女性が、子どもが親とのつながりを維持し、依存したいという欲求をもっていることを許容していたが、状況に応じて自立的に振る舞うよう、やさしく励ましていた。彼女たちは、子どもが母親のそばにいることで安心感をもってほしいと望んではいたが、甘えて自分でできることまで母親に頼ろうとすることまでは望んでいなかった。母親たちは、子どもが私的な場で母親に頼ってくることは受け入れながらも、公的な場で親を頼ろうとする振る舞いは拒絶することにより、子どもが状況に応じて対応を変えられるような力添えをし始めていた。効力感の高い母親である浅子と美由紀はこの試みがうまくいっていると感じていたが、その一方で、効力感の高くない母親は懸念を表明することが多かった。千尋は娘と情緒的に距離があると繰り返し語り、娘のことを理解できていないのではないかとか、娘とコミュニケーションがうまくとれていないのではないかと心配していた。順子も息子との間に距離を感じていたが、それは親よりも友だちとのかかわりを望むようになるという、子どもの発達の自然な結果であると考えていた。

　前の世代の日本の母親のように、私たちの調査対象となった女性たちも、子どもたちに正しい振る舞いを理解させたいと望み、そのためには冷静に粘り強く説得することが必要だと考えていた。彼女たちは感情を爆発させることを避けたいと考えており、子どもに自分たちの意図を押しつけたり、厳しい罰を科すことは望んでいなかった。私たちの研究がこれまでのものと異なるのは、子どもが繰り返し不作法な振る舞いをしたときに、多くの母親が冷静でいることが難しいと感じている点であった。数十年前に、ジョイ・ヘンドリーは母親たちを観察し、「自らが子どもにとっての楽しいモデルであり続ける能力」は例外的なものではなく、皆に当てはまる規則のようなものであるという印象をもった（Hendry, 1986）。彼女は近所のアパートに住んでいたひとりの母親について、「よくむずかる赤ん坊に対しても、いたずら盛りの4歳児に対しても、彼女が声を荒げたことを聞いたことがない」（p.100）と書いている。こうした平和なイメージとは対照的に、本研究の調査対象となった女性たちは、一日の終わりには子どもに「感情を爆発させる」ことがあることや、忙しいときには子どもを無視してしまったり、取り乱してかっと怒ることもあると話していた。

　本章の後半では、こうした子育てという複雑な問題に母親たちが取り組む際に、夫や拡大家族の成員、友人がどうサポートしているのか（あるいはサポートできていないのか）を見てきた。日本の大衆紙は、現代の子育ての問題は実母や姑が若い母親の子育てに立ち会い、サポートしたり教えてやる機会がないことが原因になっていると分析している。これよりもう少し洗練された説明がスーザン・ヴォーゲルによって行われている（Vogel, 1996）。彼女は、子どもの社会化に果たす大人の役割が拡大家族の中に分散していた状況から、母親ひとりに収斂するようになったことの影響について論じている。彼女によれば、子どもに成熟した自己制御的な行動を身につけさせるために、以前であれば、母親は自分以外の家族や共同体の成員に頼ることもできていた。けれども現代の日本では、母親と教師以外、日常的に子どもの生活に関与する人間はほとんどおらず、その結果、母親が子どもの甘えの対象であると同時に、しつけを行う役割も担うことになってしまったとヴォーゲルは主張している。

私たちのインタビューでも、多くの女性が子どものしつけは家族のメンバーで分担する方がいいと今も信じていた。夫や実家の母親、姑、友人などがそれぞれの状況で、情緒的、道具的なサポートを提供する可能性をもっていた。私たちの分析は一貫して、子育てのストレスを軽減するもっとも重要な要因は夫であることを明らかにしている（Suzuki, Holloway, Yamamoto, & Mindnich, 2009）。浅子のように、夫が子育てにかかわり、協力的な女性の場合は、自分の悩みについて相談する相手もおり、子どものしつけに協力してくれる人もいたが、千尋や順子のような女性の場合は、日常的に夫が子育てにかかわってくれることは期待できなかった。

浅子の場合は、実母や姉、姑が近所に住んでいることに助けられており、彼女たちはみな、浅子による子どもの社会化のための努力にかかわっていた。けれども浅子は、姑についてあまり肯定的なことを言わないだけでなく、姑が彼女の家に住まなくなったことに解放感を感じていた。姑がまだ健在である女性のほとんどが、姑との関係を難しいものと見ており、姑は自分をサポートしてくれるというよりも、お節介で批判がましい存在であると感じていた。彼女たちは姑が自分のことを認めてくれず、尊重もされていないと感じており、また、姑の子育てに対する考え方に価値を置くこともなかった。あれこれと注文の多い夫に対してはきわめて忍耐強い美由紀でさえ、姑が赤ん坊のおむつ替えについて口を挟んだときにはかっとなったくらいだった。

多くの女性にとって、友人は重要な役割を果たしていたが、夫の場合ほどではない。浅子は自分の信じる宗教団体のメンバーだけが信じられると話しており、子どもを通じて知り合った他の母親とはいくらか距離をとっていた。順子には仲のよい友人がおり、彼女から非常に強いサポートを受けていたが、この友人は子どもや夫と直接かかわることはなく、同じ団地に住んでいるにもかかわらず、順子の家に来ることもなかった。千尋にも友人はいたが、自分の悩みを友人に打ち明けることには抵抗があった。彼女たちの場合は、アン・イマムラが名づけたところの「専門家どうしの友情(professional friendships)」(Imamura, 1987, p.102)、すなわち、子育てと子どもの教育についての情報を得るために形成され、「専門家としての」主婦のネットワークの一部をなすものの、親密というわけでもない友情のパターンが当てはまっているようであった。

ここまでのことから描くことのできた図式は、女性たちは子どもの社会化における自らの役割について高い目標をもっているものの、その達成を助けてくれるようなネットワークをもってはいないということであった。昔の女性たちも、しつけについて強く批判されてきたのかもしれないが、少なくとも、他の大人たちが子どもとかかわってくれていることを知っているという強みがあった。対照的に、私たちの研究の対象となった現代の女性は、いまだに世間、すなわち彼女たちの養育行動を評価したり拘束する、道徳上の権威をもった仮想の共同体の成員(Sugimoto, 2003)からどう見られるかを気にする一方で、以前であれば頼ることができたネットワークをもっていないのである。夫や姑は、あからさまに、また強く彼女たちを批判するが、彼女たちが感じている孤立感を和らげ、また子どもと実際にかかわってくれる大人は周囲にほとんどいない。私たちの研究でもっとも望ましいケースは浅子であり、彼女の夫は晩や週末には彼女を助けてくれていた。けれども夫が物理的にも心理的にも遠い存在である他の女性たちにとっては、結果として彼女たちが感じる情動的なストレスにより、冷静で楽しく、賢い母親でありたいという目標の達成は妨げられることになるのだった。

8章　子どもの学校教育への母親の関与

他のお母さんみたいな教育はちょっとできひんし。……勉強なんやけど私にはできないなぁ。自分ひとりでやってもらわなあかんなぁと思う。（佳世子、中卒、自己効力感の低い2児の母）

子どもには毎晩読んでます。……図書館に借りに行って、自分で選びます。お母さん、この本がええ言うて、ぱっぱっぱーっと自分で選んで決めてきますね。それがすごく楽しい。（雅代、大卒、自己効力感の高い2児の母）

お姉ちゃんにも、責任感っていうのはもってほしいんですけど、やさしく、いっぱい子ども産んでくれたらなっていうのが望みなんですよ。あんまり女の子のことは難しくいろいろ考えてなくて、とりあえずいっぱい子どもが産める体になってほしいなぁっていうぐらいで。息子にはやっぱちょっと勉強はさせたいなぁ。（浩美、高卒、自己効力感の高い2児の母）

冒頭の抜粋から、親の学歴が、子どもの学校教育にどのような影響を与えるのかを読み取ることができる。佳世子は調査に協力してくれた16名の中でもっとも学歴の低い母親であったが、自分の受けた学校教育が不十分なことが足かせとなり、娘たちの学校の勉強をうまく手伝ってやれないと感じていた。反対に大卒の雅代は自信をもって宿題を手伝うだけでなく、息子と一緒に本を読むことを大いに楽しんでいた。このように、ジェンダーや社会経済的地位との相互関係が、本章ではこれまでの章よりも重要なテーマとなる。

本章は近代日本の学校教育の歴史の紹介から始める。日本の学校教育は、国中に分散して設置されたエリート階層の少年を主要な対象とする教育施設から始まった。現代の制度は、すべての社会経済的階層の、男子ばかりでなく女子をも対象とするものであるが、現状ではジェンダーによる到達学歴の違いがいまだに残っており、さらに、社会階層によって選択可能な学校の種類に再び違いが生じ始めている。本章ではさらに、20世紀の後半から21世紀初頭までの間、子どもたちの学業達成について母親がいかに重要な役割を果たしてきたのかを示し、そこから学校教育の構造が、自らの役割に対する母親の認識にどのように影響してきたのかを論じていく。

次に、これらのテーマをさらに展開させるために、私たちの調査データに立ち戻ることにする。データから、母親が子どもの教育についてもっている願望や、子どもの学校教育に関与するために彼女たちが選択した方法について詳しく知ることができるだろう。データの分析から、子どもの性別と母親の社会経済的地位が、子どもの学校教育に関する母親の信念や行動に大きな役割を果たしていることが明らかになる。本章の最後では、子育てに関する高い自己効力感をもつ母親が、子どもの学校教育により深く関与するようになる経緯と、その理由について論じる。

近代日本における学校教育[23]

明治維新以前の日本では、教育を受ける機会は、ジェンダーや社会階層によって異なっていた。当時の日本は、おおよそ280の封建領地（藩）に分かれ、それぞれの藩ごとに武士階級の男子のための学校が準備されていた。こうした学校の主要な目的は、確固として存在する権威に対し忠誠心をもつ、高潔で有能な行政官を生み出すことであり、儒学が教育の中心であった。トーマス・ローレンによれば、「古典を導き手とし、学校での日常の振る舞いはそれを鏡に映した姿であるとするような、道徳教育が決定的に重視された」（Rohlen, 1983, 原著 p.49）。こうした中国由来の学問の重視を補ったのが、単純さ、自然との一体感、実直さという、日本人の本質を具体化するものと見なされてきた、武道の厳しい修練であった。7章で論じたように、社会化と教育過程を方向づける儒教の前提は、人間は本質的に善良な存在であるが、厳格な訓練や困難な経験を通じて完全なものとなるという信念であった。

[23] 本章で論じる日本の教育の歴史の詳細については以下を参照のこと。Horio（1988）; Okano & Tsuchiya（1999）; Rohlen（1983）

封建時代には、寺子屋に通う庶民もいた。寺子屋では倹約、粘り強さ、細心さといった徳の育成について教えを受けるだけでなく、基本的な読み書きや計算も、簡略化された形で教えられた。寺子屋に通う生徒のうち、おおよそ4分の1が女性であった。7歳になると、生徒は性別によってクラス分けされた。明治維新までにおおよそ3分の1の子どもが初歩的な教育を受けるようになっていたが、それ以上の教育を受ける者は1パーセント未満であった。

封建時代の分権的で非公式な階級に基づく教育システムとは対照的に、明治政府は、地域の指導者(封建領主)に従うよりは、むしろ国家に一体感をもつ国民を育成することに資するような、単一の小学校教育システムを創ることを目指した。1872年には、政府は出身階層にかかわらず学校に行く機会をすべての子どもに、(ただし男子に限って)提供することを目的とした教育政策を発令し、欧米の教育をモデルとした科学技術教育が強調されることになった。

この新たな政策は論争の的になった。その理由のひとつとして、家庭に学校教育のコストを負担することが求められたことが挙げられる。そのうえ、いったん子どもが学校に通い始めると、子どもの労働による利益がなくなるため、家庭にはさらに財政的な負担が負わされることとなった。また、外国思想の中身がよく理解されていないことも多く、日本人教師もうまく教えることができなかったため、多くの親が、外国思想の押しつけに対して否定的な反応を示した。とりわけ保守派は、封建時代の学校で行われていた、伝統的な道徳教育を守ろうとした。こうした緊張状態をいくらかでも解消するために、政府は1890年に教育勅語を交付し、教育の目的や方法のすべてを統制しようとした。西洋からカリキュラムや教育学的技法が継続して輸入される一方で、教育勅語によって儒教の教えも復活したのである。国が繁栄するにつれて、学校に通うことができる子どもたちは増え、政府も初等教育を無償で提供することが可能となったことにより、1905年までには、小学校の就学率は10年前の52パーセントから87パーセントに上昇した。ただし政府は、儒教的な要素と欧米の教育内容を融合しようとする試みを続け、教育分野は、20世紀初頭も多数の緊張や衝突を経験し続けていた。

19世紀末に、政府は中等学校のシステムを構築した。それはエリート大学に入る男子を養成するために作られたものであった。中等学校を卒業した男子は、それに見合った職業につき、さらに大学に進学した者には、卒業すると産業界や政府内での高い地位が保証されていた。政府はまた、主に地方の青少年を対象とした、（中等学校より）地位の低い「青年学校」の制度を開始し、彼らは、定時制形式で職業訓練や軍事教育を受けていた。

特権的な中等学校や大学の入学者選抜のため、試験を用いたことが、近代教育システムの進歩の核心であった。この仕組みにより、選抜が能力によって行われ、個人的な係累その他、エリート家庭の生徒に有利な条件は排除された。明治時代の少女たちもまた小学校に通う機会が増加した。小学校を卒業すると、少女たちは私立か公立の女子中等学校に進学することができたが、こうした学校は、男子を対象とした学校よりも教科学習が少なく、また、大学教育への接続も意図されていなかった。「良妻賢母」になるために、少女たちは道徳や子育て、家政学などを学ぶことを期待された。世紀の変わり目に女性に対して開かれていた大学は3つだけだった。

1930年代になって国家主義的な色合いを強めた政府は、教育課程を、倫理と日本史を前面に押し出す方向へと改訂した。30年代前半は教育課程への軍の介入にもかかわらず、基本的な教育システムはある意味で広がり、深化し続けた。政府は、児童中心主義的な教育方法を受け入れつつも、単一の国家規格から外れないように規制することで、欧米で展開されている実践と、日本国内で増大しつつあった都市中流階層からの要求に、徐々に対応していった。しかし、1930年代末までには軍事的な目標が優先されることになり、学生の労働力が戦争の遂行に利用され、従来の学校教育はほとんど停止されることになった。

戦争が終わると、アメリカ占領軍の誘導によって、教育システムはもうひとつの大きな変化をこうむることになった。アメリカの6・3・3・4制が採用され、最初の9年を義務教育期間に定めたのである。政府は、男女別の中等教育をひとつの制度にまとめ、さまざまな高等教育制度を4年制大学と2年制の短期大学に統合した。しばらくの間は地方分権が奨励され、進歩的な教授法が取り入れられたが、すぐに中央集権的な手法へと振り子は戻ることとなった。政府は、アメリカのシステムに基づく地域ごとの総合制高校ではなく、中学校段階での入学試験による生徒の選抜を認める高等学校システムを選択した。こうした制度のもとでの高校は、成績優秀な生徒に対しては、大学入試というもうひとつの入学試験へといたる大学への準備に必要な経験を与える一方で、学業達成の見込みが薄い生徒のためには、社会的地位の低い職業学校制度が作られていった。

それに引き続く数十年間、高等教育への進学者が増加し、競争が激しくなるにつれて、教育システムは徐々に高等学校や大学に入るための準備に向けて整えられていった。1960年代になると、熟練した労働力を求める経済界の圧力に応えるかたちで、教育の過程はさらに改変された。

そうした改変が具体的に目標としていたのは、おとずれつつあった産業化の時代に必要とされる知識を教授し、産業界のニーズに適合するよう、若者をより効率的に選別することであった。その一方で、政府による教育への強い統制は、子どもに職業教育よりもむしろ学業を重視する普通教育を受けさせることを望む親ばかりでなく、教職員組合の抵抗にあった。国内政治の混乱にもかかわらず、1980年代、1990年代を通じ、日本の学校も生徒も学業達成については国際的に高い評価を受けていた。

すでに触れたように、日本の生徒の評判は近年低下傾向にある。国際的な学力テストにおける日本人生徒の順位はいくぶん下降し、学校では生徒間の暴力、教師への反抗、不登校の増加が深刻化している。さらに、経済的に恵まれている生徒とそうでない生徒の間で学力差が広がりつつある。そこには多くの理由が考えられるが、高校や大学への入学試験に備えた（学習塾と呼ばれることもある）補助的な教育の役割がますます重要になってきたことも理由となっていると考えられる。

別の懸念材料は、高等教育における根強い性差である。5章で見てきたように、女子の両親は、若い女性が結婚や出産後に高賃金の仕事を見つけたり、働き続ける見通しが薄いので、4年制大学への教育費を負担することに乗り気ではない。その結果、4年制大学は男性の主な進路となっている一方で、2年制の短大が女性の主な進学先になっている。2004年には、日本人女性の3分の1が高校卒業後に4年制大学に進学しているが、男性の半分にすぎない。男女の学生が大学で学ぶ学科も大きく異なっている。4年制大学に進学する学生の中で、3分の1の女子学生が文学や芸術を専攻しているが、男子学生の割合は10パーセントにも満たず、男子学生の3分の1は工学を専攻しているが、女子で専攻している割合は5パーセントにすぎない（Ministry of Education, Culture, Sports, Science, and Technology, 2005［24］）。

学校教育をサポートする母親の役割

江戸時代末期や近代初期に、とりわけ特権階級の間で子どもの教育に主要な役割を果たしていたのは、母親よりもむしろ父親であった。母親は道徳的な問題について適切に判断することができないと考えられていたので、子どもにとって適切な指導者とは見なされなかった。したがって、父親が息子に道徳的な指導をし、家の歴史や習慣を教える役割を果たしていたのである。娘たちはこの仕組みから大部分外されていた。ひとつには、彼女たちは生まれた家の習慣や文化ではなく、嫁いだ先のそれを学ぶことを期待されていたからである［25］。

江戸時代は公的に4つの身分（士農工商）に分けられていた。この制度では、それぞれがさらに多数の身分に分かれ、成員の社会的流動性はほとんどなかった。明治維新後は、この社会階級制度は廃止され、次第に物質的な豊かさや学歴に基づく社会階層に取って代わられた（Sand, 2003）。この社会変動の時期に、自力による向上（立身出世）という強力なイデオロギーが出現した。子どもの将来の生活の質が学歴に依存するようになったことにより、学校教育に対する親の役割はよりいっそう明白で重要なものになった。女性が教育を受ける機会も、近代初期に急速に広まっていった。１９００年代初頭には多くの若い女性が学校に通うことができるようになり、そこで家事や子育てについて近代的な技術を学んだ。また、そうした話題について、より多くの書籍や新聞、雑誌を入手することができるようになった。

第二次世界大戦後の早い段階から、母親の役割は、子どもの学業成績をサポートすることにいっそう明確に結びついていった。大企業と官僚が連携し、地方の大衆を、工場や会社で働く習慣やそのための技能を身につけた勤労者へと改造することを決定したことにより、学歴はよりいっそう重要なものとなった。この現象は１９８０年代に最高潮に達した。欧米の研究者やメディアは、日本の子どもたちの際だって高い成績の背後には、母親が原動力として存在していることを指摘してきた。こうした「教育志向の母親」（教育ママ）が、懸命に勉強する子どもの世話を献身的に行い、激励の言葉を与え、夜遅くまで勉強している子どもに夜食を準備する姿が描き出されている。その後は、教育ママの評判は下がっていく。メディアは、母親たちが子どもの社会的能力を伸ばすことを無視し、成績にばかり注意を向けているとか、自分の息子や娘たちから楽しい子ども時代を奪って創造力を低下させ、ストレスで疲れ切った社会的に未熟な青年ばかりを創り出していると非難するようになった。

にもかかわらず、現代の母親には、子どもの学業成績をサポートすることが期待されることが多い。

[24]（訳注）現在はリンク切れであるが、出典は平成17年度学校基本調査であり、速報結果は以下のホームページから参照可能である。http://www.mext.go.jp/b_menu/toukei/001/04073001/（２０１２年６月13日確認）

[25] 自分たちの父親が女子教育に強い関心をもっていたことが書かれている女性の回想録もあったが、そうしたことは本当に例外的なものである（たとえばSugimoto, 1927）。

とりわけ母親には、家庭を安心で落ち着いた雰囲気にすることが求められてきた。学校からは、学校での生活を円滑に進めるために、家庭でできる方法を書いた紙が配られる。学校側は、長期休暇中であれ学期中であれ、母親に対しては、子どもたちが食事や睡眠時間を規則正しく保つよう援助することを期待している。人類学者のアン・アリソンは、学校は母親たちに対し、小学校段階では子どもたち一人ひとりに注意が向けられることの少ない小学校教育を補い、中学校段階では、徐々に明確に高校入試への準備を進めていくことを特徴とする中学校教育の体制を補うことを求めていると指摘している（Allison, 1991）。こうしたシステムに同調することに抵抗する母親は、自分の子育てがうまくいっておらず、子どもの未来を危険にさらしているような気にさせられている。

母親たちはまた、子どもが学校で使うものを準備するのに、かなりの時間を費やしている。たとえば子どもが幼稚園に通っているときには、母親たちは子どもの持ち物であることを示すために、ハンドタオルやスモック、布鞄など、さまざまな物に名札を縫いつけたり、あるいは少なくとも名前を貼りつけたりすることが求められる。さらに、多くの幼稚園では昼食（お弁当）を毎日持ってくることが求められており、弁当の中には、あらゆる種類の身体によい食品が、ウサギの形をしたリンゴなどのように見た目にも楽しく入っていることが期待されている（Allison, 1991）。つまり母親たちの無償の労働が、学級のスムーズな運営を支えているのである。そしてこうした貢献は、教員の目にさらされることにより、あたかもそれが評価され、自己評価の基準ともなっているかのように、母親には感じられている。

教師と保護者とのコミュニケーションについて、日本の学校が期待する内容は明確で均質なものである。保護者は参観日に学校に来たり、毎年の運動会やその他の行事に参加することが期待されている。幼稚園児や小学生のいる保護者は、保護者面談に出席することを求められ、子どもたちが毎日学校に持っていく連絡ノートを通じて、自分の子どもの個別の記録を受け取っている。母親や教師は、子どもたちの活動や様子、健康、その他学校での行動に影響を与えそうな情報をノートに記入する。親が学校とかかわっていくうえでの暗黙の前提によれば、教師は親に情報を与え助言をする専門家であり、保護者は初心者であり、保護者の方から助言をするようなことはないと見なされるのである。近年では、保護者があからさまな物言いをし、要求することも多くなってきたが、それに対して教育の専門家は、保護者による教育を、同等な者どうしの協力として再定義するよりも、むしろ警戒的に反応してきた（Times Online, 2008, June 7）。

親の関与に関するその他の重要な役割は、通常の学校の範囲を超えたところに存在する。多くの親は、自分の子どもに、民間企業や個人が経営する補習授業を受けさせている。幼稚園の子どもたちには、スイミングや体操、武道やピアノを習わせることも多い。子どもが小学校に入学すると、たいていの子どもが、放課後や週末には学習塾、スポーツや芸術のけいこごとに通うようになる。1万人近くの子どもを対象とした全国調査によると、小学生の37パーセント、中学生の43パーセント、高校生の25パーセントが塾に通っている（Benesse Educational Research Institute, 2008）。

親が子どもたちを塾に通わせるのにはいくつか理由がある。子どもの知的能力を高めることを目指している親もいれば、通常の学級でついていけない子どもの学力を引き上げようとしている親もいる。学級の規模は、小学校は1クラス平均28・6人、中学校で1クラス平均34・0人と、OECD加盟国の中ではもっとも人数の多い国のひとつであり、それぞれの子どもが担任から目配りされることは難しい（Ministry of Education, Culture, Sports, Science, and Technology, 2006）。その他の理由として、高校入試でよい点数をとれるように、塾がサポートしてくれることを望む保護者もいる。通常は母親が、どういった内容の補充教育を受けさせるべきか決定し、子どものニーズや、予算に合わせてオプションを選び、子どもの成長を監督する責任を負っている。平尾桂子によれば、子どもを塾に通わせることで、「親は非常に多くのもの」を提供することを求められるのである（Hirao, 2007b, p.178）。

まとめると、学校のシステムは、母親たちの労力を大いに頼りにしているが、彼女たちの貢献が適切なものとなるよう、細部にわたる個別ガイダンスが必要な初心者に対するように、彼女たちに接しているのである[26]。4章で見てきたように、メリー・ホワイトは「結果至上主義、カリキュラムへの順応、高い要求」が混ざり合った「マニュアル症候群」が、母親に自信を植えつけるよりは、むしろ失わせることになっていると主張している（White, 1995, p.271）。次に見ていくように、学校の要求する活動に快く応える母親がいる一方で、それが子育てに対する不安や心配を感じさせる原因のひとつにもなっている母親たちもいるのである。

学校教育への親の関与と社会階層

、塾通いが一般的になるにつれ、公教育と異なり、費用を支払う余裕のある親しか子どもを通わせることができないことが問題となっている。もちろん費用と質に応じて多様な教育サービスが提供されている。２００６年時点で、塾に通うために必要とされる年平均費用は、小学生で14万２０００円（おおよそ１２３５ドル）、中学生で24万６０００円（２１３９ドル）、高校生で22万４０００円（１９４８ドル）と見積もられている（Ministry of Education, Culture, Sports, Science, and Technology, 2006）。親にとっては、学校以外の教育費用が高額なことが子どもをもっと生むかどうか決める判断材料になっているともしばしば指摘されている。平均すると、日本の家計から教育費の22パーセントが塾に費やされている（Hirao, 2007b）。こうした費用は、多くの家庭にとって負担になっており、これら補習教育の果たす役割によって、経済的に裕福な家庭の子どもとそうでない家庭の子どもとの間で学力差が大きくなることに対する懸念は高まっている。

実際、相対的に平等主義的な学校システムがあり、また戦後は「中流社会」であるという共通認識があるにもかかわらず、過去十年間の研究で、家庭の社会経済的地位によって学業成績に差があることがはっきりしてきている（橋本、1999; 苅谷・志水・清水・諸田、2002）。第３回国際数学理科教育動向調査でも、学校教育への親の関与には、親の収入が大きな影響を与えているということが指摘されている。「われわれの調査を通じて明らかになったことは、教育を受ける機会には、収入や資産が関係している

［26］儀式的とも言えるような形式主義は、学校による生徒の扱い方にも現れている。学校はしばしば通学鞄への物のしまい方から修学旅行での頭の洗い方まで、ありとあらゆる細かい規則を生徒たちに課している（Feiler, 1991; Holloway, 2000）。

ことである。そして、その経済的背景が親や子どもの学業達成への意欲の強さだけでなく、保護者の学校の諸活動への参加や、学生がアルバイトをする割合にも影響を与えているのである」（LeTendre, 1998, p.11）。

日本において、家庭環境が教育を受ける機会に与える影響についての心理学的メカニズムはまだはっきりしていないが、高い教育を受けた親はそうでない親よりも、子どもに知的な刺激を与える活動に長い時間をかけ、子どもを助けていることが明らかになっている。教師は、子どもがこうした活動から得る知識を価値あるものとみなす傾向があり、子どもの学業成績の可能性を判断する際の材料としている（Yamamoto & Brinton, 2010）。本章後半では、学校教育への親の関与には子どもの性別だけでなく、親の社会階層も関係していることをさらに検討する。

調査結果からわかる学校教育に対する親の願い

親の願望は通常、子どもが将来達成することについて、親が形作る理想的な願いや目標のことを指している。心理学者は、高い願望をもつ親は、子どもたちの家庭学習につきあったり学校生活のサポートをしたりといった努力をする傾向があることを見いだしている。日本はいわゆる「教育資格社会（学歴社会）」であり、親は子どもの教育について高い願望を抱いているに違いないと考えられることが多い。ところがわれわれの調査したデータでは、多くの母親は、子どもたちに大学教育を受けることを熱望し

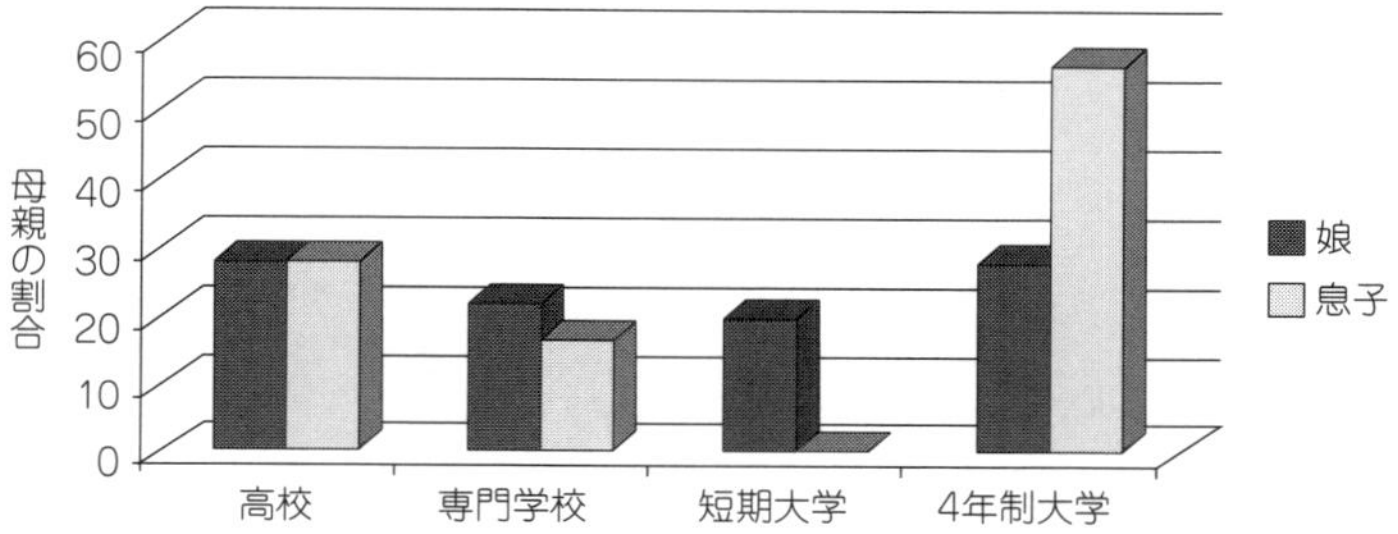

図8-1　子どもの性別による教育に対する母親の願望の違い

ているわけではないことが示されたのだった。47パーセントの母親は、もし子どもが高校を卒業後、大学に行かないとしても、それを受け入れるだろうと考えている。残りの母親は、子どもが短大か4年制大学に通わなければ満足しないと述べていた。図8－1に示すように、母親の願望は、娘よりも息子に対する方が有意に高くなっていた（Holloway, Yamamoto, & Suzuki, 2005も参照のこと）。また、学歴の高い母親はそうでない母親に比べると高い願望をもちやすい。われわれの知見は、日本人の保護者は、アメリカ、タイ、韓国、フランス、スウェーデンの保護者よりも、教育に対する願望が低いという、大規模研究の結果とも対応するものである（National Women's Education Center, Japan, 2005）。

母親が家庭で子どもたちにさせている知的活動の種類について調べてみると、社会経済的地位も関係していることが明らかになった。裕福な家庭の母親は、そうではない母親よりも、就学前から子どもを多くの習いごとに通わせている。裕福な家庭の母親はまた、子どもに学習雑誌やワークブックを買い与えたり、より頻繁に動物園や美術館に子どもを連れていっている。子どもが2年生時点での調査では、裕福な家庭の母親は、子どもをより多くの習いごとに通わせ続け、低収入の家庭の母親よ

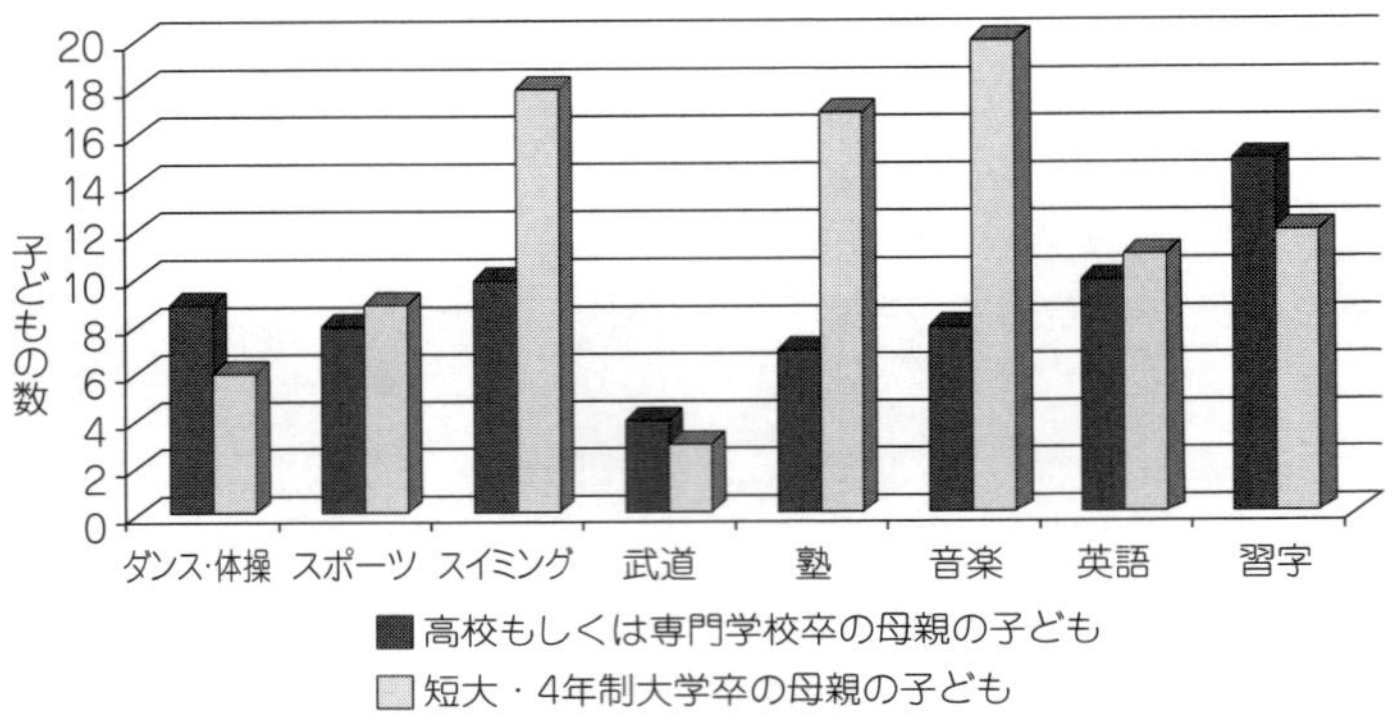

図8-2　母親の教育水準ごとの子どもの小学校段階における課外活動

りも、こうした活動に多くのお金を使っている。

子どもの学習への親のかかわりについて、いくつかの点で親の教育レベルが関係していることがわかる。われわれは高卒の母親と、短大あるいは4年制大学卒の母親とを比較した。高卒か専門学校卒の母親の41パーセントは、子どもに本の読み聞かせをしていなかったが、読み聞かせをしない高学歴の母親は21パーセントにとどまる。学歴の高い母親は、幼児期と同様、子どもが2年生の時点で、より多くの知的な活動を体験させていた（図8－2参照）。また、学歴の高い母親ほど、習いごとにお金をかけていた。親の学歴の教育への影響は、家族の収入の影響を除くといっそう明らかになる。つまり、学歴の高い母親は、自由に使えるお金を多くもっているが、私たちの調査によって明らかになったのは、子どもにより多くの習いごとをさせるのは、お金の問題だけではないということなのである。

予想に反して、われわれは、学歴の低い母親の方が子どもの幼稚園での活動に参加しているということを見いだした。この結果とは対照的に、欧米の調査では、学歴の高い母親は教師と気軽にやりとりができ、学校での生活や学校で行われる決まった活動に慣れており、したがってそうした母親は、学校によく来て学校の活動に関与する傾向が強いことが示されている（Lareau, 2003）。母親の学歴が、ある種の活動に参加するのに必要な意志と能力にどうかかわるのかという点に関して、本研究の母親の話を調べてみれば、よりはっきりとした知見を得ることができるだろう。

親の自信は子どもの学校教育への関与と関係があるか？

親としての自己効力感と、子どもの学校教育に母親自身がかかわることとの間に関連があるかどうかは、もうひとつ別の興味深い問題である。教育システムを通して効果的に子どもを導いていく母親の能力は、自身の学校での経験と、子どもを学校外の教育に通わせることのできる資源をもっているかどうかによって決まるという議論がある。しかし別の議論によれば、そうした資源は、現在進行中の個人的な人間関係の中に広がっている。アン・アリソンが主張するように（Allison, 1991）、もしも日本の子どもの感情が学校システムによって消耗させられているのだとすれば、母親は、子どもが何を感じているのか知ったうえで、子どもが自信をもち、学校に行くエネルギーが出てくるように助ける方法を知らなければならないだろう。このことは逆に、親が学校教育に効果的に関与することができるかどうかは、子どもと親密な関係を築き維持する母親の能力に左右されるということを示唆するものである。したがってわれわれの研究では、母親の子育てに関する自己効力感が学校教育への関与と関係があるのかどうかを知ろうとしてきた。

われわれの調査からは、この間には強い関連性があることが見いだされている。就学前段階では、子育てに関する自己効力感の高い母親は、家で子どもに本の読み聞かせを多く行い、入園する前に、周到によい幼稚園探しをしている（Yamamoto, Holloway, & Suzuki, 2006）。2年生段階では、親としての自己効力感の高い母親は、子どもと一緒に知的刺激のある活動に参加する傾向が高いことが示されている。この関係は、母親の学歴、家族の収入、家族の人数を統計的に統制したあとでも見られるものであった（Holloway, Yamamoto, Suzuki, & Mindnich, 2008）。

まとめると、親による学校教育へのある種の関与は、社会経済的階層の高い家族の間でいっそう共通したものとなっており、とりわけ母親の教育水準は、親の関与に対する強固な予測因子となっているということがわれわれの調査データから示される。われわれはまた、わが子に対する母親の願望は、母親の教育水準と結びついているだけでなく、息子のいる母親は、娘のいる母親よりも有意に願望が高いといったように、子どもの性別とも関連があるのではないかと考えている。そして最後に、われわれは母親の子育てに関する自己効力感と、子どもの教育を支援する諸活動への関与との間に、興味深い関連性を見出した。母親の行動がどのように、そしてなぜ、こうした構造的で心理的な力によって形作られるのかをより詳しく理解するため、母親から得られた話を見ていくことにしよう。

なぜ日本の母親は子どもに高い願望をもたないのか？

質問紙調査の結果に対応するように、面接を行った16名の母親のうち、子どもの将来の成功には大学に行くことが欠かせないと信じていたのは4名だけであった。ほとんどの母親は、子どもに学問的な、あるいは専門的な資格をとらせることよりも、道徳的な資質を育てることに関心があると主張している。浅子は息子について、「地位とか名誉とかもいらないけれど、人間的に信頼される人。そんな人になってほしい」と語っていた。マリも同様の考えを述べていた。本研究に参加した母親の中で、マリは子どもの教育に強い関心をもっている方だったが、それでも彼女の最終的な目標は、子どもが社会の中での生き方を学ぶのを援助することだと考えていた。

最近、暮らし方についての知識だとか家でのマナーが、生きていくうえでいちばん大事だって言われたんですけど、本当だと思いますよ。……勉強はできるけれどもきちんとマナーの守れないような子どもは本当の意味で人間とは言えないんじゃないかと思う。ものごとをちゃんとやり、他人に迷惑をかけないような人間は、ちゃんと勉強してきたんだと思う。本当の実感です。

ほとんどの女性は、子どもが熱中するものを見つけ、それを真剣に追い求めてほしいと願っている。

彼女たちは、あくまで子ども自身による選択が大切であり、自分の好みは二の次だと語っていた。浅子も含めた3名は、息子にプロの運動選手になってほしいと願っていたが、それは息子たち自身も望んだうえでのことだった。順子は息子が、息子自身にとって意味のある仕事を見つけるべきであると強く信じており、家業を継ぐことを強制したくはないと考えていた。

（息子が家業を継ぐとしたら）ま、自分で納得してんのやったらいいけど。納得しないで継いでもちゃんとできなかったりするじゃないですか。そしたら、あっちしたかったなってずっと思うことになるだろうし。

子どもの教育に対する親の願望は、１９８０年代、９０年代の金融危機の影響を受けているように思われる。多くの企業がこの経済問題に対処するためにリストラを行ってきたことから、母親たちはひとつの企業に勤め続ける終身雇用の時代は終わったのだと感じている。母親の中には、具体的な職業技術をもっている方が、大卒の資格よりも将来の就職市場で有利だと考える者もいる。直子は自分や夫は4年制大学に通っていたが、息子は必ずしも4年制大学に行く必要はないと考えていた。

やっぱり、学歴社会っていうけどねぇ。しょせん大学行っていい会社入っても、人間関係うまくいかへんとかもあるしね。今はリストラもあるし、お堅い会社倒産したりとか。そんなんやったら、手に職つけてる方が、また技術なり、特別の知識なりもってる方がねぇ、いいでしょ。

彼女たちは、子どもが型にはまらない選択を行うと、その結果、経験することになりかねないリスクがあることは自覚していた。けれどもほとんどの母親は、男の子は女の子よりも、こうした実験的な試みにともなう困難や失敗に耐えることができると信じていた。たとえば康子は、娘に対しては望まないことであるが、息子については「平凡な」人生を送るよりも、困難で予測不可能な道を歩むほうがいいと考えている。

ある程度ね、道少しはずれて、レールからちょっとはずれてもいいから、レールの上をまっすぐ歩いてほしいとはまったく思わない。男の子には。……女の子にはまあ無難にっていうのはありますけど、男の子に無難にっていうのは望まないんですよ。かえって変化あった方が、この子が将来大きくなったときに、自分もそういうこと経験したよとか言えるでしょ。

山本洋子は博士論文でこれらのデータを注意深く分析し、学歴の低い母親が、高学歴の母親よりも娘に対する教育願望が低い理由を明らかにしている（Yamamoto, 2006）。男子に大学教育を受けさせる理由のひとつとして、男子には教育によって得られる経済的な効用が期待できるからだと言われることがある。男子は成人すると、自身や家族を支えることが期待されるが、女子には子どもができるまでの短期間しか働くことを求められていないからである。こうした考えは、本章の始めに引用した高卒の浩美もはっきりと述べている。たとえ学歴の高い母親が娘に大学に行くように勧めても、こうした母親たちは、大学教育が職業選択の機会を作ってくれるとは必ずしも考えておらず、むしろ友人を作ったり、子育てに役立つ技能を磨く場として大学をみている。

千尋が娘に大学に通ってもらいたいと思うのは、彼女の専門的、知的な成長のためというよりは、むしろ「さまざまなタイプの人と出会って一生の友だちをつくる機会」を得てほしいという理由からだった。千尋はまた、娘には実家から通える大学に行くよう求めるつもりでいた。これは、千尋が自分の父親から押しつけられた条件と同じだった。この条件がついたために、千尋は建築家になるという夢を諦めざるをえなかった。というのも、建築学を学べる大学が、彼女の通える地域にはないからだった。息子については、大学生になったときに自宅で暮らすことが重要だとは、千尋は考えていなかった。それどころか、息子には自分自身で困難に打ち勝つ経験をしてほしいと思っていた。

学校はこの近くにあるもん、いっぱい。だから下宿はだめ。でも男の子は家を出ないとだめだねぇ。やっぱり、いろんな経験しなくちゃ。親としては恐いけど。（中略）ご飯なかったらみそだけなめるとか、豆腐だけ食べるとか、そういうのがないと。女の子はね、そこまでしなくてもいいと思う。たぶん、家庭もって、旦那さんのためとか子どものためにがんばったらそれでいいと思うから。

千尋は自分が専業主婦であることについて不満をもっており、大学院に進学しなかったことも後悔していたが、そうしたことを考慮すると、彼女が娘に対して自分と同じ道を歩むことを当然と考えていることに驚かされる。

千尋を含め幾人かの母親は、ジェンダーの規範が日本でも少しずつ変わってきつつあることを自覚しているにもかかわらず、娘と息子では、目標や基準が異なると述べていた。たとえば、以下は再び康子の意見である。

だから女の子に対しては、あんまり高いことは望んでないですね。男女平等とは言ったって、やっぱりそれぞれ持ち場持ち場があると思うからね、男の子は人より一歩先、一歩多く考えたり物を見たりっていうのをもっててほしいなっていう望みはあります。やっぱあるでしょうね、ないとは言えない。女の子に関しては、……その子が勉強好きだったら、親も頑張るし、じゃあもうこの辺でって、もう勉強は嫌いって言えば、また別な方向、興味もった方向に向けて。だから男の子と女の子に対することが、やっぱりちょっと違うんですよ、私は。今こんな男女平等とか言われてる時代にね、やっぱり古いのかなと思ったり……。

16人の母親のうち、女の子は家庭に入るべきだとは考えていなかったのは、比較的教育水準の高い、娘も息子もいる2名だけであった。この2人は、娘が大学に通ってやりがいのある仕事を探してほしいと望んでいた。そのうちのひとりである礼子は、自分の夫のように家事を妻にすべて任せてしまうのではなく、妻をサポートするために、家事の責任も果たすよう息子を教育していた。彼女は娘も息子と同じように、キャリアやライフスタイルの選択肢をもつべきだと強く信じていた。

娘も別に女だから学歴はいらないっていうようには思わない。だからもう本人次第だなって。環境も子どもはまだわからないから、こういう面がいろいろあるよっていう、いい環境を整えてあげたいなっていうふうには思うんですけど。

もうひとりの母親のベニも、自分の娘の教育と職業に関する未来について、はっきりとしたビジョンを語っていた。ベニには少し身体的な障害があったので、両親は彼女に結婚して子どもをもつことを期待していなかった。そのため、彼女には真剣に勉強に取り組むよう励まし、独身でも経済的に自立できるような仕事を見つけることを望んでいた。両親の予想に反して、彼女は結婚し出産もしたので、彼女の仕事のうえでの成功は結局、短期間で終わった。自分自身の経験から、ベニは娘の可能性について考えているようだった。娘が国際的な場も含め、さまざまな仕事に就く可能性を考えられるよう望んでいた。「自分の人生やからね、なりたい仕事がたくさんあったら、チャレンジしてほしい。もしできるんなら、社会に貢献できるような人になってほしいって思うけど」。

まとめると、女性たちに聞き取りをして私が抱き続けた印象は、たいていの女性が控えめな願望を抱いているということであった。彼女たちは、子どもが学校で非凡な才能を発揮することや、将来の職業で特別に優秀な成果をおさめることを望んでいるわけではなかった。彼女たちはまた、娘がさまざまな職業に就けるような機会を作ることにはあまり興味がないと述べていた。若干の例外はあるものの、彼女たちは、娘にキャリアを積んでいくよりも、家事と子育てに専念することを期待していた。しかしほとんどの女性ははっきりと、子どもが平穏で平均的なライフスタイルを得ることでさえ、手助けするのは本当に難しいと考えていた。母親たちは、思いやりがあり、楽天的でエネルギッシュな子どもを育てるのは大変であると思っていたし、また、子どもが幸せで快適な生活に至る道を見つけるのを手助けするのも大変だと思っていた。つまり、母親たちは、自分自身の子育てについて完璧な基準に合わせようとしていたが、その一方で、子どもに対しては極端に高い成績を期待しているわけではなかった。

次節での私の目的は、母親自身の学歴と親としての自己効力感が、子どもの教育への関与方法をどのように形作るのか、詳しく理解することである。学生時代のネガティブな経験が、息子の幼稚園や小学校での生活を自分がサポートできるという効力感をひどく害している順子の話と、ポジティヴな経験を積み重ねて学校を卒業し、それがエネルギッシュに根気強く低学年の息子を支えることにつながっている美由紀の話を比較対照することにしよう。

学業について否定的な経験をし、子育ての自己効力感が低い順子の場合

順子は、小2のときには早くも学校嫌いになったと繰り返し話していた。「あたしもずっと勉強嫌いだったんですよ。教科書見るのも嫌で。あたしが2年生のときに理科がすごく嫌いになって」。彼女が早くから学校を嫌っていた理由は、教室で行われていることがなかなか理解できなかったからである。

勉強はするけど、やってもわからないというか、なんか意味、頭の中でわかってない。できないって言ってるのに、親にはわかんないんですよ。できるはずやと思ってて。こっちはできひんって言ってるのに、したくないからできないって言ってると親に思われて。

順子が学校で困っていた理由の少なくとも一部には、彼女の属する社会階層の問題がかかわっていたと思われる。両親は順子の教育環境を整えようと努力はしたが、彼女が勉強で苦しんでいる間、十分にサポートすることはなかった。母親は中学校までしか行っておらず、父親は職業高校に進学したものの、読み書きも十分でないと笑い物にされた苦い記憶があった。順子は宿題をしないと言ってしょっちゅう親から怒鳴られたが、両親にも娘の勉強を助ける術はないようだった。教師はというと、学校に来るように圧力をかける以外のサポートはしてくれなかった。

高校進学するときも、先生困らしたぐらいでね。行きたくないから、皿洗いとかそんなんやるって言って。行きたくないのに無理やり行かされて、無理して行ったとこだから別にそんな楽しい思い出もないし。

順子は、息子が小学校に入学する前から、うまくやっていけないのではないかと心配していた。最初のインタビューのとき、子どもは6歳だったのだが、「ちょっとおっちょこちょいでね。どんくさいんで、親に似ていると思うんですけども」と言って、息子のことをぼんやりしているけれども愛すべき存在と評していた。順子は、知的発達や学校の成績が子どもにとってとくに重要な目標であるとは感じていなかった。彼女が息子に望むことは、健康で行儀よく振る舞うことである。彼女は「勉強は二の次」であり、「あほでもいいから元気で」と考えていた。子どもは基礎学力さえ身につければ、それで十分だというのが彼女の立場だった。「自分で生きていくのに必要なことを勉強してほしいと思うんですよねぇ。あたしはそんな勉強してこなかったんで」。

彼女自身の学校での経験や、学校に対する意見を聞けば、彼女が息子と娘のどちらについても大学に行くことをそれほど望んでいないのも驚くことではない。息子が自分の成功のために進んで努力をするならば、喜んで高校に通う費用を支援すると述べていた。けれども望まないのなら、高校に通わせることも「無理に」させようとは思わないし、そうすることは家計の無駄だと考えていた。息子の努力次第だという条件つきで、彼女は大学の費用を支払ってもいいと話していた。

息子に対する願望は高くなかったけれども、学校に通う彼をサポートすることは母親の役割のひとつだと考えていた。平均レベルの成績をおさめるくらいまででも、息子には母親の助けが必要だと思っていた。幼稚園の最後の年や、小学校の最初の2年間は、息子に家でも勉強をさせようと時折努力していたが、それがうまくいったと感じたことはめったになかった。順子が息子ともっと情緒的につながっていると感じていたならば、息子をサポートするために必要な知的能力が自分には不足しているかもしれないという不安を克服できたかもしれない。しかしながら4章で見てきたように、彼女は息子とコミュニケーションをとったりしつけをすることに自信を失っており、息子が彼女とよりも友だちとのつきあいの方を好んでいると信じていた。息子と2人で一緒に楽しむ活動はほとんどないように思われ、彼女には、学校のことについて息子と話したり、やりとりをするための基盤がなかった。そのため、自分には子育てに主体的な役割を果たすことができないと感じ、学校での息子の活動をサポートすることも難しくなっていたのだった。

息子が幼稚園の頃、彼女は学習雑誌を定期購読していたのだが、彼は読んでくれなかったと私たちに語ってくれた。平仮名を教えようという彼女の試みもまた失敗に終わった。「平仮名を教えようとしたらすごく嫌がったんでほってたんですよ。そしたら友だちのね、お姉ちゃんが教えてくれたみたいで。覚えやすかったか知りませんけど、急に読めるようになってね」。幼稚園の年長になるまでは、毎晩息子に本を読んでいたが、その後は「多くても週2回」まで先細りしていった。息子が英語のクラスに通い、それを楽しみにしていたらしいことは、彼女が語ったことのうちでも肯定的な経験のひとつと言えるだろう。彼女はまた漫画本を借りるために定期的に息子を図書館に連れていっていると教えてくれた。順子は息子の通う幼稚園として、家族が住むマンション近くの幼稚園を選んだ。通りがかりに見ていると、その幼稚園にはリラックスした雰囲気が感じられたからだった。園庭にはたくさんの遊具が備えられており、彼女も息子も楽しそうな幼稚園のように思われたので、そこに決めたということだった。

そういう伸び伸びしたとこがね、息子に合ってると思ったの。きっちりしてるとこだと、お母さんがけっこういっぱい行かなならんとことか、手作りのかばんを持たせないといけないとかあるでしょ。この幼稚園はそんなのまったくなくて、すごく楽なので。

彼女は、忙しすぎて母親として多くの学校行事にかかわる暇がないと言っていた。彼女は連絡ノートを通して息子の担任と連絡を取り合うことの方を好み、担任は「子どもに注意を払って面倒を見てほしい」という要求に応えてくれていると確信していた。彼女はＰＴＡの活動に参加するのを避けており、避けているのは自分だけではないと言っていた。「みんな、避けるじゃないですか。ＰＴＡの役員なんて。もう、決まらへんからジャンケンなんです」。

彼女の息子が1年生になる直前に彼女と話をしたときには、自分の役割に確信がもてず、ある種の関与を避けているように思われた。近所の母親たちと新しい学校について話をしようとしたが、「あの人たちが話していることがまるでわからなくて。いろいろ細かいことはわかんないから」と、話についていけないと感じていた。学校が始まる前の月になっても、姑がランドセルを買ってくれるのを期待して買うのを先延ばしにしていた。そして、われわれが話をしたどの母親とも異なり、「始めの頃は勉強なんてしないでしょ？」と、入学しても勉強机を買おうとはしなかった。それよりも、息子が小学校に入学したら学校のことを大変だと思ったりストレスを感じないかと心配していた。彼女は息子の意思に反して勉強させることには気が進まないと言っていた。「家でそんなに真剣に教えるつもりないから。ただ、せめて教科書を理解できるようにしてやろうとは思ってますけど」。実際に学校が始まると、彼女は息子にプレッシャーをかけるのではないかと心配し続け、勉強嫌いになるのが怖いので、あまり強く言わないように決めていると話してくれた。

1年生になったあとも、彼女は学校の授業や方針、活動についてとくに知りたいと思ってはいないと話していた。彼女は教師を専門家として見ており、体罰も含め、教師の決めたことに満足していた。彼女は体罰を行う教師を非難する親にいらだち、「悪いことしたら頭こつんと先生たたくもんやって思ってる」と話していた。

まとめると、自身が学校でうまくやれなかったという経験に、息子への基本的なしつけがうまくできていないと感じていることも相まって、息子が学校生活に早く踏み出せるよう支援するために必要な能力が、順子からは失われていた。彼女は、息子が自分と同じ失敗を繰り返すのではと恐れるあまり、子どもが通う学校への関与を避けていた。彼女は、ときどきは家で息子をサポートしようと試みることもあったが、ちょっとでもうまくいかないと思うと手を引いてしまった。概して、彼女はこうした子育ての活動について、サポートや援助を受けるために必要な資源をほとんど持ち合わせていなかった。6章で見てきたように、彼女の夫は子育てに参加していなかった。彼女は息子にかかわる教師たちとの間に、親密で信頼感のある関係性を築いているようには見えなかった。彼女には信頼して秘密を明かせる友人がひとりいたが、全体的に見れば、勉強の問題について他の母親とかかわることに居心地の悪さを感じていた。これらすべての要因が相まって、息子をうまく助けてやることができると感じられなくなり、彼の教育に対して「不干渉」という方法をとらせることになってしまったのである。

学業について肯定的な経験をもち、子育ての自己効力感も高い美由紀の場合

美由紀の育った社会階層は順子と似たものであった。順子は両親の階層を大きく超え出ることはできなかったが、美由紀は上に向かって進んでいた。さらに、彼女は保育士の資格を手に入れていたことにより、自分が親として有能であるという感覚、とりわけ子どもの教育をサポートする能力があると考えることができたようだった。

美由紀の両親はともに大家族のもとで育ち、中学校卒業後は勉強を続けることができなかった。彼女の母親は美由紀や妹が幼いときには働いていたが、仕事と家事のバランスはどうにかとれていた。美由紀は自分のことを「特別な能力もない普通の女の子」だったと評しているが、中学生のときには教師に

なると決心していた。彼女は教師になるために必要な教育を受ける方法を説明した本を買い、懸命に勉強して志望の高校への入学を果たした。彼女が教師になろうと決断して懸命に勉強する姿を見て、両親はローンを組んでピアノを買うことを承諾した。それにより、日本で幼稚園教師になるための必要条件となっているピアノの練習ができるようになった。彼女は入試で優秀な成績をおさめて短大に入学し、最終的に保育士資格を手に入れた。彼女は学生生活を楽しみ、長年の夢であった保育の仕事に喜んで取り組むことになった。

美由紀は順子よりも、自分の子どもと意思の疎通を図る能力に自信をもっていた。彼女の自信のもとになっているのは、「さまざまな母親」がいて、親としてうまくやっていくためには多くの違うやり方があるのだという確信である。3章で見てきたように、彼女の息子は静かで自分の感情をはっきりと表現しないが、美由紀はたいていの場合、直観的に彼のことを理解できていると感じていた。

彼女は、息子が学校でのことについてあまり心配しない、のんきな子どもだと受け止めていた。息子は「一応は覚えてくれんねんけども、（自分から勉強に取り組むようなことは）あまりまだやる気がないみたい」と述べていた。彼女は、学校ではおそらく「並」でいるのだろうと予想していた。「やっぱりいろんな子を見てるんで、子どもにそれぞれ個性があるっていうのは元からわかってた。だから、やっぱり子どもたちは三人三様で、その個性を大事にして、無理やり押しつけたりしたらあかんと思った」ということであり、息子のおだやかでおっとりとした態度も、彼女には受け入れられたのである。彼は平仮名ブロックで遊んだり、教育用のビデオを見たり、妹とカードゲームで遊んだりしながら文字を読むことを学んだ。彼女は息子が小さいうちは直接教え込むようなことは避け、1年生になってからきちんと読み書きを学べばいいと確信していた。

美由紀は順子よりも活発に子どもたちの補習学習に取り組んできた。彼女は上の娘にしてやったように、息子を幼稚園の年長から算数と国語の塾に通わせた。美由紀は息子の学校での成功をサポートするために家族が使える資源を投入すべきだと考えていた。「親が余計なことに使うよりも、子どもに教育させたいっていうのがあって」。息子が小学校に入学したあとも、彼女は息子を塾に通わせ続けた。

美由紀の学校に対する姿勢は、順子よりも全般に肯定的である。息子が小学校に入学する際には、学校は楽しい場所であるという考えをしっかりと伝えていた。「勉強するとこちゃうで、たくさん友だちを増やすとこやよって言ってます。（中略）始めのうちはそんなに難しくないし、たとえお勉強はしても、遊びと一緒やから楽しんでやったらいいよって」。

息子が小学校に通い始めると、彼女はさまざまな間接的サポートを行った。親としての自己効力感と学校教育へのサポートの間の関係は、美由紀が学校での最初の一週間に息子とかかわったエピソードからうかがうことができる。登校初日、息子が帰ってきたときに、学校はどうだったかと聞いたところ、彼はわからないと答えた。それでその日のことを細かく質問すると、息子が怒り出したので彼女は驚いたのだった。よく考えれば、「どう説明していいかもわからへんし、本人は緊張して行っててやっと帰ってきてホッとしてんのに、何でそんなに聞くの？って感じで怒ってたから、あー、もう聞かんとこって」思うことにした。少し経ってから、息子は学校での出来事について自分から楽しそうに話すようになった。美由紀がもっている子どもの感情に対する思慮深い考えや感性が、息子の日常の行動を知るための有効な方法を編み出すことに役立っているようだった。

美由紀は、子どもたちが学校や塾の教科を勉強する様子を把握していた。彼女は担任の教師が子どもの進歩について常に知らせてくれることを期待していた。順子とは異なり、彼女は息子を注意深く見守っているようには思えない教師のことを辛辣に評価していた。息子が幼稚園に行き始めた年に、担任の教師が息子の進歩について具体的に述べてくれなかったことに不満を感じ、彼女は教師に不信感を抱くようになった。日本の学校では右手で字を書くことが望ましいとされているにもかかわらず、息子が左手で書いていることに教師が注意しないのを知ったときには、「しつけは家でも言うてやらなあかんことやから、先生にばっかり言うてもしかたない」と強く感じたものである。学校関係者からは「うるさい母親として目をつけられる」ような存在になったかもしれないが、子どものサポートに関してははっきりと主張するようにと他の母親にもアドバイスしたことを彼女は教えてくれた。彼女は幼稚園の状況を把握できるよう、リーダー的な地位についた。彼女は月謝を集めて保管する役目を任されたが、期限通りにいつも支払えるわけではない親が何人もいたので、この仕事もかなり面倒なものだった。後に息子が小学校2年生になったときには、3人の子どもの世話とパートの仕事で忙しかったにもかかわらず、彼女はＰＴＡの役員も引き受けた。

まとめると、美由紀は順子とは学校での経験が大きく異なっていたので、そのことが、子どもの学校への彼女のかかわり方に影響を及ぼしたものと考えられる。美由紀は息子を勉強に引き入れる自分の能力にかなり自信をもっており、一時的な障害に遭遇した場合も、対応の方法をあれこれ変えるよりは、自分の選んだ方法にこだわる傾向があった。学校に対する態度は肯定的で楽天的であり、学校についてのそうした認識を息子に伝えようとしていた。彼女はまた、担任や息子の級友の母親たちとの交流を心地よく感じていた。息子をサポートする彼女の能力にプラスに働くこうした要因に加えて、彼女には子育て全般に関する効力感があり、息子が学校から求められることをこなすのを支援するために、細々とした決定や調整を行えるよう自らを導いてくれるのだった。

例外的なパターン——浅子と千尋

美由紀のように学校での経験が肯定的で自分の子育て能力全般について自信をもっている母親たちは、親が関与する必要のあるさまざまな活動に参加する可能性が高かった。順子のように学校での成功体験がなく、自分の子どもを育てる能力についても自信のない母親の場合は、学業について子どもをどうサポートしたらいいかわからないようだった。ここで疑問なのは、子育てに自信のある母親であれば、自身の学歴の不十分さを乗り越え、子どもの勉強に十分にかかわっていけるのだろうかということである。実際、学歴が低いことから生じる不利な状況に打ち勝つ方法を何とか見つけようとしている女性たちもいた。

浅子の場合は、（不利な状況からの）この意味での回復力を示す例である。順子と同様、学校が好きではなかった浅子は、高校卒業とともに公式の教育を終わらせた。けれども順子とは違い、息子との間に強い情緒的な絆を感じていた。彼女が強調するのは、子育てで大事なことは「子どもの心の中を見つめる」ことにより、子どもが感じていることを理解することだった。彼女の息子に対する共感は、子どもの能力や興味を引き出していくための早期教育のサポートに結びついていた。彼女は刺激的で教育的な体験に関与するために、創造的で楽しい方法を見つけ出すことを楽しんでいるようだった。たとえば、彼女の息子はまだよちよち歩きの頃から電車に夢中だったのだが、浅子は子ども向けの電車の本ばかりでなく、大人の鉄道模型マニア向けの雑誌を読み聞かせたりもしていた。彼女と夫は、息子が電車や地下鉄に長い時間乗っていたいと望むとそれに応えてやり、駅名の読み方まで教えてやることで息子の列車旅行に対する興味をかき立てていた。

息子が興味をもっていることや感じていることに対する浅子の反応性の高さは、学歴の低い他の母親たちとは異なるやり方で、学校での息子を支援する方向へと向かわせた。息子の2年生の担任はしつけが厳しく、授業についていけない児童にいらいらすることで有名だった。浅子はその教師を危険で無能な人物と見なしており、教師の権威に直接ぶつかり合わないような形で息子をサポートする方法を見つけようと懸命に努力していた。彼女は状況を監視できるように教室でのボランティアを積極的に行い、教師が好意的に息子を世話してくれるよう、夫婦で担任との間に良好な関係を築こうと努力した。

子育てに関する自己効力感が欠如しているにもかかわらず、子どもの教育に積極的にかかわろうとする母親もいるのだろうか。千尋がこのパターンに当てはまった。われわれがすでに見てきたように、彼女は優秀な成績をおさめて大学を卒業し、社会人としての役割にも強い自信をもっていた。インタビューを通じ、彼女は自分が母親として無力だと感じていることを強調していた。彼女はとくに、娘とうまくつきあえないことを懸念しており、娘の考えや感じていることが理解できないことがよくあると言っていた。けれども、娘と気持ちがつながらないと感じていたにもかかわらず、そのことが親としてのかかわりを妨げるわけではなかった。驚くようなことではないが、彼女が魅力を感じた親としてのかかわり方は、学校現場に参加することであった。彼女は娘の幼稚園でPTAを進んで引き受けた。大方の母親はPTA活動を負担の大きい、退屈で時間のかかる仕事だと思っていたが、彼女はPTAの活動を楽しくてやりがいのある仕事だと感じていた。「やっぱりお祭りっていうの好きなんですよ。学生のときから、文化祭とか皆でわいわいやるのが楽しかったんです」。彼女は娘が小学校に入学してもまたPTAをやるつもりだった。彼女は教師たちと知り合いになることを楽しみ、「みんなの前で話すことがちょっと快感になった」ので、人前で話すのが好きになった。

PTAのイベントに参加することにより、千尋は学校で何が行われているのかを知ることができた。子どもの普段の授業を見学するときにも、彼女はその知識を利用していた。いじめが息子のクラスで問題になっているのを知ったときには、彼女は担任の対応を知るためにあらゆる機会を利用した。

私なんて何度も学校に行きましたもん。授業を見にいって先生にどんな感じですかなんて聞いて。何も用はないんですけど、ちょっと前を通ったから寄ったって感じで覗くんですよ。それで先生に「今何の時間ですか？」って聞くんです。で、また別の時間にこそっと見たりするんです。

千尋は、学校現場に注意を向けることも含め、さまざまな方法によって親として関与できることを知った。彼女には経済的な余裕もあったので、子どもをさまざまな学校外の活動に参加させることもできた。こうしたことにより、娘と気持ちのうえでつながっていないという感覚から生じる深刻な問題に対して、部分的とはいえ、彼女は打ち勝つことができたのである。母親自身の学歴や子育てに関する自己効力感は、子どもの教育を支えるための重要な要素であるが、そういった強みをもたない母親でも、子どもの発達に肯定的な貢献をすることは可能なのだということが彼女のケースからわかる。

結　論

本章の第1の目的は、子どもに抱く母親の願望を検討することであった。非常に印象的だったのは、多くの母親、とりわけ女児の母親が、子どもが大学に通うことを強く望んでいるわけではなかったということである。われわれの結果は他の研究からも支持されている。前にも引用したが、日本、アメリカ、タイ、韓国、フランス、スウェーデンの親を対象とした大規模調査によれば、日本の親で子どもの大学進学を望んでいるのは45パーセント、大学院への進学を望んでいるのは2パーセントだけであり、日本の親は調査対象の国の中で、教育についての願望がもっとも低かったのである（National Women's

Education Center, Japan, 2005)。それに加え、日本は男子よりも女子への教育願望が低い唯一の国であり、息子をもつ親の66パーセントが大学への進学を希望していたのに対し、娘の場合は37パーセントしか希望していなかった。ちなみに韓国の親は、子どもの性別にかかわらず80パーセント以上が大学か大学院に進学してほしいと答えている。また、日本は10年以上前に行われた調査と比較して、教育への親の願望が低下した唯一の国であった。

企業によるリストラと、日本で持続している経済問題が、こうした結果に大きな影響を与えたのは確かだろう。われわれの調査対象となった母親たちは、子どもが謙虚でやさしく、常識のある大人になることを願っており、われわれに対して、学業達成とは異なった目標もあることに注意を向けさせることになった。それに加え、われわれの調査から、彼女たちが現実的に考えようとしていることも明らかになった。母親の中には、子どもの将来について話す際に、子どもが深刻な情緒的な問題を引き起こしたり、犯罪を犯して名前がテレビに映るようなことになるのではないかと恐れる者もいた。こうした母親たちにとっては、人並みに経済力のある普通の生活を送ることができるように子どもを育てることは、必ずしも単純なことでも容易なことでもなく、自らの役割を限定して、その限られた範囲で卓越した結果を得ようと長期間にわたって努力している場合もあった。ミュリエル・ジョリヴェも、日本の母親の子どもたちに対する願望は控えめなものであり、彼女たちは「他の子どもと比べて良くも悪くもない子どもをもつことにあこがれている」と述べている（Jolivet, 1997）。彼女は、母親たちが「普通の」子どもに育てたいという過重な目標のために、子育て以外の自分の夢をあきらめざるをえなくなっていると指摘し、安定して充実した生活を送る子どもに育てたいという母親の夢を、「控えめで現実的で、それゆえ人間的なものであるという理由から、もっとも純粋な知恵の表現」(p.187) と呼んでいる。

私たちは、母親たちによる子どもに対するこうした控えめな願望を実現するための行動について詳しく調べてきた。そうすると、学校に対する姿勢や、子どもたちの勉強を支援する自分の能力についての自己評価を形成するうえで、彼女たち自身の若い頃の学校経験が重要な位置を占めていることがわかってきた。学歴の低い母親たちは、学校で勉強ができなかったことから、自分には子どもの学業をサポートするのに必要な知的能力が十分ではないという感覚をもっていた (Yamamoto, 2006)。われわれの研究は、社会階層と、教育システムへの親の関与に影響を与える文化資本 (気質・価値観・嗜好・姿勢) (Bourdieu & Passeron, 1977) との間に関連があることを明らかにしている。学校制度の中では正当なものとして位置を占めている文化資本の諸形態が、低い経済階層の家庭には見られないことがしばしばある。また、私たちがインタビューした学歴の低い母親たちは、学校の教職員とつきあっていくことに対する自信のなさを表明していた。母親たちは、彼らに対して気が引けるように感じ、異議を申し立てたり、あるいは彼らのことを理解することも難しいと感じていた[27]。

私たちが本研究で明らかにした、母親の学歴と子どもの学校教育への協力度との間の関連性は、欧米の研究結果とも一致しているが、学校の活動への関与の仕方には違いがひとつあった。私たちの日本の調査では、学歴の高い母親の方が学校の活動に参加しない傾向があった。母親たちの中には、インタビューで、PTA活動の負担が非常に大きく、家で子どもたちのために使える時間が減るため、子どもの学校教育にもっと直接役に立つ活動ができなくなると言う者もいた。学歴の低い母親は学歴の高い母親に比べ、幼稚園の教員から受けるＰＴＡ活動参加への圧力に耐えられないのではないかと思われた。高学歴の母親の方が、教師に圧迫感を感じることが少なく、時間のかかる活動への参加も断りやすいようだった。それに加え、高学歴な母親は自分の子どものスキルを「育成すること」には時間をかけるが、学校や児童全体の福利を目指すことが少ないように思えた。こうした知見は、高学歴の親はそうでない親に比べ、一般に家庭教育に力を入れることが多いというこれまで日本で行われてきた研究結果（岩本、2000）とも一致するものであった。

　私たちのインタビューから、子育てに関する自己効力感が、子どもの学校教育への自身のかかわり方を形成するうえで重要な役割を果たしていることが示唆された。親としての自己効力感は、子どもへの読み聞かせの頻度と強い関連性があるが、この関連は母親の教育水準とは独立のものであった（Yamamoto, Holloway, & Suzuki, 2006）。アメリカの研究では、子育てに関する自己効力感が低い母親は、子どもとの間で、読み聞かせを互いに楽しむのに必要な、情緒的つながりを作るのが苦手であるということが示唆されている（Bus & van IJzendoorn, 1988）。したがって、子どもとの情緒的な絆を強く感じている母親は、子どもとコミュニケーションをとることができ、子どもたちの行動を方向づけるうえで有

[27] アメリカでも、学歴の低い母親たちは、自分には学校に苦情を申し立てたり子どもの代弁者となる権利や能力がないのではないかと感じていることがしばしば指摘されてきた（Lareau, 2000; Okagaki & French, 1998; Stevenson & Baker, 1987）。また彼女たちは、子どもの学業をサポートするうえで、必要な家庭での活動に関与する自分の能力に自信がないと感じている（Cutrona & Troutman, 1986; Froman & Owen, 1989; Jackson, 2000; Machida, Taylor, & Kim, 2002）。

効なシステムを構築できているので、学校教育に子どもをかかわらせようとするときには、明らかに有利な立場にいると考えられる。

私たちの研究にもっとも協力的だった母親は、自分の学歴に自信をもっていると語り、一般的な子育てに関する自己効力感を感じていた美由紀のような人であった。けれども、（付録(32)-(33)ページに示した）2つの自己効力感がともに必要不可欠なものであるとは言えないようだった。浅子のような母親たちも、自分の学歴は高くないにもかかわらず、子どもが学校教育を受ける段階ではうまくやっていけているように思われた。また、自らが受けてきた教育に自信をもっている千尋のような学歴の高い女性は、子育ての情緒的な側面については自信を失っているにもかかわらず、子どもの学業面でのサポートをうまく行っていた。

まとめると、母親たちは子ども、とりわけ娘の教育に関しては控えめな願望をもっていたが、子どもが学校でよい成績をとるのを助けるのは難しいという感覚も強かった。役割を完璧に全うすることに対する日本の文化的特徴から予想されるように、母親たちは重要な役割を担っていると思っているようだったが、どうやっていけばいいのかは、はっきりとしていないように思われるときもあった。子どもをサポートする有効な方法を見つけようと必死になっている母親たちの行動傾向は、部分的には日本における親と教師の関係から生じているように思われる。母親たちは、子どもの学校教育に大きな役割を果たすことを期待されており、はっきりとどのようにすればいいのか説明を受けていた。3章で論じたように、物事に取り組む際に「唯一最善な方法」に注意を集中する傾向は、意図した効果と反対の結果を招いてしまうこともある。それにより、学習者は設計図に合わせることができず、しかも代替路線を見つけることができないと感じるのである。

実際、母親たちが教師と同レベルの教育を手に入れるようになるにつれて、日本では素人と専門家の間の区別がつきづらくなっているように思われる。学歴が高くて自信のある親の中にはトラブルメーカーというレッテルを貼られるかもしれないと知りながらも、また自分の子どもにネガティブな影響が返ってくる可能性があることを恐れながらも、教師に対抗し、教師は常に正しいという前提をくつがえし始めた者もいた。日本の教育者がこの先、保護者との間で対等で協力的な関係を築くことができるかどうかを研究するのも興味深いことだろう。

私たちはまた、性役割に関する力学が教育制度を超え、社会体制にまで深く広く浸透していることを見てきた。とくに、夫は稼ぎ手、妻は家事という、今も続く日本人の性役割分担についての見方が、現代の母親が息子と娘に対して抱く願望を形作っている。私たちがインタビューをした母親は、千尋のように自分自身が自らの進学希望をあきらめざるをえなかった場合でも、学校教育によるジェンダーの不平等の再生産に自分が荷担していることに不快感を示すことはなかった。彼女たちは仕事と家庭の両立を難しくしている日本の職場の現実に自分が屈服したと感じていた。次章では、日本の女性が現在の、そして息子や娘がこれらの問題に向きあうことになる将来における、家庭と仕事の両立可能性についてどう考えているのか理解するために、女性の労働市場への参入の問題について詳しく検討する。

9章　仕事と家庭生活のバランスをとる

5年経つと職場でもいちばん長く勤めている社員になってました。……上司は独身の女性だったんですよ。もうキャリアバリバリ。はっきりいって家庭より仕事優先という人で。だから結婚しても残業するよう言われて。半年ぐらいたったときに、私の能力を認めてくれて、あるコンピュータ開発のプロジェクトのチームに入れへんかって言ってくれたのね。でも条件がひとつあって、絶対2年間子どもを作るなって言われてね。……やっぱりそんなん困るってお断りしたんですけど、結局いづらくなって。私はすごい仕事好きやってんけど、なんかいづらくなって結局は辞めたんですよね。（ベニ、短大卒、自己効力感の低い3児の母）

右に引用したベニは、多くの日本女性の典型である。学校を卒業後フルタイムで数年働き、結婚により離職した。事実日本は、女性の年齢別就業率曲線がいまだにM字型になっている数少ない国のひとつである。子育てに先立つ時期の就業率が高く、子育ての間は深い溝があり、子どもの入学後に再度上昇する（Brinton, 2001; Choe, Bumpass, & Tsuya, 2004; Macnaughtan, 2006）。日本では、就学前の子どもをもつ母親は22パーセントしか働いていない。アメリカでは60パーセント、イギリスでは42パーセント、台湾では42パーセントである。日本の青少年の母親は乳幼児の母親よりも多くが就労しており（52％）、この数字はアメリカ（59％）やイギリス（70％）に近い（Shirahase, 2007）。しかし重要なのは、日本におけるM字型曲線の第2の「こぶ」は第1のこぶより「低いばかりでなく、質的にも劣る」ことである。再就職市場に入る女性の多くは、以前のフルタイムの労働よりも収入も保障も低いパートタイム労働に就かざるをえない（Rosenbluth, 2007, p.13）。

多くの国で女性は労働力としてしだいに好条件を獲得しつつあるが、主要な指標を見ると日本女性の地位は低下しつつある。たとえば１９６５年には、勤労女性の非正規雇用（パートタイムおよび一時雇用）は10パーセント未満であったが、２００１年には45パーセントを超えている（Macnaughtan, 2006）。日本のパート労働者は長時間、平均すると1日6時間働いている。しかし時給は低く、フルタイムの労働者に比べ、年間に受け取るボーナスも少ない。２０００年には、女性のパート従業員は正規の女性就業者の67パーセント、男性正規就業者の44パーセントの賃金しか支払われていないのである。フルタイムで働く女性の場合もとくに経済的条件がよいわけではない。男性と比較した場合の女性就業者の２００７年の平均賃金は、アメリカが81パーセント、イギリスでは83パーセントであるのに対し、日本は約３分の2にすぎない（Tipton, 2008）。それに加え、日本ではわずか10パーセントの女性しか管理職に昇任していない。これに対して西欧諸国では30パーセントである（Tipton, 2008）。

日本の女性が仕事と家庭の責任とを両立させようとするときに直面する問題を理解するために、本章で筆者はまず、女性の雇用の歴史的な特徴の分析から始めることにする。分析は大雑把なものであるが、そこからは女性の母親としての役割に対する社会的期待の拡大にともなって、労働者としての役割は縮小されていったことが明らかになるだろう。現代日本では、経済と産業のニーズが大きく職場の構造を決定する。この要因はさまざまな政策を通じて女性パート労働者を大量に生みだし、企業は必要に応じて彼女らを採用したり解雇したりすることができるようになった。さらに、子どもの学校生活を支えるための活動への参加を求められることや保育や高齢者サービスの不十分さが、女性の就業率をさらに低下させる構造的要因となっている。

女性の仕事に関するこうした歴史的な特徴を分析したあとで、面接した母親たちの職業履歴について分析する。私は美由紀と千尋のライフヒストリーに焦点をあてるが、2人の語ったことから、日本の母親が有意義な仕事を続けようとするときに直面する障害が明らかになるだろう。2人のケースを通じて、仕事をもつことがいかに女性の人生に満足をもたらし、良き親としての自己認知にプラスになるかも示すことにしたい。

戦前日本の女性労働者——家庭生活よりも生産性

20世紀に先立つ時代には、日本の女性は男性と同様、多様な職業に就いていた。田畑を耕し、海に潜って貝を獲り、炭鉱でさえ働いていた（Mathias, 1993）。１８００年代の後半に日本の近代化がはじまり、多くの家族が都会へと移住し、女性の労働力参加の性格が変化しはじめた。日本女性の多くは繊維工場で職に就き、そこでは60から90パーセントが女性労働者であった（Nolte & Hastings, 1991, p.153）。他の女性は家庭で下請け仕事をしていた（Hunter, 1993; Uno, 1991, 1993）。賃金は非常に低く、12時間働いても家計収入のわずか10から25パーセントにしかならなかった（Uno, 1993）。

１８８９年に発布された明治憲法により、国は、家族に対して国家に貢献する役割をはっきりと求めるようになった。政府官僚が伝統的な家族構造が内包していた経済的潜在力を資本化したために、女性の役割には矛盾する２つの構図が現れることとなった。３章で論じたように、文部省が家庭を重視し、女子に家事と育児の技能を学ばせるべきだとの方針を推進する一方で、内務省は、家庭生活よりも生産性に焦点をあて、女性の活用を明言した。とくに内務官僚は、家庭を効率的に管理し、市民活動に参加するような方向で女性の能力を高めようとした。すなわち「理想的女性とは、高等女学校を卒業し、適当な時間を慈善や愛国の団体活動に費やし、郵便貯金に勤しむような人」であった（Nolte & Hastings, 1991, p.171）。近代初期のこの段階では、家庭の経済的安定をはかるために、内務省は女性が職を得ることを抑止しようとはしなかったのである。

生産性の重視対家庭生活の重視という競合する２つの構想は、１９２０年代半ばまで国の女性施策に影響し続けた。その間も女性の就労の機会は拡大し、かつては女性が就くことのできなかった分野にも参加することが許されるようになった。女子の進学率が上昇し、拡大する民間企業に転職するために教職を離れる男性が増加したことにより、20世紀の初頭には教職が女性に開放された（Nagy, 1991）。ホワイトカラーの事務職ばかりでなく、（もとから女性中心だった）看護職の女性の数も急増し、1911年から1926年までの間に4倍になっている。繊維工場には多くの女性が働き続けており、労働条件も明治時代初期以降、改善されていった（Molony, 1991）。第一次世界大戦中の好景気により、国民の多くが中流階層の地位を手に入れ、それを維持するためには仕事に就くことが必要であると女性たちもしだいに考えるようになった。経営者も、女性の雇用は男性の約3分の1のコストですむことから、経費効果があることに気づいたのだった。

女性の労働力化が増大しつつあったこの時代、社会変動を分析した研究者たちからは、中流階層の女性の職場参入の動きに対しては、賛否半ばする意見が唱えられるようになった。ある研究者は女性の公共圏への移動が彼女らの身体的、道徳的福祉を脅かすとの懸念を表明し、他の研究者は母親を子育ての第一義的担当者であると見なす西欧思潮の影響を受け、母親の就労によって子どもの福祉にしわ寄せが来ることを懸念した（Uno, 1993, 1999）。1910年代になると、著名な教育専門家の中から、子どもの発達に関するドイツの思想を受け、仕事をもつ母親から日常的に離れて過ごす乳幼児への悪影響を強調する者も現れた。当時の教育界は依然として保育施設を貧しい女性が家計に寄与することを可能にするものとして重視していたので、当初はこうした見解が教育界に広く受け入れられることはなかった。しかし1920年代までには、クリスチャンの日本女性で初期の幼稚園の創設者・園長であった何人かの著名な人々が、母親は子育ての基本的責任をもつべきであるという立場を受け入れるようになった。

徳永恕《ゆき》はこのような日本の初期の児童運動の先駆者のひとりである。彼女は1910年から1973年まで、東京で最初期に設立された幼稚園の園長をつとめた。彼女の思想には西欧の宗教的信念とエレン・ケイのような西欧のフェミニスト思想家が影響している。ケイの思想の系統に連なり、徳永は女性が母親として社会に貢献すべきであることを強調し、家内労働の労働条件の改善を訴えた。女性が家庭に止まることを必然として受け入れる一方で、社会が許容する活動への参加の拡大を女性に求めるという、この独特なねじれをもった西欧フェミニズムの受容は、現代日本においても相対的に大きな影響力をもち続けている（Mackie, 2003）。

1920年代末に向けて男性の失業が増えるにつれ、女性を低賃金で雇用するよりも、職場から締め出すことの方が企業にとっては有利になっていった。その結果、政府は一方では男性のための雇用創出に動き、他方でその効果を高めるために、主婦に対しては不要な支出を抑えるのに必要な家計のやりくりについての近代的な方法を身につけさせようとした（Nagy, 1991）[28]。1930年代になると、政府は満州侵略のために男性を動員し始めた。文部省は、これまでも家庭生活における女性の貢献を主張し続けてきた政府機関であったが、養育の役割を父親から母親へと移す政策を策定することで、男性不在の家庭生活に対応していった。この動きは、女性を子どもの世話をする存在へと仕立てあげる政府の長い

[28]（訳注）生活改善運動のこと。大正期から昭和初期に官民を挙げて展開された、衣食住の消費生活や社会習慣全般の合理的改善を目指す社会教育事業。

一連の努力の最終局面を示すものだった。家庭はこうして、古くは男性の領域であった道徳的社会化の場から、温かな情動の座へと役割を変え、女性のみが遂行可能な機能と見なされるようになっていった（Miyake, 1991）。

１９４０年代前半になると政府は軍が主導するようになり、官僚はとりわけ熱心に出生率の上昇を口にするようになった。厚生省は家庭を強化し、妊娠を奨励する多くの施策を推進した。市町村に結婚斡旋サービス部門を設け、結婚にかかる費用を削減、学校では女子生徒に対する子育てと衛生についての教育を強化、20歳を超える女性の雇用禁止、大家族への税の優遇と家族手当の支給、産児制限の禁止などの政策を導入している。三宅義子によれば、「女性の産む役割に国家が介入し、産児奨励（産めよ殖やせよ）策をとることにより、他の抑圧的国家政策とあいまって、家族組織は国家の片腕となるように再構成された」（Miyake, 1991, p.281）のである。

日本の女性は、家庭のリーダーとしての役割をいっそう完璧に果たすよう督励されるのと同時に、一方では、徴兵によって不在となった男性の代わりを務めるために職場へ呼び出された。この経済困難の深まる時期には、一部の女性はこの収入を歓迎したが、彼女らはしばしば低賃金で働かされ、過酷に扱われ、不快な、しばしば危険な目に遭った（Miyake, 1991）。サイモン・パートナーは東北地方のある農村女性について注目すべき聞き書きを行っている。その女性は１９４３年、アメリカ人や中国人の捕虜や朝鮮人の強制連行労働者とともに、船から石炭の荷降ろしをする作業に雇われたという。体力を要する仕事によって健康を損ないそうになりながら、彼女は１日５円しか稼げなかった。「臨時仕事ではほとんど聞いたこともない額」だった（Partner, 2004, p.98）。戦争の終結にともない、政府は約3万人の女性を解雇し、戦地から復員する男性の復職にそなえた（Miyake, 1991）。

戦後、アメリカ占領軍のもとで新憲法が起草された際に、男女の平等を確立する24条が加わった。「配偶者の選択、財産権、相続、住居の選定、離婚並びに婚姻及び家族に関するその他の事項に関しては、法律は、個人の尊厳と両性の本質的平等に立脚して、制定されなければならない」。この平等条項は、日本で育ち、日本語に堪能な若いアメリカ女性、ベアテ・シロタ・ゴードンによって起草された。彼女は起草委員会の中で、日本社会についての実際的知識をもち、当時の女性の窮状について知っている数少ないメンバーのひとりであった（Gordon, 1997）。この条項は、現代の保守的な政治家により、日本で生じた多くの家族問題の原因となったとしてしばしば非難されてきた（Brooke, 2005）。憲法が男女平等を保障しているにもかかわらず、女性はその後何十年も男性との間で完全な対等性を達成するには至っていない。とくに職場ではそうであった。

戦後期における女性と職業――家事志向への移行

終戦後まもない時期には、多くの都市部の産業化・企業化が進む中で、女性は教職や看護職として働き続けた。しかしこの時期までには、「良妻賢母」という命題の中で、「賢母」の側面が優勢な要素となっていた。3章で見たように、職業をもって遠くから子どもを見守る母親よりも、子どものあらゆる面についてこまやかに、また人の助けを借りずに引き受け、世話をする母親が理想像となった。日本で母親であることにはますます高い基準が要求されることになり、結果として子育てと仕事を両立させることが難しくなっていった（Hirao, 2001; Yu, 2001）。

母性に対して日本人が共有する文化的態度は、日本女性が出産を機に職場を去ることが他の諸国の女性よりも多いことの理由の一部にすぎない。アジア諸国の中には、男性も女性も性役割について日本と似た態度をとる国もあるが、女性は子育ての期間でも職場にとどまっている。ユ・ウェイシンは、日本の労働市場のいくつかの特徴が女性の参加を抑制していると主張している（Yu, 2001）。たとえば日本では、産業界は可塑性に乏しい雇用と昇進習慣をもつ大会社に支配されているが、対照的に台湾では、大工場ばかりでなく小さな家族経営の企業があり、後者のゆるやかな慣習は、仕事と子育てを両立させたい女性のニーズに合っている。台湾で若い母親が高い就業率を保っているもうひとつの要因は、男性の賃金が中流の生活様式を日本と同じように維持するには不十分な額であるということにある。3つ目の要因は、日本の企業が非熟練労働者よりは熟練労働者を必要としているのに対し、台湾では多くの企業が熟練度の低い労働者を雇い、出来高払いの家内労働を利用し続けていることにある。そして、その多くが女性なのである。

戦後期に、日本政府は企業の方針の大部分を支持し、結果的に女性にとって賃金、労働条件、やりがいのある仕事をする機会などの点で、非常に不利な慣行が生じることになった。日本の職場における広範な女性差別が世界的に認識されたことにより、1985年に雇用機会均等法が成立することになったということは多くの研究者が一致して認める点である（Brinton, 1993）。この法律は女性を平等に処遇し、差別を禁止することをうながしたが、順守しない場合の罰則は規定されていない。１９９９年の改正によって雇用機会均等法は強化されたが、依然として同一賃金と昇進の平等の機会を女性に与える効果をもつには至っていない（Rebick, 2006; Schoppa, 2006）。

女性を地位の低い事務労働にのみ雇用するこれまでの伝統的な慣習は、性別にかかわらないように見える昇進制度に取って代わられたが、実際には多くの女性の仕事は定型業務であり、昇進の見込みのない人事管理の中に組み込まれている。一方男性には、残業や配置転換をともなうが管理職や高い賃金が得られる職が用意されている。変化が現実に生じるよりも表面的なものにとどまっているような領域では、若い女性を採用し、10年以内に（多くは結婚を理由として）退職するように圧力をかける慣行が続いている。そうした職場では、仕事を続けることによって経験の蓄積から利益を得ることが女性には認められていないのである。企業が公式にこうした慣行の存在を認めることはなくても、文化的規範と合体し、女性が結婚や妊娠にともない職場を離れるよう圧力をかけ続けている。

日本の労働市場が子どものいる女性にとって不利なもうひとつの点は、年齢差別の慣行の広がりである。２００１年発行の政府調査によれば、90パーセント以上の企業が年齢制限を課しており、新採用の上限平均年齢は41歳であることが明らかにされている（Sakuraba, 2009）。歴史的には、企業は若い大学卒業者を好んで採用し、職場の規範に合わせるよう教育し、実務訓練をつうじて職業能力を形成してきた。教育機関もまた若い職員ばかりを好んで採用する。日本の幼稚園について以前行った研究で、私立園の園長が、保育経験のある経験者よりも新卒者を好んで採用することが私には興味深かった。園長は、未経験の保育者を訓練する方が容易だと信じていた。新しい職場の規範に合わない特別な信念や保育技術をもたない方がよいからである（Holloway, 2000）。本章で後に見るように、美由紀は第3子を小学校に入れたあと、保育士として復職しようとした際に年齢制限にぶつかっている。

法的には、年齢差別を禁止する規定が存在している。1966年に制定され、2001年に改正された雇用対策法では年齢差別をしないよう「努力」すべきことが定められている（濱口、2007; Sakuraba, 2009）。雇用危機が広がり、多くの中年労働者に職がなく、年齢制限によって仕事を見つけられない現状に照らして、政府はより効力のある法律が必要だと言明している。雇用対策法は2007年にふたたび改正され、年齢を基準とする雇用原則をもった免除職を減らし、年齢差別を受けた個人が訴訟を起こすこともできるようになった。しかし、免除を含む規定があまりにも多く、年長労働者が適正に保護されていないと指摘する法学者もいる（Sakuraba, 2009）。

長時間の労働、義務的なつきあい、ストレスの多い状況、ひんぱんな配置転換など、日本企業の基本的雇用条件は多くの女性にとってとくに魅力的なものではない（Iwao, 1993）。1980年代から1990年代前半にかけて、日本の女性は前世代の女性よりもフルタイムの賃労働に就くことに熱意をもたなくなった。仕事のノルマがきびしくなり、犠牲をともなわずに働きながら子育てをすることが難しくなったからである（Rosenberger, 2001）。もうひとつの問題は、高齢の親の介護にいまだに女性の手が期待されていることである。したがって、多くの女性が実家の親や夫の親が介護を必要とするようになれば職場を去らなければならないということを覚悟している（Brinton, 1993）。

結婚と出産のあとに職場にとどまることが難しい他の要因として、保育所の不足が挙げられる。現存の施設はフルタイムの就業者に必要な時間に対応できていない。乳母やベビーシッターのような私的な保育は日本では慣習がなく、他の多くの国のように移民の女性労働者がそうした仕事を支えるわけでもない。しかも、たとえ保育の利用機会が増えたとしても、問題が解決されるかどうかはわからないのである。なぜなら、先の2つの章で見たように、日本の母親は子育てに関して非常に高い評価基準をもっているからである。このことにより、彼女らの多くにとっては、保育の専門家が現実に母親による育児の適切な代替者になれるとは想像しがたいのである（Yu, 2001も参照のこと）。

女性から見た働くことの利点

われわれは質問紙とインタビュー調査に基づき、女性の仕事と家庭生活の展開を縦断的な視点から理解しようと考えている。そのために、仕事についての若い頃の考え方や夢、結婚前の職歴、子どもをもったあとの就労について検討する。われわれの関心は、人生のさまざまな時点における彼女たちの仕事への動機づけの裏には何が横たわっているのかを知り、自らの要求と他者の要求、とくに親たちと夫の要求との間での相互作用の力動的な関係を分析することであった。彼女たちの現状については、仕事をすることがいかに女性として、妻として、母親としての自己感覚に影響するのかを明確にしたい。とくに興味をもったのは、職業経験が子育ての自己効力感とどのように関連するのかという点であった。

２度目の調査は調査協力者たちの子どもが1年生になったときに行われた。この時点で計43パーセントの女性が何らかの身分で働いていた。21パーセントはパートタイムの仕事、14パーセントが家庭での内職、８パーセントがフルタイム就業者であった。翌年には有職女性は55パーセントに増えたが、大部分はパートタイムであり、就業女性の平均勤務時間は週に17・96時間だった。１９９５年の資料では日本の30代女性の55から60パーセントが賃金労働にたずさわっていることが示されており、われわれの調査対象者の結果も全国的な統計とおおむね同様だった（Brinton, 2001）。

これらの母親たちにとって仕事がどの程度重要なものであるのかをさらに知るために、仕事についている母親に対して、現在かかわっている活動を列挙し、自分自身にとっての重要度を5点満点で示すよう求めた。注目されるのは、最高の重要度に評定されたのは仕事（３・６１）であり、授業参観（３・29）、スポーツ（３・２１）、ＰＴＡ活動への参加（３・２１）、子ども会活動への参加（２・９１）がこれに続いた。

働くことの心理的影響についてより深く知るために、職業の有無と子育て自己効力感、および生活満足度との関連性を分析したところ、有職女性は専業主婦よりも生活への満足感が高いことが明らかになった。事実、仕事の有無は生活満足度を予測するうえで有効な指標となっており、母親の学歴、家庭の収入、家計の悩み、子どもの数、女性が家庭外で働くべきかどうかについての信念、母親役割への関与などをコントロールしたうえでも統計的に有意であった（Holloway, Suzuki, Yamamoto, & Mindnich, 2006）。

有職女性の大部分が、自己表現や個人的裁量の機会の相対的に少ないと見られる単純業務に就いていることを考えると、仕事が高い生活満足度をもたらすというこの結果は、大きな意味をもっているように思われた。

M字型曲線の人生

われわれはインタビューを検討することを通じて、働くことがなぜ多くの女性にこれほど深く広汎な満足感をもたらすことになるのか、さらに理解しようとした。インタビューした16名のうち、雅代だけが調査開始時点でフルタイムの仕事をもっていた。6名が、子どもが幼稚園に通っている間にパートタイムで働いていた。子どもが小学校に入学する3回目のインタビューまでに、別の3名がパートタイムの仕事を始め、1名はパートタイムからフルタイムに変わった。5名は調査の期間中は仕事に就いていなかった。うち2名（浅子と美保）はこの期間中に乳児を育てていた。教師をしていた1名を例外として、彼女らはさまざまな種類の、特別な技術を必要としない仕事に就いていた。家の中や工場での組み立て作業、自宅での販売や訪問販売、事務職などである。何人かの場合は、美由紀や千尋のケースについてあとで見るように、再就職後は結婚前よりも明らかにやりがいも賃金も少ない仕事になっていた。

娘時代の彼女らの希望はさまざまであった。しかしながら、こうした希望は大人になってからの雇用とはほとんど無関係だった。それは女性の労働力市場への参入の土台にある日本の特殊な状況によっている。したがってすでに記したように、労働市場に再び参入したときに、最終的にどのような仕事をすることになるのかという点については、比べてみてもほとんど差異は見られない。まず、美由紀の場合から始めよう。結婚前に短期間、保育園で働いていた3児の母である。

夢をあきらめる──美由紀の学校と職場の物語

美由紀の子ども時代については、主な事実が5章にまとめられている。両親は彼女の短大進学希望をおおむね支持してくれた。両親はどちらも11人もの子どものいる家庭で育ち、どちらも中学卒業後は進学できなかった。学歴のない彼らが結婚してはじめてやってきた大阪で仕事を見つけるのは難しかった。この困難な体験の記憶から、娘たちには少なくとも短大卒の学歴をもたせ、よい仕事に就かせたいと進学を勧めたのだった。

美由紀が進学する際には、両親は彼女のキャリアプラン作成にじっくりとつきあってくれた。両親は必要な授業料を用意し、短大に入学させてくれた。そこで彼女は保育士の資格を得ている。両親から経済的支援を受けていることが彼女の学科の選択を強く支配した。彼女は障がい児教育の教師になることに関心があったが、そうした仕事は身体的な負担が大きいという理由から、両親はこの計画に反対した。教育費を全面的に親に依存している以上、彼女は不本意ながらも親の意向に従わざるをえなかった。彼女は障がい児教育の道を進むことをあきらめ、通常教育の領域にとどまることにした。

卒業後、美由紀は家から遠くない保育園に就職した。仕事は楽しくやりがいのあるものだった。園で特別な行事があるときは非常に忙しく、夜も2時間しか眠れないこともあった。美由紀は子どもとかかわる仕事が好きだったし、仲間ともうまくやっていた。しかし2年しか経たないうちに婚約することになり、仕事をやめるかどうかの決断に直面することになった。夫も両親も彼女が仕事を続けることには反対だった。親からは「おまえは不器用やから、家のことと両方でけへん」と言われ、夫もこれに賛成した。「新しいコンピュータはあれもこれもってやれるけど、古いコンピュータはひとつのことだけしかできないやん。お前は古いコンピュータや」。保育園の同僚たちも仕事にとどまることを勧めなかった。ある人からは、仕事のせいで流産したことがあり、二度と子どもを産めなくなったと聞かされた。こうした圧力と助言を受け、美由紀は、自らが「夢の仕事」と呼んだ職場を去るという苦渋の決断をするにいたった。

美由紀は子どもが学校に上がったら園に戻りたいと望んでいた。しかし、3人の子どもが生まれたあとには、彼女が家事の責任と保育の仕事を両立させることができるとは感じられなかった。3人の子どもを育てるのがどれほど大変な仕事か知っただけでなく、「うちは主人が中心」であると確信するにいたったのだ。毎日の家庭生活のこまごました仕事についても、「やっぱり主人が料理するわけにいかへんし、洗濯もだめ。こんないろんなスイッチあっても、ほんまに洗濯機のスイッチ押すだけっていうのがわかってない」のだ。

3回目のインタビューは末っ子が1年生になったときだったが、保育の仕事に戻るかあるいは何か他の仕事でもしたいと言い、「家にいて、子どものことだけ1日中やっているのは退屈」だと認めた。保育の仕事をしていたときはめったに感じることがなかったストレスを家にいると感じるのだった。「なんでこんなに根性なくなったっていうかがまんができないんやろとか自分でも思うぐらいものすごいストレスがあったんですよ」。彼女は家計の足しにするためにも働きたいと思っていた。他に収入源がない状態で夫がからだをこわしてしまうのが心配だったからだ。ただし働くとしても一時的なものでしかないということもわかっていた。姑の介護をいつかはすることを当てにされているからであった。「きょうだいの中で主人しか結婚してないから、おそらく私が面倒見なきゃいけなくなるんです。そういうわけで将来は母親よりも妻として、老人介護みたいな感じになるかなぁと思ってます」。

最初、彼女は保育士の仕事を探そうとしていた。しかしそのときすでに30代半ばに近づいており、彼女の住む地域の保育園では33歳以上の保育士は採用しないときかされた。さらにがっかりしたのは、彼女が応募したほとんどの仕事で年齢制限にひっかかっていたことだった。歯科医のパートの受付係でさえ応募できるのは30歳以下に限られていた。結局彼女が得た仕事はコンビニの早朝のパートで、午前6時30分から9時まで、週3~4回というものだった。彼女は朝4時に起きて夫の弁当を作り、犬を散歩させてから出勤準備をすると言っていた。長女に他の家族を起こすよう頼み、めいめいでパンとバターやジャムの簡単な朝食をとるようにした。美由紀は家族に感謝し、この新しい朝の習慣に彼らが慣れてくれたことに少し驚いた。とくに驚いたのは、夫が皿をテーブルからシンクまで自分で運んでくれたことで、「すごい成長」と夫をほめたくらいだった。さらに彼女が驚いたのは、夫がそれまで自分が手伝ったことがないことも自覚していないことだった。「今まで俺何もせえへんかったかって言うから、うんしてなかった、気ぃついてなかったん？って言ってやったんです」。

美由紀によれば、彼女が働き始めたことにより彼女も家族も多くの恩恵を受けることになった。何よりもまず、彼女は働くことが母親としての自分の成長に役立ったと確信していた。店に来る家族を観察する機会を得て、親たちの子どもへの接し方がいかに多様であるかを知った。彼女はまた、夫がいかに深く家族に献身しているかがわかるようになった。これまで24年間もの間、夫がいかに勤勉に働いてきたか、家庭を支えるのに十分な金を稼ぐのがいかに難しいかがわかり、夫が苦労して稼いだお金をこれまでよく考えて管理してこなかったことを後悔した。子どもの靴下に小さな穴でも空いたら捨てていたが、繕うことにすると誓った。「穴かがりも立派なことよ！」

美由紀はコンピュータ化したレジが使えるようになったことも自慢だった。夫に言わせると、彼女は言われたことを聴く力や説明を正確に記録すること、記録やいろいろな物を整理保管することが「すごく成長した」のだそうだ。仕事についての彼女の意見をまとめれば、「常に新しいやりとりをしないといけないから常に緊張してて、帰ってきたら脱力感で疲れきってるんですけど……でもね、なんか楽しいんですよね」。

美由紀は楽天的であり、自分の置かれた状況がどのようなものであってもベストを尽くした。しかし大部分の読者は、高等教育を受け、献身的に働いていた保育者が、34歳にしてコンビニに再就職せざるをえないというこの構図を不当だと思うのではないだろうか。彼女の物語から、いくつかの要因が組み合わさり、強い力の場が生じていること、そしてそれにより、多くの日本女性が結婚後は専門職から遠ざからざるをえない状況に追い込まれていることがわかる。次に見る千尋の場合も、こうした（日本の）文化的態度と職場の条件が同じように組み合わされ、それが作用している。

職と刺激を求めて ── 千尋の場合

5章でみたように、千尋は高校生時代、建築家になりたいと望んでいた。大学を選ぶときになって、父親は家から通える範囲で探すようにと強く言った。父親は、家から離れて住むのは寂しいだろうし病気になっても面倒を見てくれる人もいないと心配していた。彼女は家から離れて新しい人々と出会うことも楽しみにしていたが、最後は親に従った。美由紀の場合と同様、千尋も授業料を親に出してもらっていたので、親たちの望む通りにせざるをえなかった。

近隣には建築学科のある大学がなく、工業デザインを学べる大学を志願した。結局は家から片道2時間かかる大学に合格し、通うことになった。彼女はまじめに勉強し、4年後の卒業時には表彰も受けた。彼女の指導教員は大学院に進むことを勧めてくれた。いま思えば助言を受け入れたらよかったかなと彼女は思ってもみる。「勉強していけば助教授とか、そんななるじゃないですか。だからそうしたらまた違う人生があったかなぁ?……もう、あたし絶対に道間違えたと思う」。大学院に進学しても、親たちはサポートしてくれただろうと信じている。「うちは子どものなすがままですからね。道はずれてなかったらね」。しかし、友人たちは一緒に就職活動をしようと言い、「教授に合わせるんだったら」友だちではいられないとも言われ、結局は製品デザインの仕事につくことにした。新しい商品開発のプレッシャーと長時間の労働はストレスが大きかったが、彼女は仕事が好きだったたし、とくに仕事仲間や顧客とのつきあいは楽しかった。

働き始めて間もなく、夫と仕事で出会い、3年間の交際の後、結婚を決めた。健康のことを心配した父親からは病気で倒れる前に退職するよう勧められ、結局は25歳で仕事を辞め結婚した。美由紀と同様、千尋も母親として家庭にとどまる生活には欲求不満を感じていた。「やっぱり今のこういう暮らしよりも、刺激っていうんですか、外を見たいっていうか、何かちょっと学べるものがあるんじゃないかなっていうのがあるんです。学校行くとか勉強するのもそうでしょうし。新しい仕事でスタートみたいな」。

下の子どもが1年生になったときに、千尋は仕事を探そうと思った。彼女は自分で事務所を経営することも考えてみた。そうすれば彼女のエネルギーと外向的な性格とリーダーシップの能力をいかすことができそうだったからだ。しかし、この計画には家族の支援がえられそうもなかった。彼女は言う。「主人は反対するでしょうけど。子どもも反対でしょう、絶対反対ですねぇ。……私も家庭が崩れるだろうからねぇと思うんですけど」。彼女は皿洗いや駅弁売りにいたるまで、幅広い職種について考えてみた。美由紀と同様、彼女もまた自分の親の介護のことも考えなければならなかった[29]。

[29] 伝統的に、老親の介護は長男の妻が担っている。しかし千尋の場合はひとりっ子なので、両親の介護は彼女が責任をもっている。また、本研究の他の何人かは、自分の老親が、息子の妻よりも娘に世話されることを望んでいると語っていた。

最終的に、千尋はたまたま舞い込んできたパートの仕事を引き受けることになった。友人のひとりがコピーショップで働いており、新しい店が開店する際に、やってみる気があるかと聞いてきたのだ。仕事は彼女の専門や知識をいかすものではなく、学校でのボランティア活動で示したようなリーダーシップを求められるものでもなかったが、千尋はその話を受け入れることにした。美由紀と違い、彼女は仕事をそれほどやりがいのあるものとは思っていない。仕事は週6日間、1日2時間から5時間であった。仕事のスケジュールが前もって決まらないので、時間の予定が立たなくて困ったが、両親と同居していたのは幸いだった。留守中に子どもたちが帰ってくることを心配しなくてもいいからである。彼女がいつも家にいるわけではないとなれば、子どもたちももう少しは自立せざるをえないので、自分が働くことが子どもたちにとってよい結果になるかもしれないとも思った。

先々はパートの仕事を続けながら、PTAで別の役員活動もしてみたいと千尋は考えている。どこかで聞いたこととして彼女が話してくれたのだが、パートで長時間働いている女性たちの夫は残業をやめ、妻たちより早く帰ってくるようになるということだった。なかには食事の準備をし、洗濯をし、妻のために風呂の準備をする人もいるという。千尋は笑って言った。「それはまぁ夢みたいなもんかな？　かなうとは思わないですけど」。

若いときの夢と両親からのさまざまなサポート

美由紀と千尋は、高校時代の職業への夢をはぐくんでいった事例である。2人とも親の意見に合わせて進学先や職種についての目標を変えなくてはならなかったが、若い女性にとってはそれも適切なことだったのかもしれない。日本では学費の負担を補う給費制度や奨学金制度が乏しいので、親たちが学費のほとんどすべてを負担しなくてはならない。こうした出費を負担する親たちは、投資への見返りを慎重に考慮せざるをえないのである。調査対象者たちの場合、親たちは娘の職業選択についても制約を課している。彼女たちの選ぶ職業が、女性が身体的、心理的に可能であると彼らが考えるものであることを求めるのだった。

本研究では、数人の女性が自らの意志で社会的規範を打ち破っていた。たとえば雅代は教師であるが、高等学校以上の教育を受けることに親たちは賛成でなかった。父親は「女が学歴をつける必要はない」と言うような「古い人間」だった。母親はもう少し雅代のことを応援してくれたが、それでも「女の子らしく家の手伝いして、早く結婚してっていうのを望んでましたね」。雅代の親たちは高校で勉強に力を入れることを喜ばず、夜、宿題をしていると明りを消されてしまった。しかし雅代には夢があり、勉強を続けようと決意したのだった。「私は親に逆らってどうしても大学に行きたかった。反抗期だったんです。……どうして（成績のことで）男に負けなくてはいけないのかがわからなかった」。高校時代の父の死によって思いがけなく運命の糸がもつれ、国から授業料補助を受けることが可能になり、彼女には進学への道が開かれた。母親もしだいに雅代の勉強を続けたいという願いを支持するようになり、大学進学には反対しなくなった。

美由紀や千尋や雅代と違い、自分の夢をもっていたにもかかわらず、親たちの強い抵抗を受け、自らの職業への目標を実現することができない女性もいた。順子はすでに述べたように学校が嫌いで、自分の知的能力に自信がなかった。中学校時代にはファッション業界にあこがれ、デザイン課程がある高校への進学を望んだが、両親はその高校の授業料を出す余裕はないと考え、かわりに実務能力をつけるために職業高校に行かせた。卒業前に、彼女は就職指導の教師に、経理の仕事には就きたくないと話した。

会社に入って、異動になる前に、そろばん好きかとか聞かれたんですね。大っきらいで、コンピュータも簿記もみんな嫌いです、わかんないですって言ったのに、辞令が出ててね、会計に行きなさいとか言われて。最悪やと思ってぇ。

当然、仕事が嫌だった。自分の興味に合った仕事を選ぶ機会はほとんどなかったので、順子は専業母親になることが残念だとは思わなかった。しかし、下の子どもが幼稚園に入る頃には退屈になり、仕事を探そうと考え始めた。

仕事上の人間関係を良好に維持することの難しさ

仕事についての語りで多く見られた2つ目のテーマは、職場でのつきあいの難しさであった。日本では、職場の人間関係は、その部署における個人のポジションによって強い影響を受ける。従業員は同期に入社した同僚、先に入社していた目上の同僚（先輩）、自分よりあとから入社した若手（後輩）という3つのタイプの同僚の相手をすることになる。こうした構造的な関係は、つきあう相手の選択から会話をする際の言葉づかいにいたるまで、行動の多くの側面を支配する。職場の人間関係の構造に影響する他の2つの基準が学歴と年齢である。これらさまざまな基準がぶつかり合うと人間関係に緊張が生じ、職場内での序列が混乱する。小笠原祐子は日本のオフィスの広範なフィールドワークにもとづき、OLが仕事上で助け合うことがいかに難しいか論じているが、それは女性たち自身の多くが信じている「女性の生まれつきの性質」によるものではなく、「女性たちの間を複雑に分け隔てる会社の策略」によるのである（Ogasawara, 1998, p.68）。

たとえば順子は結婚前、フルタイムで働いていたときにこの種の困難に直面している。後輩の中に仲間を指図しようとする人物がいて、いらいらさせられた。たとえば彼女がオフィスに食べ物をもちこむのを後輩に見とがめられたことがあったのだが、彼女は順子よりも1年後に入社したのだから非難する権利はないのにと不愉快だった。順子は男性の同僚との間でもこうした問題に直面した。仕事をうまくやっていくためにOLたちが作り上げた「システム」が彼にはわかっていなかった。「私たち女性は一緒に仕事をするための約束ごとをつくっている……間にわかってない男の人入ってくるの、すごくいややってねぇ。うまいこといきかけてた関係がガラガラと崩れていくと思って」。

浅子も同僚とのつきあいの微妙さに言及していたが、この点での問題はなかったと語っている。高校卒業後、彼女は2つの基準に基づいて仕事を選んだ。私服で勤務できることと家から近いことである。彼女は小さな会社の事務補助の仕事を見つけた。それは彼女によく合っており、仕事への適応にほとんど問題を経験しなかった。

サッカーやってきた関係で、やっぱ序列（上下関係）はちっちゃい頃から身についてたんで、そこでただ仕事があるっていうことだけですっと入っていきましたね、私の場合は。すんなりいけました。だからそれができてない今の子は人間関係で挫折したりとかってあるんでしょうね。五月病で5月になったらもう会社に行きたくないとか。

調査対象の女性の何人かは長時間勤務の負担について語っていた。保育士として働いていた美由紀も、保護者のために行事を準備しているときなどに経験していた。残業はフルタイムの仕事につきものだが、われわれの調査対象者の場合は、低いレベルの仕事に就いている女性たちの仕事ぶりを特徴づけるものでもあった。しかしながら、女性の時間外労働が実際の仕事の必要からなのか、それとも彼女たちの完璧主義によるものなのかを決めるのは難しい。たとえば美保は結婚前、衣料品店のマネージャーとして長時間の残業をさせられていた。彼女は本当に必要とされる以上の責任を引き受けていたように思われる。

仕事したあと、書類のチェックをする仕事があるんですよね。こっちが出した売上伝票と本社のとをチェックしたりする仕事やから。そういうのも家に持って帰ってきてしてました。だから仕事が1番、2番が主人っていうパターンだった。休みの日も店長には内緒で朝、店に顔出して、店長が来る前に帰ったりとか。もう、仕事をもってたら家庭は二の次になっちゃうんですよね。結婚したからそういうふうにできなくなったとしたらおかしいでしょう?……仕事はほんとうにきつくて、主婦と両立するっていう自信もなかったから、あたしいつでも辞めるわと思ってた。きっちり仕事は教えこまれたからよく泣きましたよねぇ。今思うとそんなことで泣かんでもよかったのにと思うけど。一生懸命さが涙になるんでしょうね。

美保は自分自身の責任感から働きすぎへと駆り立てられたと言いたいようだったが、本研究の大部分の女性は、それを自らが課した労働条件であるとは見ていなかった。そのため、仕事の条件を家庭と両立できるように調整可能だとは思っていないのである。次節で見るように、夫たちが職場で負わされているものの重みを彼女らもよく知っており、こうした認識から、女性たちはフルタイムの仕事と子育てを両立させるのはほとんど不可能だと考えるに至ったのだ。

退職すべき時を「決意させる」家族と雇用者からの圧力

日本は近代資本主義社会では数少ない、女性に結婚や妊娠による退職を強いる国のひとつである。大部分の日本企業は、もはやこうした理由で公式に解雇することはないが、婚約をすると円満退社を勧めるような会社はいまだに数多く存在する。多くの企業は年齢を重ねた従業員に賃金を払い続けるよりは、若い女性を雇った方が経済的だと考えている。経営陣も、企業の必要に応じて、パートタイマーを雇ったり解雇したりする方が望ましいと見ている（Ogasawara, 1998）。場合によっては既婚者や子育て中の女性を、仕事に影響をもちこまないという約束で雇い続けることもある。たとえば本章の冒頭で記したように、ベニは結婚後4年間会社にいた。4年たって会社は彼女に昇進をもちかけたが、2年間は妊娠しないという条件つきだった。会社が「何があっても家庭を犠牲にするように」求めているのだと気づいたとき、彼女はそのような過酷な約束をするよりはと退職を決意したのだった。

本研究の対象者ではただひとり、雅代が結婚、出産後も働き続けている。両親の反対を押し切って大学に進学して得た教師の職であり、結婚の際に夫が退職を望んでも決して辞めなかった。彼女は結論を先延ばしするという間接的な戦略をとった。

だけども辞めたくなかったから。辞めようかなとは思いましたけど、ま、子どもできるまで（働こう）

ということにして。子どもができて、産休と休暇あるからそれ終わるまで待って。それで結局、主人はしゃあないなとあきらめてくれた。

6章で見たように、雅代の夫は家事を進んでしてくれる数少ない事例のひとりである。仕事を続けることに成功したのは、彼女自身の決断とともに、2人のパートナーシップのおかげでもある。加えて、彼女が公立学校に勤めていたことも有利に働いた。この分野は雇用政策も実施状況も多くの民間企業より進歩的であった。

インタビューした女性のほとんどは、結婚後も仕事を続けることについて、どちらとも言えないという意見を述べていた。彼女たちは自分自身のことを、家族に対する責任感と、仕事を続けたい欲求との間で引き裂かれる存在として特徴づけることがしばしばであった。婚約したときや妊娠したときに家族に相談すると、退職を助言（あるいは強要）されたということが典型的な話として語られた。彼女たちのほとんどが、自らのもっとも重要な責務は夫と子どもの世話をすることであると信じていた。母親が仕事に出ていて放課後ひとりで寂しい思いをしたという夫から、自分の子どもには同じ経験をさせたくないと言われたのだという理由を挙げた女性も何人かいた。多くの女性は仕事を辞めるよう強制されたのではなく、自分で決めたと言うが、辞めるのは寂しかったとも語っていた。

千尋の場合がそうであるように、退職の決断を後悔している女性たちもいた。そのひとりがマリだった。有能で意欲的な女性で、彼女に言わせると「人を使う」のがうまく、大会社での昇進も速くて25歳のときにはすでに10人の部下がいた。にもかかわらず、結婚が決まったときに、婚約者と彼女の両親の勧めによって退職した。彼女によれば、退職を決心したのは「家の中に私がいることによって主人が120パーセントになるのではないか」と思ったからだという。夫は仕事で成功しているが、マリは主婦としての生活に不満を感じており、彼ではなく自分の方がビジネスの世界に残るべきだったと思うことがあると言う。今のところは子どもたちの教育に力を入れているが、いつか自分自身の店をもち、やがては「日本中にフランチャイズ店をもちたい」という夢ももっていた。マリは他の多くの母親と同様、文化的な期待に従って家庭にとどまることを「選んだ」ようだが、後になると、妻と母の役割に対する不満を感じていた。彼女たちは完璧主義的な基準に則って子育てに真剣に取り組んでいたが、一方ではさらなる挑戦と刺激を夢見ているのだった。

職場に戻って

インタビューした女性たちにとって、仕事に戻るという考えは、子どもが成長し、自立の度合いが増すにつれてますます魅力的なものになる。夫の多くは妻が働くことに反対だが、一方では、仕事をしても家事の責任をすべて果たすのならという条件で認める夫もいる（この問題の詳細は6章を参照されたい）。そのため、復職にいたる道筋は複雑なものとなる。子どもの世話は、パートタイムで働こうとする女性にとっては深刻な問題にはならない。大部分の保育園には延長保育があり、必要に応じて追加料金を支払えば利用することができる。小学校では多くの場合、放課後の学童保育が利用できる。子どものけいこごとのつきそいが仕事の妨げになることもあるが、年上のきょうだいにまかせることもできるし、夕方や週末にスケジュールを組めばよい。

多くの女性が仕事に戻ることを望むのは、余分な収入を得るためばかりでなく、仲間づきあいや刺激を得るためでもあった。美由紀や千尋と同様、女性たちは夫の収入を補い、子どもの放課後の活動や塾の費用を賄いたいとの思いを語っていた。結婚生活がうまくいっていないユリは、夫には何事も頼りたくないので、彼の収入を補うものがほしいととりわけ強く望んでいた。

> 主人はサラリーマンなんで入ってくる額決まってるから。で、おまけに仲が悪いし。買ってとか言いづらいし、言って断られると腹が立つから……だからね、自分の物を買ったりとか、今はまあできますけど……子どもにも、たとえばバレエやりたいって言えばさせてやりたいんですけど、やっぱりうちのお父さんに入ってくる額が決まってるんで、私が働かないとやってけない。

美由紀と千尋の例で見たように、多くの女性が終日家で過ごすのは退屈でストレスが多いと感じており、どんなにつまらない仕事でもやってみたいと切望している。順子の場合も同様だった。ファッション業界への彼女の興味は、高校で経理の勉強を選んだことによって途切れていたが、下の子どもが幼稚園に通い出したときに、婦人服店でのパートの仕事を見つけたいと考えた。ところが夫からは「ばかなことをするな」と言われ、家業の経理をやっていれば収入の助けになると一喝されたのだった。またもや彼女は自分のやりたいことを捨て、他人の求めに応じることを余儀なくされていると感じたのだった。「それ以来、私はそこへ行って、彼らを手伝う以外の選択肢はなかったの」。

収入を得たかったし、夫とは関係のない仕事をしたかったので、彼女は経理の仕事のほかに内職の請負仕事もすることにした。たいした金額になるわけでもなく、材料に含まれる化学物質のせいで皮膚がかゆくなることもあるが、この仕事は「おもしろく」て「ストレス解消」にもなるのだと彼女は話してくれた。働く分だけお金になり、おしゃれをする必要も同僚とつきあう必要もないのが気楽だった。彼女は、この仕事が子どもたちにお金の価値を理解させるのにも役立つと考えていた。賃金を得るには何が必要かを見せることができるからだ。他人から見ればつまらない仕事かもしれないが、順子にとっては、彼女がもっと何か別のことをすべきだと思っている連中から非難や干渉を受けずに計画を立て、それを実行できる数少ない機会だった。この事実こそが、彼女がその仕事を楽しんでいる唯一の理由なのかもしれない。

仕事をもつ母親の方がよい母親か?

ここまで見てきたように、仕事に就く前には、夫や子どもの世話をするのに必要な力が仕事によって目減りするのではないかと心配する母親たちもいた。浅子や雅代の場合を除けば、夫が家事を喜んで引き受け、子育ての責任をまじめに引き受けるようなことはほとんどなかった。どのようにして母親たちは家事をこなすのだろうか。また、彼女たちが仕事をすることで日常生活にどのような影響があり、さらに重要な点として、彼女らの親としての有能感にどう影響するのだろうか。

すでに見たように、美由紀と順子は、よりよい母親になるために仕事が役立ったと考えていた。仕事をすることでストレスが軽減し、勤勉と倹約という美徳のモデルを子どもたちに見せることができたからだ。礼子はもっと熱心に、仕事はよい母親になる能力にプラスの影響があると語っていた。彼女は子どもが小さいときの専業主婦としての生活には大いに不満だった。「仕事をする前は家にこもってたんで、それでイライラして子どもに当たる当たる、子どもも言うこと聞かない、その悪循環」。彼女は自分が「育児ノイローゼ」になるところだったと言った。彼女は結局「自分を殺してまで、子ども一本やりっていうのはちょっと違うんちがうかなって思う」ようになった。夫の強い希望と母の助言に逆らい、彼女は化粧品の対面販売の仕事に就いた。この仕事をつうじてさまざまな年齢の子持ち女性と出会い、「話を聞く機会がたっぷり」あった。こうした会話から自分のしつけをふり返り、改善することができたと彼女は信じていた。

怒り方にしてもなんか中途半端だったんですよ。一応怒ってる、みたいな。でも子どもには、「なんか言うてるわ」ってしか通じてないみたいな怒り方。でも今は言うときは言うんで、もう、逆にひかない。きちんと言う、注意してます、私は。

礼子はほかにも仕事の利点を挙げていた。子どもたちの塾やけいこごとの費用が払えるだけでなく、母親がけんめいに働いて夢をもち、それが報われる様子を子どもに見せることができるのは、子どもたちのためにもなるのだ。

何人かの母親は雇われていることの不利を指摘している。浩美は末の子どもが1年生になったときに、経済的な動機から、パートからフルタイムの仕事に変わった。夫の給料では家族に必要な費用の増加をまかなえなかった。とくにローンと子どもたちの塾やスポーツ活動の費用が大きかった。彼女は夕方の勤務を選び、子どもたちが午後に学校から帰る時間は家にいられるようにした。しかしこの厳しいスケジュールで彼女は疲れ果て、情緒的にも不安定になった。彼女が後悔したのは、見守る人がいないので子どもたちが友だちを家に連れてくることができないことだった。夫は精神的に支えてくれるが、彼女自身、自分が考えるよい母親であるための高い基準を満たすことは難しいと感じていた。

結論

メアリ・ブリントンによれば、職場における日本の女性の役割は2つの根本的な制約を受けている(Brinton, 1993)。第1に、子どもの頃の家庭での社会化の体験が女性が本気で専門職をめざすことをあきらめさせており、第2に、雇用政策が女性を低賃金のパートタイム職に根づかせるのである。本研究ではこの結論を支持するとともに、新しい視点を付け加えている。

最初に言えるのは、日本では高等教育が創設されたときから、女性が不利な立場に置かれてきたことである。他の類似の国と比較すると、日本政府の教育に対する援助は相対的に少ない。２００４年のデータによれば、政府支出教育費の全体額はＧＤＰの４・８パーセントであるのに対し、アメリカは７・４パーセント、韓国は７・２パーセントである（OECD, 2008b）。日本では、大多数の学生が私立大学に進学するが、政府の高等教育予算の大部分は国立大学に配分されている。２０００年の数字によれば、日本の学生は高等教育に必要な費用の40パーセントを負担しているのに対し、アメリカでは26パーセントの負担である（Asonuma, 2002）。負担が重いため、日本の家族は大学教育を受けることにより得られる利益を慎重に判断せざるをえない。これが女子に対して家族が４年制大学よりも２年間の投資を選ぶことが多い理由となる。このことにより、女性は４年間の教育課程を必要とする多くの職業に就く機会が制限されるのである。

女性にとっての不利の２つめは、仕事と子育ての両面での役割完璧主義に帰因するものである。職場の要求の厳しさと、子どものしつけと学校教育へのサポートに対する高い基準のために、多くの女性は子どもが幼い時期はフルタイムの仕事と子育てを両立することができないと考えている（Yu, 2001）。女性の苦境は、ほとんどの人が夫からの援助を受けられないという事実により、ますます込み入ったものとなる。実際、最近の政府報告によれば、アメリカ、オーストラリア、スウェーデン、ノルウェーでは37から40パーセントの共働き男性が家事や育児に参加しているのに対し、日本の共働き家庭の男性は

12・6パーセントしか家事や育児に参加していないのである（Cabinet Office, 2007）[30]。

本研究の女性のなかには子どもの就学後、仕事に復帰しようとした際に、年長の応募者を差別する会社の方針にぶつかった者もいた。美由紀が経験したことは現在の雇用対策法のもとで公式には禁じられているものであるが、この法律も若い応募者を好んで採用する広範な職場慣行の廃止に成功しているわけではない（濱口，2007; Sakuraba, 2009）。そのような弱い効力しかもたない理由のひとつは、現行法が多くの例外規定を設け、経営者がさまざまな理由から若い従業員を（優先的に）採用することを許しているからである。たとえば、同法では経営者が「長期間の継続勤務による職務に必要な能力の開発及び向上を図ることを目的として、青少年その他特定の年齢を下回る労働者の募集及び採用を行う」[31]ことを認めている（Sakuraba, 2009, p.62）。幼稚園の園長は、この種の例外規定を盾にして美由紀のような年長の経験ある教師を採用しないことを正当化したのである。

何とか仕事を見つけることができたとしても、彼女らには仕事をもちながら家事の責任を（通常はひとりで）どう切り盛りするかという難関があった。パートタイムでも平均週30時間もの勤務を求められる日本のような国では、パートの従業員も過剰な要求に直面することになった（Jolivet, 1997）。また将来、自分の親や夫の親の介護が必要になれば仕事を離れなくてはならないという可能性にも向き合っている。長期の見通しをもつことができなければ、重責ある仕事に本気で打ち込むのは難しかったのである。

しかしながら美由紀の話からも明らかなように、彼女たちは結婚前や子どもが赤ん坊ではなくなってからは、仕事に数多くの利点を見いだしていた。仕事をもつことは、彼女たちの全般的な幸福感に影響するだけでなく、親としての自己効力感にも影響した。彼女たちは子どもの塾やスポーツ参加の費用を負担することができるようになったし、気分はおだやかになり、子どもとのやりとりでのストレスも少なくなった。他の女性とつきあう機会も増え、子どものことについての情報を得たり、情緒的なサポートを得ることもできた。これらの知見は、子どもが3歳になるまでの母親の就労は子どもが10歳時点での問題の徴候（不服従、社会的攻撃性）や抑うつ傾向とは関連が見られないという、日本で行われた縦断研究の結果（Sugawara, 2005）とも整合性がある。

本研究の女性たちが困難な状況の下でも働きたいと望んでいるのは、例外的な事例とは思われない。チョウ・ミンジャらによる８７２人の日本女性を対象とした調査によれば（Choe, Bumpass, & Tsuya, 2004）、専業主婦の83パーセントが仕事を探したいと望んでいることが明らかになっている。政府の２００４年のレポートでも、幼児をもつ非就労の女性で就職希望者の比率を有職女性の比率に加えれば、就業率のＭ字型曲線の凹みは消え、経済力と教育水準が同じような他の国と似た形になるのである（Gender Equity Bureau, the Cabinet Office, 2004）。

仕事に関心をもっているにもかかわらず、本研究の女性たちはフルタイムで働くことの厳しさも理解していた。若い頃の仕事の経験から、日本では仕事が第一だという印象が強く刻みつけられており、彼

30（訳注）平成19年版男女共同参画白書（http://www.gender.go.jp/whitepaper/h19/gaiyou/index.html）（２０１３年11月30日確認）
31（訳注）雇用対策法施行規則第１条の３、３イ

女たちはそのような犠牲をともなう仕事は望んでいなかった。もし就労が可能だとしても、夫が耐えているのと同じ条件で働くことを多くの女性が望んでいるとは思えなかった。われわれの結果から、女性の職場参加を拡大する政策には、女性だけでなく男性も仕事と家庭生活を両立できるような基本的変化が含まれなければならないことが示唆される。

フランシス・ローゼンブルースは、多くの先進国で出生率の高さと女性の職場参加の間に強い統計的関連性を見出しているが（Rosenbluth, 2007）、本研究のデータはそれを補強するものである。ローゼンブルースによれば、多くの女性が家族を大事にするのと同様に仕事にも就きたいと望んでおり、もし一方を選ばねばならないとすれば、もっと多くの子どもをもちたいという望みを抑えて職場に参加することを選ぶだろう。それによって、彼女らは「家事労働を買い、外部からの収入源を得て（家庭から）脱出する選択肢」（p.5）を手に入れるだろうと言う。彼女の分析によれば、非常にやりがいのある仕事の条件に直面した女性は、家にとどまって子どもを産むのではなく、「ドアの中に入り、昇進の階段を上り、ガラスの天井と闘うことに努力を傾ける」（p.4）だろうというのだ。

日本の女性が仕事に強く動機づけられているのは確かだが、だからといって結婚からの「脱出の選択肢」を選ぶかどうかで悩んでいる様子はなさそうだった。ただひとり、ユリのみが離婚を考えたことがあったようだが、少なくとも現在のところはその考えを否定しているように思われる。しかし、彼女が家庭内の雑費や娘のレッスン料を夫に出してもらうよりは自分で払いたいと思っている様子を見ると、「家事について交渉する手段をもつこと」の方には動機づけられていたようである。美由紀と千尋は、夫が死んだり失業したときのために何らかの職業能力を身につけたいと語っていた。彼女たちの事例が示唆するのは、日本女性はガラスの天井と闘っているのではなく、地上レベルで闘っているということなのだ。しかし、彼女たちが家で子どもと過ごすだけではない生活を求める決意をする裏には、子育てという仕事に、早くからそして何度も飛び込んでいくことに嫌気がさしていることが反映されているのは明らかだろう。

日本の職場での女性の未来への見通しはどのようなものだろうか。退職人口に対する現役労働者の比率が減少しつつある以上、女性が労働市場に参加する必要性は高まっている。政府は保育制度を改善することができるのか、現役の親でもある労働者にとって職場を働きやすい場にする政策を作り強化することができるのか、さらに、中年の女性が親族の高齢者を介護するために無償の労働に縛りつけられなくてもすむような仕組みを整えることができるのかどうか。女性たちが労働市場に参入し、そこにとどまれるかどうかは、こうした政府の政策にかかっている。日本の終身雇用制度は、いったん退職してから再就職する者には不利に働いていたが、現在では解体しつつあり、女性にも何らかの好機が訪れることになるのかもしれない。

ローゼンブルースは、女性と雇用の関係の将来についていささか気味の悪い、しかし全体としては明るい見通しをもった内容の比喩で結んでいる（Rosenbluth, 2007）。「日本の労働市場の中核的存在である男性労働者との終身雇用契約は、最終的に臨終を迎え、結果として労働市場に女性が入ることが容易になるだろうと予想される。日本の出生率は少しは回復するかもしれないが、そのためにはまず、旧い制度が息を引き取るのを待たねばならない。彼らにはまだ息があるのである」(p.16)。本章で見たように、多くの日本女性は、これらの「病人」が息を引き取るとき、ほんとうに幸福になるのだろう。

10章　女性と家庭生活 ── イデオロギー、経験、行為主性

わが国の女性は古い家族の伝統に縛られながら家庭生活を守っている。他方、わが国に浸透してきた近代資本主義は、女性の労働力の安さとそのがまん強く疲れを知らない勤勉さを容赦なく利用している（Mishima, 1941, p.232）。

三島（瀬尾）すみ江は、20世紀初頭の30年間の女性の生活に起こった変化に注意をうながしている。近代化が進行する中で、この時期、新しい政治的・経済的影響力が伝統的家族の構造とその文化的様式を変えつつあった。当時の三島の知見が今日の日本にもあてはまることには驚かされる。今もって女性は文化的に割り振られた家庭の責任のほぼすべてを任されており、企業が女性に期待するのは相変わらず、言いなりになる安いパート労働なのである。しかし、女性の一生について三島が描いた時代からの重要な変化を、単純な人口統計学的な事実の中に見いだすことができる。女たちは結婚・出産をかなり

先延ばしし、せいぜいひとりか2人の子どもしか生まなくなったのである。しかも、家庭の重圧と職場の諸条件とが重なることにより、自らの描く人生設計が頓挫してしまっているにもかかわらず、女性たちの多くが専門的な職業に就くことも夢見ている。

日本が孤立した封建領主制から産業化の進んだ近代民主主義へと急速な転換を遂げた物語は、驚異と言えるだろう。この転換で重要なのは、近代国家への忠誠心を養い、女性のエネルギーと諸能力をうまく利用するために、家族の構造とその営みを政府が巧みに操作した点にあった。今もって政府は、子どもを多く生もうとはしない女性を厳しく批判することから共働きカップルに税制上の不利益を課すことに至るまで、さまざまな方略によって家庭生活の枠を形作ろうとしている。こうしてみると、日本政府による家庭生活への介入についてのゲイル・バーンスタインの観察に賛同したくなる。彼によれば、「女性がどのように振る舞うべきか、何をすべきか、すべきでないかについては、偶然の余地も個人の選択の余地もほとんどない」(Bernstein, 1991, p.13) のである。

しかし、政府の政策や経済界の利害関係がこの何十年もの間、女性の生活に強い影響力をもってきたにもかかわらず、彼女たち一人ひとりは自らを行為主体として、選択の幅と可能性を広げてきた。本書の目的は、個人を取り巻く社会の構造や文化モデルによって、「意味づけ」と行為とが、一方向的に決定されることなく、どのような影響を受け、またどのようにして可能になるのかを検討することであった (Frank, 2006; Swidler, 2001 も参照のこと)。そこで私は、一人ひとりの女性が制度的な制約や限られた機会の下で、利用可能な子育ての文化モデルをいかに解釈するのかという点に焦点を当ててきた。この分析の枠組みを活用することによって、なぜ多くの日本人女性が母親という役割のために不安にさいなまれ満足感を得られないのか、またその一方で、政府関係者や学校関係者によって理想化された母親像を当然の目標とはせずに、美由紀の言葉を借りるならば、「私なりの母親」になる道を見いだす女性がいるのかがよく理解できたのだった。

子育ての文化モデル —— 母親に求められる高い基準

私は本書を、良き母になるには何が必要かという点についての女性たちの意見の調査から始めた。対象となった母親たちは、即座に自分たちが行っている子育ての営みが子どもの発達の決め手となる重要な一つの要素だと答えた。良き母になるには何が必要かということに対する考え方には、いかにも現代的な基準に通じていると思えるような内容だけでなく、伝統的な内容も含まれていた。彼女らの語りには、感情の自己コントロールというテーマが何度も登場した。彼女たちにとっての理想の母親とは、働き者で自信に満ちており、また何よりも朗らかでなくてはならないのだった。彼女たち自身は、遠くから見守るという古くからの慣習と、もっと手をかけかかわりを大切にするスタイルとのバランスをとろうと努力していた。そして、感情的になることや体罰よりも、いつも穏やかに諭して子どもを納得させるような、効果的で一貫したしつけのスタイルを身につけたいと願っていた。このような感情のコントロールへのこだわりは近代以前からの歴史的産物であり、当時は個人的な願望や感情を抑制することがすべての女性、とくに若い母親に求められたものであった。これ以外の理想の母親の特質、とくに子どもとのコミュニケーションの重視は、ずっと後になって言われ出したことのようだった。

彼女たちは、わが子がどのような子に育ってほしいと思っていたのだろうか。聞き取りから得られた印象では、概して普通で平均的な子どもにと望んでおり、特別なことを望んではいなかった。大半の母親が、一番大事なのは他人と仲良くやっていける社会性だと言い、他人に対する共感性や思いやり、感受性を身につけさせたいと願っていた。他人ともめごとをおこしたくないという気持ち、それをおこさないでいられるような能力を子どもに身につけさせようと懸命であった。と同時に、彼女たちはわが子がおとなしい消極的な子どもではなく、活発な子どもであってほしいとも願っていた。とくに男の子であれば、自己主張ができ何事にも挑戦的な子どもになることを望んでいた。望ましいといわれる行動を、納得もしないのに従順に取り入れるようなことはしてほしくなかった。学力はあれば望ましいと考えていたものの、多くの母親は無理をしてまで子どもたちに高学歴を求めようとは思わないという意見だった。全体としてこれらの結果はこれまでの研究ときわめて一致しており、少子化が進み、学校でも個人主義的な成果が重視される方向へと日本社会が変化しているにもかかわらず、親が考える「よい子」は過去50年を通じてあまり変わらないことを示している（Hendry, 1986; White & LeVine, 1986）。

子育ての古いモデルを実行に移すのは難しいと考える女性たちもいた。彼女たちにとっては、忍耐、自己抑制などの伝統的な規範を堅持するのは、たとえそうすべきだと思ったとしても難しいものだった。たとえば千尋は自分の知的能力とリーダーとしての資質が生かせるような仕事に就きたいという願いを抑えようと努力していた。そのために厳しく自己修養してきたことを評価せず、そのかわりに娘になぜもっとやさしい感情をもてないのかと自分を責めるのだった。順子もまた自分の願望をがまんしようと努力していながら、そうすることがなかなかできない自分を責めていた。彼女は家族とほとんどかかわろうとしない男性との結婚生活に強い不満をもちながらもそれに耐えていたが、家庭をなんとかうまくまとめている自分を評価せず、子どもにかんしゃくを起こす自分を責めるのだった。

　対象となった女性たちは、こうした子育て領域に特有の考え方や理想ばかりでなく、たとえば自己省察、つまり反省のような、より一般的な文化的・伝統的手段も使っていた。もともと反省とは、自らと理想のモデルとを比較することを意味し、そのモデルを今後の行動の指針とすることがめざされていた。調査したどの母親も反省を実践しているようではあったが、自分や子どもを悩ます問題への新たな解決策を探るときに建設的な方向に自己評価できる母親と、自分への非難にあえぐだけの母親との間には大きな違いがあった。

　良き母になることを完璧主義的に追求する女性たちは、親としての有能感をなかなか得られなかった。役割完璧主義は母親たちを疲弊させ、極端な行動に走らせることもあった。ユリが生まれたばかりの娘を母乳で育てるために半狂乱になって相談に走り回ったり、マリが息子の空き時間を塾やけいこごとで満たしてやるのだとまくしたてていたのがその例だ。そうした惜しげもない努力の見返りが期待したほどでなかったならば、母親たちは自らを感情的に責めることになりがちで、しかも往々にして子どもに怒りを向け、失望するのだった。

これと対照的なのは、自らの欠点や失敗をもっと許容できている母親たちである。美由紀はこのタイプであり、ときどき子どもにかんしゃくを起こすものの、それは3人の元気のよい子どもたちと365日格闘しているのだから仕方がないと弁解していた。自分の子どもたちには母親のかんしゃくへの耐性があり、気持ちの立ち直りも早いので、彼女は自分の子育てに罪悪感や不安を感じることもなくてすむと感じていたのだった。

また、よい母親になるためのモデル、つまりは青写真に従うという文化的規範を取り入れた母親にも落とし穴があった。そうした女性は、子育ての目的を達成するための「ただひとつの正しい方法」を見つけられそうにもないと心配や不安に陥っていた。たとえば順子は、自分の子どもたちを叱る正しい方法がわからず、幼稚園の教師たちの専門的な子どもの扱い方と比べ自分には子育てのスキルがないと自分を責めていた。また、千尋は自分は子育ての仕方を知らないので子どもに申し訳ない、私は良き母になる資格がないと何度も言っていた。

これに対して、自己効力感の高い母親は、一般的な基準と自分とを比較することにあまりとらわれず、より自由に自分や子どもにあった方向を求めていた。美由紀や浅子はこの例で、ほかの誰でもないわが子のことを理解し、その子どもにあった子育てをいかに行うか考えることだけに関心を集中させていた。他の母親と比べてどうかということは気にしていなかった。要するに、「それぞれの母親」がいると考えることのできる女性であれば、人と同じ一般的な基準をなぞって無駄なことに精を出したあげく、自らを非難するようなことは、回避できるのだった。

浅子や美由紀のように効力感の高い母親はある意味、より「個人主義的」で「西洋化」されており、これに対して、既存の基準に固執する自己信頼感の低い母親はより「伝統的」なのだと考えたくなるかもしれない。けれども実際は、伝統的な儀式的形式主義でも学習者一人ひとりの創意工夫の余地は認められており、すでに確立されている基準を維持しながらも課題への一人ひとりの取り組みの余地は残されているのである。堀宗源がこのことを夕食の準備をする禅僧の例で示している（Hori, 1996）。料理は見栄えにも味にも厳しい基準があるが、実際の調理は料理人の作り方に委ねられている面がある。これと同じように、浅子や美由紀のように、社会に適応し信用される子どもを育てる方法を自分なりに自信をもって追求する女性が、子育てのマニュアルを必死で探すような母親よりも「伝統的」でないとは必ずしも言えないのである。むしろ、彼女たちも自分なりの子育て方法を見つけるために、自己省察など、既存の文化方略を用いていたのだった。

私がここで言いたいのは、日本の母親たちは子育てに高い基準を求めるがゆえに、子育てをうまくやりおおせるのはとても疲れるものであり、難しいことだと感じているという点である（Hirao, 2007a も参照のこと）。さらに、子育てに関する古い文化モデルと新しいモデルとの間には対立や不一致があり、そのことが、女性が自分の行動をふり返り自分自身の基準で自己評価しようとする際に、不安やストレスを感じさせることがあるのである。結局は母親たちが自分の不完全さに寛容になり自分流の子育てをよしとする心の余裕をもつことができなければ、理想のモデルに照らして自己評価を熱心に、また頻繁に行うというよくありがちな傾向から、自分を責めてもがき苦しむという危険に追い込まれるようになるのである。このように、こうした文化的規範の存在が子育てと家庭生活に対する現代の母親の両義的な感情の重要な構成要因となっている。

社会からの支援と批判の役割

本書の主要な目的は、女性が日々の子育て行動を行う社会的文脈の検討であった。すでに見てきたように、日本では他人からの否定的な評価はいっそうの努力をうながし、結果の改善につながるという考え方が広く受け入れられている。この文化モデルの基礎にあるのは、禅仏教の伝統で言うところの「切磋琢磨」という考え方である（Hori, 1996）。一方、西洋の心理学理論では、他人からの否定的な評価よりも肯定的な評価が肯定的な自己評価を導き、今度はその肯定的な自己評価が良き振る舞いを継続していくことを動機づけると考えられている。中でも、アルバート・バンデューラは自己効力感の鍵を握る決定因は他者からの評価と支援であると主張している（Bandura, 1997）。

多くの社会で親、とくに母親はさまざまな批判を受けるが、とりわけ日本の女性は驚くほどの非難にさらされている。政府のトップにある政治家は出生率低下を心配するが、それを決まって女性の怠惰と愛国心のなさのせいにする。森喜朗元首相が、子どものない女性には年金を支給すべきではない、なぜならば「彼女たちは社会に何も貢献していない」からだと主張したことは有名である（Frederick, 2003）。ミュリエル・ジョリヴェが詳述しているように、医者や教育関係者たちは子どもの病気や問題はそのほとんどが母親の無知や怠惰のせいであると書きたてている（Jolivet, 1997）。また、幼稚園長の多くが、母親のことを若くて無知であるとか、自己愛が強く責任感がないと思っているようだ（Holloway, 2000）。新しいところでは、無能だと思う教師に対してあからさまな批判をする親たちが、「モンスター・ペアレント」と呼ばれてマスコミの攻撃の的となっている（Times Online, 2008）。

たしかにこうした批判的な扱いが、女性が家庭生活に失望し子育てに携わることに嫌気がさしてしまうことの一因となっているのかを検討してみることは意味のあることだ。本書で私は、もっとも近いところでは親族から、遠くは制度に至るまで、女性がさまざまな方面から受け取る支援と批判について検討してきた。もっとも重視したのは、他人から受け取るメッセージを当の女性がどう解釈し、その解釈が子育てと家庭生活のとらえ方にどう影響するかという点であった。

私はまず、女性たちが児童期・思春期に親からどれくらいの支援や励ましを受けてきたかという点に注目した。ほとんどの女性が母親から愛され守られていると感じていた。彼女たちは、自分の母親は貧困や夫から評価されないといった困難な状況にありながらも精一杯やってくれたと思っていた。それに対して、父親との親密な関係を経験していた女性は驚くほど少なかった。せいぜい、疎遠ではあったが家族を養うために必死であったという点で父親はよい人だったと感じているくらいだった。何人かは父親から虐待に近いひどい扱いを受けており、アルコール依存症らしい父親も少なからずいた。そうした家庭状況の深刻さが最終的にどういう結果をもたらすかは、その女性が子どものときの扱われ方をどう解釈し、どう折り合いをつけられるかによって異なっていた。親の振る舞いが愛情と子どもの幸せを思うがゆえのものだったと思える女性は、怒りの感情を解きほぐすことができ、自信をもって子育てにかかわれるようだった。

成長過程で女性たちに与えられた教育や就労の機会は、家族の経済状態にもよるが、親の、とくに父親がもつ性役割ステレオタイプで決まるようだった。何人かの女性は、片方の、あるいは両方の親が女性にはふさわしくないと反対したため、自分の望んだ職業の道に進むことをあきらめざるをえなかった。千尋は、親元から通えば寂しいこともなく経済的につらい思いをすることもないという理由で父親が自宅通学しか認めなかったので、建築家になりたいという望みを縮小せざるをえなかった。仕事と結婚生活の両立は娘の健康を損なうと父親が心配したこともあり、やがて仕事も退職した。

他の女性はこういった障害を何も経験しなかったか、父親からのサポートはないにしても母親からはサポートを受けて育っていた。浅子の父親は彼女がサッカーに熱中すべきではないと考えていたが、母親の方は夫の心配や周囲からの批判も気にかけず、浅子が目標をめざすことを応援してくれた。雅代の父親は彼女の大学進学を許さなかったが、その父が突然亡くなり、国からの奨学金を受ければ教育費を心配する必要がないことがわかったとき、母親は彼女の進学の目標を後押ししてくれたのだった。

何人かの女性は、親がわが子への教育投資の経済的見返りが期待できるのかどうかという点も考慮していたと教えてくれた。しかしその一方で、結婚後も娘が仕事を続けることを期待する親はほとんどおらず、多くの親は高学歴女性の仕事はかえって限られていることをわきまえていた。なぜ順子の親が、彼女が望んでいたファッションデザインの学校に金を出すことを嫌がり、彼女の意志に反して会計の勉強をさせたのかは、こうした実際的な理由からうまく説明がつくだろう。しかしながら、何人かの親は自分の娘が経済的に独立できる能力をしっかりともてるようにと、喜んで娘の教育のために借金をしていた。目標を達成するためには学歴が必要であることを自らが経験してきた美由紀の両親は、保育士になりたいという娘の夢を叶えるためローンでピアノを買ってやり、短大に行く学費も工面してくれたのだった。

このように、これらの女性がなりたいと決めた仕事を追い求められるかどうかは、父親が女性にふさわしい職業について固い考え方をしているかどうか、また、母親が娘をかばってくれるのかどうかといった要因にかかっているようだった。大学卒業後、少なくとも結婚するまでの短い間は楽しく仕事ができた者もいた。しかし、相対的に幸運だった彼女たちでさえ、結婚退職という圧力のために、職業訓練と職業経験が彼女たちの人生に与えてくれた影響はささやかなものにすぎなかった。家族や友人にいいとは思われない道を選択して歩むためには大変な決意が必要だった。出産後も自分が選んだ道を歩んでいるのは、今も教師を続けている雅代だけだった。それ以外の女性たちは仕事と家庭を両立させる可能性を見いだせなかった。家庭か仕事かという硬直した選択に直面させられることは、結婚し子どもをもつことへの不安を煽るだけだった。

調査の対象だった女性たちが現在の家族のもとで受けている支援と批判に話を移すと、私たちは夫がもっとも決定的な位置にある人物だということに気づかされた。日本の夫婦関係の役割を軽視する報告が多いことからすれば、この点は驚くべきことであった。広く受け入れられているステレオタイプとは異なり、取り上げた女性たちは夫の存在を強く感じており、夫が自分の情緒的な満足感や子育ての自己効力感に大きな影響を与えていると感じていた。しかし不幸にも、多くの夫は彼女たちの望みを十分理解できず求めたサポートも与えてくれないことがしばしばであった。

多くの女性は夫に対し、広範囲にわたる家事参加まで求めているわけではなく、子どもと積極的にかかわってほしいと思っているだけだった。また、不安に耳を傾け共感してくれるだけでいいから情緒的な支えとなってほしいと願っていた。夫にあれこれ話すだけで、抱えている問題に新たな見通しを見いだし、なんとかやれるという自信をもつようになれたらいいと思っていたのであって、夫からの具体的な示唆や助言についてそれほど期待しているわけではなかった。

しかし夫からのサポートには、量的にも質的にも多くの女性が失望していた。夫のことを未熟で怠け者で、要するに子どもなのだと言う女性もいた。そのため彼女たちは、妻の役割は夫に口やかましく言って毎日の基本的生活習慣を守らせることだと感じているのだった。多くの女性は夫の言動が職場など構造的な諸条件の結果だとは考えず、こうした問題は夫の性格に原因があると思っていた。また彼女たちは皆、夫とは気持ちのうえでも行動の面でも歯車がかみ合っておらず、そうした夫の態度を悲しく、寂しく、さらには怒りすら感じていた。自分の気持ちが満たされないことが残念なだけでなく、そのことで子どもたちを結果的に冷たくあしらっているのではないかと彼女たちは心配していた。また、快活に振る舞って子どもたちの心の支えになれるはずの自分が不安定になっているせいで、そうはできていないのではないかと心配していたのである。

不幸な妻たちはこうした状況をどう立て直したらいいのか困惑していた。結婚で達成感を得られなかった妻たちは、何よりも自分の感情をコントロールすることに懸命になるようだった。彼女たちは誰も専門家に助けを求めようとはしなかったし、今後の事態の好転をあまり期待していないにもかかわらず、本気で結婚を解消するつもりだと言う者もいなかった。彼女たちが結婚生活に抱く強い不満は、家庭をもつことを先送りしたいと望む女性が日本で増加していることについて、われわれに新たな解明の手がかりを与えてくれるように思われた。

われわれのインタビュー調査では、子どものことについてよく話し合い、問題が起こったときには一緒に考えて解決していくという意味で、チームとして子育てにあたっていると言えるような夫婦も数組あった。夫からのこうしたサポートによって自分流の子育てが可能になり、「標準的」なやり方を守ろうとして陥りかねない落とし穴を避けることができたのだった。概してそうした夫婦は、結婚についても新しい発想ができ、経済的安定と子育てばかりにとらわれず、親密なコミュニケーションを常にとることによって互いの気持ちを支え合うという目標に向かっていくことができたようだった。

友人の役割は本格的に調査されてしかるべき重要な点であるが、本研究では十分に扱えなかった。過去であれ現在であれ、日本の女性の友人関係について触れた著作はきわめて少ないが、友人を子育て支援の資源と見るよう助言する本も出されている。笹川あゆみの観察によれば、「母親たちはもはやかつてのように子育てのつらさを堪え忍ぶことを求められてはいない。いまや友人を作ってピア・グループの一員として行動し、子どもとの『ハッピーな』生活を楽しむよう奨励されている」のである

(Sasagawa, 2006, p.143)。これとは対照的に、職場で女性どうしが互いに経験する緊張は、女性どうしの近しい関係が必ずしもいつも助けとなるわけではない理由を考えるうえでのヒントになる。われわれの調査結果からも、家庭の問題を仲間と語り合うことで慰められる母親もいれば、他の母親と競争的関係に陥ることや、自分への逆襲ともなりかねない親密な関係にはまってしまうことを警戒する母親もいることが明らかになっている（Yamamoto, Holloway, & Suzuki, 2009)。

家族に影響する制度的要因 —— 学校と職場からの要求

日本の社会を観察した人たちは女性の就労機会と政治的発言力の相対的な低さに言及するが（Hausmann, Tyson, & Zahidi, 2006)、その多くは、社会が標準的で直線的な発展過程をたどるならばやがては欧米の女性に「キャッチアップ」するだろうと予測している。たしかに欧米と同様、日本女性の進学率は概して高く、自身で出産をコントロールできるようになり、法的な権利も拡大してきている。この点ではよく似ているにもかかわらず、こと家庭生活については、日本が欧米の資本主義諸国と異なっている重要な点がなおいくつかある。もっとも重要な点のひとつに、政府と企業が双方の利害から強い同盟関係を結び、男女の生活形態を方向づける役割を果たしている点が挙げられる。日本は１９７０年代には１９４０年代の混乱から抜けだし、豊かで安定した時代へと向かっていた。この移行を強く推進するため、政府は企業の新しい試みを積極的に支援し、女性を主にした安いパートタイム労働力をプールしておけるような税体系を構築したが、企業の方は終身雇用制によって男性労働者を囲い込み、ひとりの収入でも家族を養うに十分な給料を払ってきた。

政官財の「鉄のトライアングル」は家庭生活に強い影響を与えてきた。労働者に忠誠心をもって最後まで勤めあげることを求める企業体質が、女性が正規雇用者として柔軟に職場に出入りする働き方を難しくしてきた。また、企業に対して無理のない労働時間で働ける人間的な職場を作るよう求めてこなかった政府の失策が、正規雇用への女性の側の関心を低下させる結果を招いてきたのだった。われわれの調査でも、多くの女性が子どもが小さいうちは正規職に就くのに乗り気でなかった。正規職で残りたいと思いながら辞めるよう圧力を受けた女性や、子育てから時間的に解放されたあとで仕事を探しても、年をとりすぎているとか正規職をこなすだけの能力がないと言われる経験をした女性も複数いたのだった。

調査した女性の大半が、家計を助けられるよう、とくに子どもを塾やけいこごとに行かせられるように、せめてパートタイムで働くことを望んでいた。中には給料をもらうことによって、夫の許可を得ないでも自分の裁量で自分や子どものための買い物ができることに喜びを見いだす者もいた。彼女たちにとって働くことの最大のメリットは、他の人と知り合い、外の世界に触れる機会を与えられることであったのだろう。前に見たように、美由紀は仕事に就いたといってもコンビニの店員にすぎなかったのだが、その仕事に就いたことで、新しいことを学べる自分に自信をもつようになった。それだけでなく、毎日一日中子どもと家に閉じこもっていた生活から「おさらばした」ことで、家にいても以前より新鮮で元気が出てきたと感じられるようになり、それが家庭生活にプラスになったのだった。

もうひとつ、調査した女性たちの人生に深く影響を与えていたのは学校制度であった。歴史的に見ると、新しい企業社会で高度の教育が必要とされるようになるにつれ、戦後日本の母親たちは子どもが学校教育を受けている期間のサポートに相当の時間をさくよう求められるようになっていった。教室で使う物をいろいろ揃えることや学校のスケジュールをこなせるよう子どもの心身の状態を整えてやること、宿題を見てやることなど、今も学校は母親たちに細々と求めている。さらには、塾やけいこごとへの出席チェック（やその資金の捻出）までも求められる（Hirao, 2007b）。

こうした教育的活動をどこまでこなせるかという点に関しては、母親の教育程度や家庭の収入が影響していることもわかった。千尋のような高学歴の母親は、教師など学校関係者とつきあうことを楽しんでいた。彼女は学校によく出向き、教室で積極的にボランティア活動をしていた。一方、順子のように大学教育を受けていない女性たちは、教育に関することを自分がよく理解できていないからと、学校には行きたがらなかった。社会・経済階層の低い女性にとっては、子どもの教育に必要な物・経験をすべて満たしてやることは経済的にも厳しかった。浩美のようにこうした出費に応えられるようフルタイムで働く女性は、学校だけでなく塾などが複雑に絡み合って一体となった教育制度が親としての責任をすべて果たすように求めてくることに対し、それをこなすための時間が確保できないことに気づくのだった。

世界的に見れば、日本の教育システムは幾度となく賞賛され、当然のことながら教育学者たちの注目を集めてきた。しかし親の役割ということから考えてみると、このシステムには問題がいろいろあるようである。われわれの調査から、母親にとって2つの問題が指摘できる。ひとつは学校が母親に求めることが質・量いずれも尋常ではないということである。学校側の求めに応じきれない母親に向けられる非難には厳しいものがある（Allison, 1991; Kazui, 1997）。2つ目は学校側が自分たちは専門家であり母親たちは素人だと考え、「トップダウン」的に親たちに対応しがちであることから、母親はわが子とかかわる際にどうしても他人をまね、青写真を求めようとすることである。自分のことが信じられず育児書を頼りたがる「マニュアル症候群」とも言うべき母親は、不安に陥り子育ての自己効力感にも欠けがちである。

母親支援を模索する実践家たちへの示唆

調査対象となった思慮深い母親たちから得られた洞察は、心理学、社会福祉、教育分野の実践家たちに多くの示唆を与えるものである。近年、日本の地方自治体は育児不安や「育児ノイローゼ」に立ち向かえるよう、母親たちのためにさまざまな子育て支援プログラムを提供しているが、こうした遊びの教室や集まりが逆に、子育ては「標準化され系統だった」やり方で行われねばならないという考えを煽っている傾向もある（Sasagawa, 2006, p.142）。子育て支援プログラムは、専門的な資格をもった人たちが「母親としてどう振る舞うかは、教えられなければならない」と考えて運営している（p.143）。「子育ての『標準的な』方法」をこのように事細かにトップダウンで教えられれば、母親たちは「通学用鞄の大きさはどれくらいであるべきか」などということに悩まされなくてもすむから（p.143）、一時的には安心感をもてるかもしれない。しかし専門家主導で標準を志向させるこうしたやり方は結局高い代償を伴うことになる。われわれの研究結果からすれば、標準を達成できるよう子育ての「型」を与えることよりも、「私なりの母親」像を自らの言葉で語れるよう努力する女性たちを支える方がずっとよいことだろう。わが子に対する自身のとらえ方こそが大事なのだと認めてやる方が、素人対専門家という二分法を排し、母親の自己信頼感を高めることに役立つのではないだろうか。

得られた2つ目の示唆は、心理療法の実践と今後の可能性に関することである。母親たちは子どものときの夢が叶わなかったことに対して苦い思いを抱きつつ、他方で自分の息子や娘の将来については、狭いジェンダーによる固定観念によって作られたシナリオを受け入れていた。母親に関してこのような逆説的な事実が併存していることは、本研究が明らかにした中でもとくに興味深い点であった。日本でも精神保健サービスが受け入れられるようになれば、女性が自分の子ども時代の経験について分析を受ける機会も増え、それにより自分の思考や経験や価値観、行動を明快で首尾一貫したものとしてとらえるようになっていくかもしれない。われわれは多くの女性が夫について語るとき、あるいは夫に対して話しかけるときに垣間見せる怒りと孤独感についても言及してきた。彼女たちは友人とおしゃべりをすることでフラストレーションを解消できると語っていたが、その一方で、友だちにあらいざらい話すことがいつも得策とは言えず、ときとして競争心や不全感を味わうこともあると付け加えるのだった。構造化された一対一の治療的関係があれば、それは自己探求の機会になり、仲間どうしの関係によって得られるよりもずっとよいサポートを受け、成長の可能性ももたらされるかもしれない。

ただしさまざまな制度的な不平等のために日本の女性たちが苦しんでいることを考慮するならば、個別の心理療法はどうみても不十分なものでしかなく、悪くすれば女性の不満足感からくるエネルギーを社会変化に向けて発揮させるのでなく消耗させることになってしまいかねない。日本の女性たちは問題を個人的に解決しがちであり、広範な社会変化をめざして活動する傾向が弱いようである（Schoppa, 2006）。心理療法は、自分たちの問題について個人的な解決法を見つけ、他者をケアするのと同じように他者からケアされていると感じたいという日本の女性の心の奥底にある願いを満足させるのには役立つかもしれない（Borovoy, 2005）。現在のところ、フェミニスト運動は日本ではとくに力をもっているわけではなく、それ以外にも女性の利益になるよう制度的改革を求めるめぼしい組織もない。カレン・ケルスキーは、「西洋的な」ものへの移行によって家庭生活の抑圧状況から逃れたいという日本女性の強い願望に着目し、彼女たちの行動が「国家であれフェミニスト・グループであれ、そうした共同体の一員であることへの拒絶と、自己への強いこだわり」を意味していることを示唆している（Kelsky, 2001, p.221）。彼女の説得力ある結論によれば、「この革命は孤独に始まり、孤独に終わる。少なくとも他の日本人と共同するわけではない」、そして「群れることを拒否する『社会運動』であって、ただただ個人的な解放幻想でしかない」のだ（p.223）。

アルコール依存やドメスティック・バイオレンス（DV）は、個人間の調和を優先するといわれる日本のような社会にあって予想していなかったことだが、インタビューの語りの中では目立ったテーマであった。この類の問題には隠蔽しようとする社会的圧力が働くことから、これを把握し改善するのは難しい（Borovoy, 2005）。またDVは、家族のプライベートな問題を孕むため、日本で社会全体の問題であると認識されるようになったのはようやく最近のことである（Goodman, 2006; Nakamura, 2003; Shoji, 2005）。調査の中で、問題家庭で育った母親たちは自分と親との間にあった問題パターンがわが子との関係においても再現されるのではないかと心配していた。心理療法はたしかにこうした問題に取り組む有力な方法である。しかしそれだけでなく、アルコール依存やDVにはもっと広く、公衆衛生や何らかの法的なサイドからの取り組みが検討されるべきだろう。

本研究の3つ目の示唆は、労働政策を、家庭生活から目をそらすのでなく支援するように変える方法に関するものである。女性が労働力として参入・離脱することが自分の意志で可能になるためには、日本の職場に数々の大きな変革がなされなければならない。フランシス・ローゼンブルースが主張するように、昇進や給与に関して、企業は今いるひとつの会社の中での経験だけを主な基準として評価するのをやめ、以前の職場での経験も考慮する方針に切り替えるべきである（Rosenbluth, 2007）。さらに、義務的な残業や終業後のつきあい、頻繁な転勤、休暇の取りにくさといった慣行は減らすか、なくすべきである。

また、政府は企業に高齢の労働者の差別的な扱いをさせないよう、高年齢者雇用安定法の順守をうながすべきである（濱口、2007; Sakuraba, 2009）。政府は男女の雇用機会と報酬の均等を守らない企業に対し、何らかの行動を持続的にとる必要がある。１９９７年には子をもつ親が雇用者に夜勤の免除や時短を請求できるよう、雇用機会均等法の改善が図られた。また、家族関係事由による退職者を再雇用する場合の優遇措置もとられた。２００１年には、育児休業を願い出た親に対して不利益な措置をとった企業に対する罰則が強化された。またこのとき、父親にも母親と同じく適用される条項が含まれ、たとえば小さな子どもをもつ両親は年間の残業を１５０時間までに制限するように申し立てることができることになった。しかしながら妊娠した女性や育児休業をとった女性への雇用者による差別は続いている。ショッパは、「現在フルタイムの正社員として働く女性のうち、結婚や育児期を経ても同じ職場に留まる人の割合は１９９２年よりも低くなっているのだ！」と記している（Schoppa, 2006, 邦訳 p.298, 強調は原著）。

仕事が家庭と両立できる仕組みができるまでは、女性が職場で重要なポストを担うことはできないだろうし、男性が家庭で重要な役割を担うこともできないだろう。たとえ両立条件が整ったとしても、男性がもっと家庭生活にかかわるようになるという保証はない。本研究を進める中で気づいたことだが、ジェンダーに関するいくつかのステレオタイプが今なお続いているからだ。それは、男児の方が女児よりも可愛らしく注目に値するという考えや、若い女性は弱いのに対して若い男性は強いから家から離れた生活でもやっていけるという認識、女性は生まれつき男性より親として有能だというような考え方である。

文化心理学への理論的示唆

いかにすればよい親になれるのかを見いだそうと努力している調査対象者の女性たちの姿から、われわれの研究は、彼女たちに影響を与えている文化にかかわるテーマの数々を明らかにしてきた。女性たちは、よい母親とは、よい子とは、よい夫とは何なのかという点についての文化的に構築された観念に引きずられていた。自己省察（反省）の仕方、ルーチン（型）にどういうときに従うべきであってどういうときはそうでないか、役割期待に応じるためのハードルの高さをあらかじめどれくらいに設定しておくかなども、この国の文化に特有な考え方を反映したものであった。

本研究は、文化モデルが時とともにどのように変容するのか、変容するモデルを個々人がどのように解釈し、取り入れていくのか、それを影響力のある組織や制度がどのように操作するのかといった点に焦点をあて、文化モデルに関する先行研究を紹介することから始めた。そうした歴史的変容の興味深い例として、結婚の意味が実用主義的な見合い結婚から恋愛結婚に徐々に変わってきたことが挙げられるだろう。８章で述べたように、夫婦間の愛情を表す言葉として、以前の古い、主に夫婦以外の関係で経験される肉体的な魅力を意味する色という言葉が、夫婦間の愛情を意味する愛に取って代わられたのは比較的最近のことである。調査対象となった女性たちの多くが経験している緊張が現在進行形であることからは、時代の変化が男性と女性とでは異なった軌道において、あるいは異なった速度で起きていることが示唆される。ここで見られる変化の過程からは、文化モデルはどの時点をとってみても動かぬものではなく、その社会の成員すべての間で等しく是認されているものでもないという根本的な事実が明らかになる。

本研究ではまた、制度的な制約がある中で、個々の行為主体が、利用できる文化モデルに適応しました変更を加えるうえで、いかなる働きをしていたのかを研究することが重要であるということ（Swidler, 2001）も明らかにしている。対象となった女性たちが省察的で内省的であることを認めたうえで、私は個々の母親が受け取った役割期待をどう解釈するのかという点に焦点を当て、研究を進めてきた。私は子育ての文化モデルが行動のゆるぎない規定因であるとは考えていない。むしろ文化モデルは、「人々が一般に認識しているにもかかわらず、受容し、調整し、あるいは拒否することもあるというように、多様な方法で取り組まれるテーマ」（Gjerde, 2004, p.149）なのである。

本書では、母親が自分の子育てを吟味し、評価することに強いこだわりをもっていることを示してきたが、この自己省察のプロセスがこの本の中心的な位置を占めている。われわれの研究から明らかになったのは、自らの行動をその文化における「理想」と比較するという日本の文化に特徴的な実践は、女性たちをあがきや不安へと追い込むこともあるが、他方で元気な女性を有効な活動に導くこともあるというように、複雑なプロセスであるということである。母親はこのように振る舞うべきであるという文化的な基盤に根拠をもつ考え方に、自己効力感の高い女性は抵抗できるという事例にも多く出会った。浅子がサッカーを続けたいと主張し続けたことや、雅代が教師になるために闘い、息子を出産した際には退職のプレッシャーをはねのけたこと、美由紀のように自分が仕事をすると決めるや家族に自分で朝食を用意するようにさせたことなどにその例を見ることができる。このように本研究では、子育ての文化モデルを選択し取り入れていくのは母親一人ひとりの能力によること、そして取り入れた結果は十人十色であることに注目してきたが、このことは、伝統的な文化心理学のアプローチをいくつか重要な点で拡張することになった。

最後になるが、本研究では、ある特定の社会で良き親であることの意味についての言説やモデルが変容していくことには、支配的な社会制度が深く関与していること、したがってそのありようを研究することが重要であることを指摘してきた。政府が母親役割についての人々の考え方をいかに強く方向づけてきたかを見ずに、日本の家族の歴史を掘り下げることはできない。日本人自らが、女性と子育てについて社会的に構築された見解を「自然」で「普通」のものであると見なすようになっているとしても、そのことから「政治権力が形作っている変容の枠組み」（Gjerde, 2004, p.139; Rosenbluth, 2007 も参照のこと）を無視するのは誤りである。

良妻賢母という言葉の解釈の変容を辿ることで、政府が行ってきた苦心の数々を大まかに辿ることができる。明治時代初期には、政府官僚たちは、養育者であり家計管理者でありしかも労働力でもある自分の役割を統合し、精力的にそれを引き受ける女性たちの能力を強調していた。女性がこうした役割を担うことに直接寄与する制度を政府は支援し、保育所が開設され、家計の節約をうながす貯蓄が奨励された。また高等教育への門戸が女子にも開かれ、子育ての現代的方法や家計管理の手法が教育された。

時代は流れ、今度は政府は女性に子育てと家庭のやりくりだけに専念し、正規雇用を続けるという考えを放棄するよう奨励するようになった。その結果、現在では、税制や離婚に関する法手続、職場の実態、教育制度がもつ特徴などのために、女性が良妻賢母についての窮屈な定義から抜け出すことは至難の業になっている。

自己効力感理論への示唆

われわれの研究は、バンデューラがその大著で打ち出した自己効力感理論の基本的な主張（Bandura, 1997; Coleman & Karraker, 1997; Oettingen, 1995）を強く支持している。われわれは日本の母親による自身の子育て能力の認識には相当の多様性があることを示してきた。自己効力感の多様性には、ひとつには生まれ育った家庭での子どもの頃の経験が影響しており、今ひとつには夫や親族から現在受けているサポートの度合いが影響している。また、自己効力感の高さは良き親であることへの関心の高さと、そうであるための努力に関係していることも明らかになった。このように、私たちの得た結果から、個々人の子育ての自己効力感は日本的子育ての文脈の中で形作られるものであり、だからこそ信頼性のある重要な構成概念であるということがわかる。

日本のような「集団主義的」社会では、個々人の自己効力感は特別な心理的意味をもたないという研究者もいるが、私たちは母親たちが子育てにおける個人としての自らの役割に自覚的であることを見いだしてきた。彼女たちは子育てを「村全体で行う」という考え方には乗らなかった。良き親になることに失敗すればまわりから厳しく判定されるだけでなく、わが子に強い、場合によっては破滅的な影響を与えかねないと強く信じていたからだった。

たしかに自己効力感理論はこうした文化的文脈にうまく合致するものではあったが、私たちの得た結論は、その理論からの予測に反して、子育ての自己効力感は安定したものではないということだった。この理論によれば、一般に人はその人にとって典型的な認知パターンに慣れてしまうと、その領域に関する効力感は相対的に安定したものになると考えられている（Bandura, 1997）。人は一人ひとり自分流に解釈するレンズを通して見るので、自分の枠組みに合う経験には注目するがその枠組みに合わないものは軽視する。加えて、人がある特定の関係の中に居続けたいと思うと、そこにいるまわりの人の認識や行動も一貫していると感じるものなので、そのことが効力感の認知が変わらぬことに寄与することになる。とくに子育ての自己効力感について言えば、その人自身の幼いときの経験はその後の自己認知に引きつがれ、後の自分の子育ての自己効力感の重要な決定因になると考えられている。

しかしながら、われわれの研究からは、子どもが幼稚園から小学校へ移行する際に母親の自己効力感は変化することもあることが示唆された。わが子の幼稚園時代には社会性が一番大事だと考えてしつけを最優先するが、子どもが小学校に通うようになると母親の関心は子どもの勉強に移っていった。学歴が高くない、あるいは成績が芳しくなかった女性は子どもの勉強を十分見てやれないと心配していた。学歴順子はこのタイプの母親の典型で、自分の学力で息子の勉強を見てやれるだろうかとか、息子は学校でうまくやっていけるだろうかと心配していた（結局は、自分の勉強のできなさが息子に遺伝しているらしいと言って納得してしまうのだが）。彼女は心配した末に親としてのかかわり方についていささか行き当たりばったりで中途半端な態度にたどり着き、問題をすべて教師の手に委ねることにしてしまったのだった。

学校にあがった子どもの最初の成功あるいは失敗は、それまで自身の能力を教育コンサルタントとしての役割から評価していたことに初めて気づかせることにもなるのだった。マリの場合がよい例である。幼稚園のときには賢いと思っていたわが子が小学1年生になって何度か壁にぶつかったときに、彼女は自分のことを有能な母親であると考えるのをやめてしまったのだった。われわれの研究結果を一般化するならば、自己効力感の安定性は、その人の属している制度的な文脈がそれ以前と連続したものであるのかどうかによって変わるということである。ある人の人生において（あるいはそれが子どもの人生であってもそうなのだが）、新しい制度が重要なものとなったとき、新たな基準と、したがって自己評価のための新たな情報源とが取り入れられることにより、自己効力感も変わりうるのである。

日本の出生率低下に関する政策への示唆

私は本書の冒頭で、日本の出生率低下に関する議論を取り上げ、それが国民と政府関係者に等しく大きな不安を引き起こしていることを指摘した。たしかにこのような人口学的に大きな変動は深刻な結果をもたらし、何らかの取り組みが必要になる。政府は経済発展を維持するに足る十分な数の労働者を確保する必要があり、年金受給者と年金を支える人の人数のバランスをとらねばならない。また、増え続ける高齢者人口を支える方途も見いださねばならないだろう。

われわれの調査は、日本ではなぜ多くの女性が30代になるまで結婚と育児を遅らせようとしているのか、その理由を考える手がかりとなる。若い女性の結婚や家庭生活についての考え方に現代日本の諸条件がどう影響しているのかを考えるために、アキコという仮想の若い女子学生に登場してもらうことにしよう。アキコがちょっとしたきっかけから、われわれの調査対象者のうちで挫折感にさいなまれていた千尋と言葉を交わすという設定である。アキコが近くの大学で消費者科学を学んでいることに触れると、千尋は自分がかつて就いていた工業デザイナーという刺激に富んだ専門的なキャリアのことを語り始めるだろう。それから、夫からの協力がほとんどない中で仕事と家事を両立させることがいかに困難かを思い知り、仕事を辞めざるをえなかった話を続ける。母親としては失敗だったという思いにさいなまれていることや、夫への疎遠な感情、パートの退屈さも語ることになる。話を聞いてアキコは落ち込んでしまう。やりがいのある仕事に就きたいという願いと家庭をもちたいという願いとの折り合いをどうやってつければよいのだろうか。せいぜいのところ、できるだけ長く時間稼ぎをして、ボーイフレンドからの結婚の申し出に降伏するという避けがたい選択を先送りできるだけなのだと自分に言い聞かせるのである。

この架空のシナリオのなんとリアルなことだろうか。このシナリオは結婚や育児が気になる年頃になったときに多くの若い日本人女性の心をよぎるものをうまく言い当てているのではないだろうか。私は日本の女性が妊娠を決意する際には3つの要因がかかわっていると考えている。第1に、女性の産む決意は労働市場と教育制度の構造的な特徴に影響されるという点である。今の労働市場の状況は、女性が心理的にも経済的にも報われる仕事につくこと、それを継続することを阻んでおり、教育制度はわが子の就学を献身的に支えることを強く求めている。こうしたとらえ方は政治経済学者たちに強く支持されてきた。たとえばフランシス・ローゼンブルースは「既得権益にしがみつく人々によって女性の就労が阻まれるならば出生率は下がり、反対に就労への門戸がもっと開かれ、子育て支援の拡充によって家庭と仕事の両立がもっと容易になるならば出生率は高くなるだろう」と述べている（Rosenbluth, 2007, p.4）。男性には終身雇用を保障する一方で、既婚女性はパート労働者に追いやるというのが日本企業のやり方である。だから、収入のよいフルタイムの仕事を一生続けたいと思う女性は、家庭生活をあきらめることを強いられてきた。

2つ目に言いたいのは、子育てと仕事に関する文化的言説は、女性がそれを両立しようとすれば、構造的に存在する不平等の否定的影響を助長することになりかねないという点である。われわれの研究が示したように、日本の女性が自己省察を行い完璧主義的であるという傾向が、子育てをする際に非常に高い基準を設定してしまうことにつながっていた。この高い基準のため、他人がかわりにこの仕事をうまくやってくれる（たとえば養育者を雇うことによって）とは思えなくなっている。また、幼い子どもの発達には母親が本質的役割を果たすという保守的イデオロギーにも染まりやすくなる。自己批判や完璧主義の美徳は職場でも発揮され、数々の求めをやりこなして仕事で成功するためには150パーセントの力を発揮しなければならないという気持ちにさせてしまうのだ。たとえば美由紀は保育園の大きな行事の準備のために2時間ほどしか眠らず、千尋は工業デザイナーとして働いていたときに体をボロボロにしてしまい、結婚したらここまではとてもできないと思い知ることになった。こうした文化的言説は仕事と家庭の両立に対して立ちはだかる構造的な障壁をいっそう拡大してしまうだろう。

3つ目に言いたいことは、出生率の低下は結婚生活に対する幻滅の反映でもあるということである。日本の女性は母親役割への不満よりも、夫との関係にずっと不満を感じているのではないかと思われる。われわれは調査で女性に結婚満足度を評定してもらったが、彼女たちが不快に思っているのは夫婦の家事・育児責任の分担よりも、夫の性格についての方だった。調査対象の女性のうち、満足のいかない結婚にとらわれている女性はきわめて不幸であることをわれわれは見てきた。

そうであるからこそ、出生率の低下の問題について何か言おうとすれば、かたや構造的な問題、かたや仕事と子育てに関する言説など、さまざまに込み入った論点を考慮せねばならないのである。構造的な問題についてはローゼンブルースが論じているように（Rosenbluth, 2007）、会社が終身雇用制をやめれば劇的な変化がおこり、労働者のもつ技術は今のように、あるひとつの会社のためだけに向けられるものではなく、仕事のしかるべき分野全体に向けられたものとなっていくだろう。こうした変化が起これば、仕事をすることを選ぶ女性も、しないことを選ぶ女性も、現状の不利益をいくらかでも取り除けるかもしれない。ローゼンブルースは、父親の「育児休業を取ることと取らないことの収入の差額」

(Rosenbluth, 2007, p.211) を企業が補填し、長時間労働への意欲を削ぐような税制計画が示されれば、父親が子育てにもっとかかわるよう「奨励」されることになるとも主張している。

文化的な言説に関して言うならば、すでに述べたように、新しいタイプの両親教育、個人を対象とする心理療法、自分なりの仕事と家庭の両立の方策を見つけられるように援助する地域コミュニティなどを通じて、古い規範やイデオロギーに取り組むことが、その変革に向けた動きを作ることになるのかもしれない。

結局のところ、私が出生率低下に関心をもったのは、日本経済への関心というよりは、現代日本女性の生き方への興味からなのであった。出生率はまさにその社会の女性の社会的地位のバロメーターになってきた。ヨーロッパでもアジアでも、女性の福祉のための支援が多いほど出生率は高いことが知られている(Rosenbluth, 2007)。日本では女性の進学率の上昇が就労機会の向上に結びついてこなかったし、良妻賢母が自然で本質的な役割だという古い言説からもいまだに抜け出せないでいる。

われわれの調査対象であった順子や千尋、その他の不安な母親たちの深い悲しみは際だっていた。日本で母親であることは女性に公認されているただひとつの役割であるが、それに向いていないと感じることほどつらいことはない。それが女性にとって「自然」で「普通」のこととみなされてきた唯一の役割だとしたら、いっそう悲惨である。夫から一度にひとつのことしかできない「古いコンピュータ」にたとえられた美由紀が、彼女の夢だった仕事から永遠に離れることを選択したことはどれほど痛ましいことだろう。しかも、美由紀も順子も千尋もそれ以外の女性たちも、家の外で働くことによってのみ、母親としての役割を楽しみ、満足感を得ることができ、しかもベストを尽くすことができるというパラドックスを認めていたのだった。調査で出会った女性たちが語った経験はさまざまであり、経験への主体的な関与の程度もいろいろだったが、彼女たちが明確に伝えていたことがひとつある。それは、彼女たちの声に耳を傾け、日本の良妻賢母をめぐる言説が変化し続けていることに対する彼女たちの貢献に敬意を払わねばならないということである。

訳者あとがき

本書は Susan D. Holloway.（2010）*Women and Family in Contemporary Japan.* Cambridge University Press. の全訳である。

著者のスーザン・ハロウェイ氏は、１９８３年にスタンフォード大学で発達心理学と幼児教育の博士学位を取得後、メリーランド大学、ハーバード大学等を経て、現在はカリフォルニア大学バークレー校の教授を務めている。大学院時代の指導教員は日米の子育てに関する比較研究で知られる故ロバート・ヘス教授であり、彼女もアメリカ側メンバーとしてプロジェクトに関わってきた。ヘス教授らの研究は、『母親の態度・行動と子どもの知的発達：日米比較研究』（東洋・柏木恵子・R. D. Hess. 東京大学出版会、1981）としてまとめられているが、同書は今なお発達心理学、とりわけ子どもの文化的発達に関する基本文献として読み続けられている。

その後も彼女は日本の幼児教育や子育てに関心をもち、研究を進めてきた。１９９４年にはフルブライト財団の助成を受け、半年間、大阪教育大学に滞在し、日本の幼稚園についてフィールドワークを行っている。その際に調査協力をしたことから、私の彼女との付き合いが始まった。その成果は

Contested Childhood: Diversity and Change in Japanese Preschools.（邦訳『ヨウチエン：日本の幼児教育、その多様性と変化』北大路書房）としてまとめられており、私も翻訳者として関わっている。こうした経緯から、今回も翻訳を手伝うことになった。

本書の概要について説明しておこう。現在の日本は、晩婚化と少子化が進んでいるだけでなく、国際比較によれば、日本の母親は家庭生活に満足しておらず、子育てにも自信がもてないでいる。当事者である母親の内在的な視点から、その理由を明らかにすることが本書の目的であった。

２０００年6月に本書のもとになる研究が開始された。調査では、大阪と札幌の、幼稚園年長児をもつ母親１１６名を対象として、インタビューと質問紙調査が行われた。質問紙調査は子どもが小学校１年生と2年生になったときに、再度実施されている。また、最初の質問紙調査の結果（子育てに関する自己効力感の高低）と学歴（高卒と大学・短大卒）に基づいて、１１６名の中から大阪に住む16名を選び、それぞれ4回ずつのインタビューも行っている。本書はこれらのデータに基づいて執筆された。1章・2章で本書の概要と理論的枠組みが示されたあとに、3章から9章まで、家族や夫との関係、子どものしつけと教育、女性の就労、賢母の条件、自己省察のそれぞれについて、歴史的変遷を簡潔にまとめたうえで、母親たちのデータをもとに、現在の母親にとっての意味が分析されている。

分析は、個人・文化・制度という、3つのレベルから行われる。母親は自らの役割をどう認識し、評価しているのか。また、子育てに関する伝統的で支配的な言説に対して、彼女たちはどのような態度をとるのか。さらに、政策や制度によって求められる母親役割はどのようなものであり、また、母親たちはそれに対してどのように向き合っているのか。「良妻賢母」という言葉には保守的な響きがあるが、今の日本の母親たちも、自らが思い描くような意味で良い妻、賢い母親であろうとしている。けれどもその実現はたやすいことではないことが明らかになる。

本書では、随所にインタビューの直接的な引用が行われており、それが本書の記述を生き生きとしたものにしている。そこで、翻訳にあたっては、ハロウェイ氏から日本語オリジナルの逐語録の提供を受けて、インタビュー時の実際のやりとりに近づけ、関西弁のニュアンスもできるだけ残すようにした。インタビューでは、母親たちは率直に、ときには露悪的とも思えるほどあけすけに自らを語っている。けれども関西弁の饒舌でユーモラスな雰囲気にもかかわらず、彼女たちの語りのトーンは明るいものばかりではない。きまじめに自らをふり返るほど、子育てについて周囲から課されるハードルの高さ、夫の非協力、仕事を続けることの難しさなど、行き詰まりが明らかになる。個人レベルで見れば、夫からの協力もあり、自らの子育てに自信をもてている母親もいるが、孤立し、子育てに自信がもてず、もがき苦しんでいる母親もいるのである。

ハロウェイ氏の記述からは、彼女自身も母親として、協力してくれた母親たちに深い共感と尊敬の念をもっていることが伝わってくる。けれどもその一方で、日本の文化歴史的な環境からは距離を置くアメリカ人研究者として、母親たちの努力の限界も指摘する。母親たちは現状をつねに反省的にふり返る。それ自体は日本人の美質として賞賛すべきことであるにもかかわらず、結果的にそれが彼女たちの直面している問題を、個々人の努力の問題に解消させてしまう。良い妻であり、賢い母であろうとする不断の努力が、かえって母親たちを追い込んでいるのである。本書最終10章では、こうした見立てに基づいて、解決のための処方箋が提案される。処方箋の有効性については、読者の判断に委ねるべきであろう。

翻訳にあたっては、子育てと女性問題に詳しい清水民子氏（平安女学院大学名誉教授）と瓜生淑子氏（奈良教育大学教授）に協力を仰いだ。緒言・1章・2章・7章・8章・付録を高橋が、5章・6章・9章を清水が、3章・4章・10章は瓜生が担当した。ただし、訳語の調整や、インタビューでどこまで関西弁のニュアンスを残すのかなどについては、訳稿を持ち寄り、細部にわたって全員で検討した。もちろん、最終的な責任は高橋にある。また、下訳の作成にあたっては北村文子氏と浅田麻梨乃氏にお手伝いいただいた。深く感謝する。

新曜社の田中由美子氏には、訳稿と原文を一文ずつつき合わせ、丁寧に検討していただきました。本当にきめ細やかで丁寧な仕事をしていただき、訳者一同深く感謝します。

高橋　登

新曜社の本

子どもが忌避される時代
なぜ子どもは生まれにくくなったのか
本田和子
四六判322頁
本体2800円

親になれない親たち
子ども時代の原体験と、親発達の準備教育
斎藤嘉孝
四六判208頁
本体1900円

体罰の社会史 新装版
江森一郎
四六判292頁
本体2400円

虐待をこえて、生きる
負の連鎖を絶ち切る力
内田伸子・見上まり子
四六判260頁
本体1900円

ライフコース選択のゆくえ
日本とドイツの仕事・家族・住まい
田中洋美/M・ゴツィック/K・岩田ワイケナント 編
四六判408頁
本体4200円

揺らぐ男性のジェンダー意識
仕事・家族・介護
目黒依子・矢澤澄子・岡本英雄 編
A5判224頁
本体3500円

現代社会とメディア・家族・世代
NHK放送文化研究所 編
A5判352頁
本体3300円

＊表示価格は消費税を含みません。

著者紹介

スーザン・D・ハロウェイ（Susan D. Holloway）
1983年，スタンフォード大学から発達心理学と幼児教育の学位を取得。メリーランド大学，ハーバード大学を経て，現在，カリフォルニア大学バークレー校教育大学院教授。1980年以来，日本の家族と学校教育などに関する研究を続けている。
主な著書に，*Through My Own Eyes: Single Mothers and the Cultures of Poverty*（自分の目から見えること：シングルマザーと貧困の文化）（ブルース・フーラー他との共著），*Contested Childhood: Diversity and Change in Japanese Preschools*（邦訳『ヨウチエン：日本の幼児教育，その多様性と変化』）がある。

新曜社

少子化時代の「良妻賢母」
変容する現代日本の女性と家族

初版第1刷発行　2014年7月24日
初版第2刷発行　2014年11月14日

著　者　スーザン・D・ハロウェイ
訳　者　高橋　登・清水民子・瓜生淑子
発行者　塩浦　暲
発行所　株式会社 新曜社
〒101-0051
東京都千代田区神田神保町3－9 第一丸三ビル
電話（03）3264－4973・Fax（03）3239－2958
E-mail: info@shin-yo-sha.co.jp
URL: http://www.shin-yo-sha.co.jp/
印刷所　銀河
製本所　イマヰ製本所

ISBN978-4-7885-1394-5　C1011

訳者紹介

高橋　登（たかはし・のぼる）
大阪教育大学教授。専門：発達心理学・教育心理学。主著：『子どもの読み能力の獲得過程』（風間書房），『障害児の発達と学校の役割』（ミネルヴァ書房）など。

清水民子（しみず・たみこ）
平安女学院大学名誉教授。専門：発達心理学・乳幼児保育論。主著：『乳幼児の発達と保育』（青木書店），『子どもの発達と母親』（新日本新書）など。

瓜生淑子（うりゅう・よしこ）
奈良教育大学教授。専門：発達心理学・保育学。主著：『格助詞獲得の時期と過程に関する発達的研究』（風間書房），「働く女性の増大化における母親の『育児の価値の相対化』現象の実証的研究」（平成18・19・20年度科研費補助金研究成果報告書）など。

人名索引

【マ行】

【ヤ行】

【ラ行】

【ワ行】

事項索引

【さ行】

【た行】

【な行】

【は行】

【ま行】

【や行】

【ら行】

【わ行】

引用文献

Allison, A. (1991). Japanese mothers and obentos: The lunch-box as ideological state apparatus. *Anthropological Quarterly, 64,* 195-208.

Allison, A. (1994). *Nightwork: Sexuality, pleasure, and corporate masculinity in a Tokyo hostess club.* Chicago, IL: University of Chicago Press.

Allison, A. (1996). Producing mothers. In A. E. Imamura (Ed.), *Re-imaging Japanese women* (pp. 135-155). Berkeley: University of California Press.

Ando, M., Asakura, T., & Simons-Morton, B. (2005). Psychosocial influences on physical, verbal, and indirect bullying among Japanese early adolescents. *Journal of Early Adolescence, 25,* 268-297.

Ardelt, M., & Eccles, J. S. (2001). Effects of mothers' parental efficacy beliefs and promotive parenting strategies on inner-city youth. *Journal of Family Issues, 22,* 944-972.

Asonuma, A. (2002). Finance reform in Japanese higher education. *Higher Education, 43,* 109-126.

Azuma, H. (1986). Why study child development in Japan? In H. Stevenson, H. Azuma, & K. Hakuta (Eds.), *Child development and education in Japan* (pp. 3-12). New York, NY: W. H. Freeman.

Bandura, A. (1982). Self-efficacy mechanism in human agency. *American Psychologist, 37* (2), 122-147.

Bandura, A. (1997). *Self-efficacy: The exercise of control.* New York, NY: W.H. Freeman.

Bandura, A., Barbaranelli, C., Caprara, G. V., & Pastorelli, C. (1996). Multifaceted impact of self-efficacy beliefs on academic functioning. *Child Development, 67,* 1206-1222.

Bassani, D. D. (2007). The Japanese *tanshin funin:* A neglected family type. *Community, Work, and Family, 10,* 111-131.

Beech, H. (2005, August 22). The wasted asset. *Time Asia Magazine.* Retrieved from http://www.time.com/time/asia/covers/501050829/story.html (2012年6月13日確認時点でリンク切れ)

Behrens, K. Y. (2004). A multifacted view of the concept of amae: Reconsidering the indigenous Japanese concept of relatedness.

Human Development, 47, 1-27.
Behrens, K. Y., Hesse, E., & Main, M.（2007）. Mothers' attachment status as determined by the Adult Attachment Interview predicts their 6-year-olds' reunion responses: A study conducted in Japan. *Developmental Psychology, 43,* 1553-1567.
Benesse Educational Research Institute.（2006a）. Basic survey on young children's daily lives and parents' childrearing in five East Asian cities: Tokyo, Seoul, Beijing, Shanghai, and Taipei. Retrieved from http://www.childresearch.net/RESOURCE/RESEARCH/2006/ASIAN.HTM（2012年6月13日確認）
Benesse Educational Research Institute.（2006b）. The first report on Japanese fathers' views on childrearing. Retrieved from http://www.childresearch.net/RESOURCE/DATA/SPECIAL/FATHER/index.html（2012年6月13日確認）
Benesse Educational Research Institute.（2008）. Trends in Japanese education - 2008. Retrieved from http://www.childresearch.net/RESOURCE/DATA/SPECIAL/TRENDS2008/index.html（2012年6月13日確認）
Bernstein, G. L.（1991）. Introduction. In G. L. Bernstein（Ed.）, *Recreating Japanese women, 1600-1945*（pp. 1-14）. Berkeley: University of California Press.
Bornstein, M. H., Haynes, O. M., Azuma, H., Galperin, C., Maital, S., Ogino, M., et al.（1998）. A cross-national study of self-evaluations and attributions in parenting: Argentina, Belgium, France, Israel, Italy, Japan, and the United States. *Developmental Psychology, 34,* 662-676.
Borovoy, A.（2005）. *The too-good wife: Alcohol, codependency, and the politics of nurturance in postwar Japan.* Berkeley: University of California Press.
Bourdieu, P., & Passeron, J.（1977）. *Reproduction in education, society, and culture.* Beverly Hills, CA: Sage Publications.
Bowlby, J.（1973）. *Attachment and loss: Separation*（*Vol. 2*）. New York, NY: Basic Books.（ボウルビィ, J. 黒田実郎・岡田洋子・吉田恒子（訳）.（1991）. 分離不安. 東京：岩崎学術出版社.）
Brinton, M. C.（1993）. *Women and the economic miracle: Gender and work in postwar Japan.* Berkeley: University of California Press.
Brinton, M. C.（Ed.）.（2001）. *Women's working lives in East Asia.*

Stanford, CA: Stanford University Press.

Brooke, J.（2005, May 28）. Fighting to protect her gift to Japanese women. *The New York Times*. Retrieved from http://www.nytimes.com/2005/05/28/international/asia/28japan.html?_r=1&pagewanted=print.（2012年6月13日確認）

Brownstein, M. C.（1980）. Jogaku Zasshi and the founding of bungakukai. *Monumenta Nipponica, 35,* 319-336.

Bugental, D. B., & Shennum, W. A.（1984）. “Difficult” children as elicitors and targets of adult communication patterns: An attributional-behavioral transactional analysis. *Monographs of the Society for Research in Child Development, 49*（1）, serial no. 205.

Bumpass, L. L., & Choe, M. K.（2004）. Attitudes relating to marriage and family life. In N. O. Tsuya & L. L. Bumpass（Eds.）, *Marriage, work, and family life in comparative perspective: Japan, South Korea, and the United States*（pp. 19-38）. Honolulu: University of Hawaii Press.

Bus, A. G., & van IJzendoorn, M. H.（1988）. Mother-child interactions, attachment, and emergent literacy: A cross-sectional study. *Child Development, 59,* 1262-1272.

Cabinet Office.（2007）. White paper on gender equality 2007. Retrieved from http://www.gender.go.jp/whitepaper/ewp2007.pdf（2012年6月13日確認）

Chen, S.（1996）. Are Japanese young children among the gods? In D. W. Shwalb & B. J. Shwalb（Eds.）, *Japanese childrearing: Two generations of scholarship*（pp. 31-43）. New York, NY: Guilford Press.

Choe, M. K., Bumpass, L. L., & Tsuya, N. O.（2004）. Employment. In N. O. Tsuya & L. L. Bumpass（Eds.）, *Marriage, work, and family life in comparative perspective: Japan, South Korea, and the United States*（pp. 95-113）. Honolulu: University of Hawaii Press.

Cohn, D. A., Cowan, P. A., Cowan, C. P., & Pearson, J.（1992）. Mothers' and fathers' working models of childhood attachment relationships, parenting styles, and child behavior. *Development and Psychopathology, 4,* 417-431.

Coleman, P., & Karraker, K. H.（1997）. Self-efficacy and parenting quality: Findings and future applications. *Developmental Review, 18,* 47-85.

Condon, J. (1985). *A half step behind: Japanese women today.* Rutland, VT: Charles E. Tuttle.

Conroy, M., Hess, R., Azuma, H., & Kashiwagi, K. (1980). Maternal strategies for regulating children's behavior: *Japanese and American families. Journal of Cross-Cultural Studies, 11,* 153-172.

Crystal, D. S., Chen, C., Fuligni, A. J., Stevenson, H. W., Hsu, C., & Ko, H. (1994). Psychological maladjustment and academic achievement: A cross-cultural study of Japanese, Chinese, and American high school students. *Child Development, 65,* 738-753.

Cutrona, C. E., & Troutman, B. R. (1986). Social support, infant temperament, and parenting self-efficacy: A mediational model of postpartum depression. *Child Development, 57,* 1507-1518.

Deutsch, F. M., Ruble, D. N., Fleming, A., Brooks-Gunn, J., & Stangor, G. S. (1988). Information seeking and maternal self-definition during the transition to motherhood. *Journal of Personality and Social Psychology, 55,* 420-431.

Doi, T. (2002). *The anatomy of dependence.* Tokyo: Kodansha International. (Originally published in English in 1973)(土居健郎. (1971).「甘え」の構造. 東京：弘文堂.)

Dore, R. P. (1958). *City life in Japan: A study of a Tokyo ward.* Berkeley: University of California Press. (ドーア, R. P. 青井和夫・塚本哲人（訳). (1962). 都市の日本人. 東京：岩波書店.)

Everingham, C. (1994). *Motherhood and modernity: An investigation into the rational dimension of mothering.* Buckingham, England: Open University Press.

Feiler, B. S. (1991). *Learning to bow: Inside the heart of Japan.* New York, NY: Ticknor & Fields.

Fernald, A., & Morikawa, H. (1993). Common themes and cultural variations in Japanese and American mothers' speech to infants. *Child Development, 64,* 637-656.

Frank, K. (2006). Agency. *Anthropological Theory, 6* (3), 281-302.

Frederick, J. (2003, July 21). Severe acute ridiculousness syndrome. *Time Magazine.* Retrieved from http://www.time.com/time/magazine/article/0,9171,465836,00.html (2012年6月13日確認)

French, H. W. (2002, September 23). Educators try to tame Japan's blackboard jungles. *The New York Times.* Retrieved from

http://www.nytimes.com/2002/09/23/world/educators-try-to-tame-japan-s-blackboard-jungles.html（2012年6月13日確認）
French, H. W.（2003, July 25）. Japan's neglected resource: Female workers. *The New York Times.* Retrieved from http://www.nytimes.com/2003/07/25/world/japan-s-neglected-resource-female-workers.html（2012年6月13日確認）
Froman, R. D., & Owen, S. V.（1989）. Infant care self-efficacy. *Scholarly Inquiry for Nursing Practice: An International Journal, 3,* 199-211.
Fuess, H.（2004）. *Divorce in Japan: Family, gender, and the state 1600-2000.* Stanford, CA: Stanford University Press.
Gender Equity Bureau, the Cabinet Office.（2004）. Women in Japan today. Retrieved from http://www.gender.go.jp/english_contents/category/pub/pamphlet/women2004/index.html（2012年6月13日確認）
George, C., & Solomon, J.（1999）. Attachment and caregiving: The caregiving behavioral system. In J. Cassidy & P. R. Shaver（Eds.）, *Handbook of attachment: Theory, research, and clinical applications*（pp. 649-670）. New York, NY: Guilford Press.
Gjerde, P.（2004）. Culture, power, and experience: Toward a person-centered cultural psychology. *Human Development, 47*（3）, 138-157.
Gonzales, P., Guzman, J. C., Partelow, L., Pahlke, E., Jocelyn, L., & Kastberg, D.（2004）. *Highlights from the Trends in International Mathematics and Science Study（TIMSS）2003.* Washington, DC: Institute of Education Sciences, U.S. Department of Education.
Goodman, R.（2006）. Policing the Japanese family: Child abuse, domestic violence and the changing role of the state. In M. Rebick & A. Takenaka（Eds.）, *The changing Japanese family*（pp.147-160）. Oxon, England: Routledge.
Gordon, B. S.（1997）. *The only woman in the room: A memoir.* Tokyo: Kodansha International.（ベアテ・シロタ・ゴードン．平岡磨紀子構成・文．（1995）．1945年のクリスマス：日本国憲法に「男女平等」を書いた女性の自伝．東京：柏書房.）
Grusec, J. E., Hastings, P., & Mammone, N.（1994）. Parenting cognitions and relationship schemas. In J. G. Smetana（Ed.）, *Beliefs*

about parenting: Origins and developmental implications (pp. 73-86). San Francisco, CA: Jossey-Bass.

Hamada, T. (1997). Absent fathers, feminized sons, selfish mothers and disobedient daughters: Revisiting the Japanese *ie* household. *Japan Policy Research Institute Working Paper No. 33,* Retrieved from http://www.jpri.org/publications/workingpapers/wp33.html (2012年6月13日確認)

濱口桂一郎. (2007). 年齢差別. 法律時報, 79 (3), 53-57, 2007-03.

Hara, H., & Minagawa, M. (1996). From productive dependents to precious guests: Historical changes in Japanese children. In D. W. Shwalb & B. J. Shwalb (Eds.), *Japanese childrearing: Two generations of scholarship* (pp. 9-30). New York, NY: Guilford Press.

Harkness, S., & Super, C. M. (1992). Parental ethnotheories in action. In I. Sigel, A. V. McGillicuddy-DeLisi, & J. Goodnow (Eds.), *Parental belief systems: The psychological consequences for children* (2nd ed., pp. 373-392). Hillsdale, NJ: Erlbaum.

Harkness, S., & Super, C. M. (2002). Culture and parenting. In M. H. Bornstein (Ed.), *Handbook of parenting: Biology and ecology of parenting* (2nd ed., Vol. 2, pp. 253-280). Mahwah, NJ: Erlbaum.

Harvey, P. A. S. (1995). Interpreting *Oshin* - war, history and women in modern Japan. In L. Skov & B. Moeran (Eds.), *Women, media and consumption in Japan* (pp. 75-110). Honolulu: University of Hawaii Press.

橋本健二. (1999). 現代日本の階級構造：理論・方法・計量分析. 東京：東信堂.

Hausmann, R., Tyson, L. D., & Zahidi, S. (2006). *The global gender gap report 2006.* Retrieved from World Economic Forum Website: http://www3.weforum.org/docs/WEF_GenderGap_Report_2006.pdf (2012年6月13日確認)

Heine, S., Lehman, D., Markus, R., & Kitayama, S. (1999). Is there a universal need for positive self-regard? *Psychological Review, 106,* 766-794.

Hendry, J. (1981). *Marriage in changing Japan: Community and society.* Rutland, VT: Charles E. Tuttle.

Hendry, J. (1986). *Becoming Japanese: The world of the pre-school child.* Honolulu: University of Hawaii Press.

Henman, P. (2006). Updated costs of raising children - June quarter

2006. Retrieved from http://www.uq.edu.au/swahs/costsofkids/CostsofRaisingChildrenJuneQuarter06.pdf（2012年6月13日確認時点でリンク切れ）

Hess, R. D., Azuma, H., Kashiwagi, K., Dickson, W. P., Nagano, S., & Holloway, S. D.（1986）. Family influence on school readiness and achievement in Japan and the United States: An overview of a longitudinal study. In H. Stevenson, H. Azuma, & K. Hakuta（Eds.）, *Child development and education in Japan*（pp. 147-156）. New York, NY: W. H. Freeman.

Hess, R. D., Kashiwagi, K., Azuma, H., Price, G. G., & Dickson, W. P.（1980）. Maternal expectations for mastery of developmental tasks in Japan and the United States. *International Journal of Psychology, 15,* 259-271.

Hirao, K.（2001）. Mothers as the best teachers: Japanese motherhood and early childhood education. In M. C. Brinton（Ed.）, *Women's lives in East Asia*（pp. 180-203）. Stanford, CA: Stanford University Press.

Hirao, K.（2007a）. Contradictions in maternal roles in contemporary Japan. In T. W. Devasahayam & B. S. A. Yoh（Eds.）, *Working and mothering in Asia: Images, ideologies and identities*（pp. 51-83）. Singapore: NUS Press.

Hirao, K.（2007b）. The privatized education market and maternal employment in Japan. In F. R. Rosenbluth（Ed.）, *The political economy of Japan's low fertility*（pp. 170-197）. Stanford, CA: Stanford University Press.

Hitlin, S., & Long, C.（2009）. Agency as a sociological variable: A preliminary model of individuals, situations, and the life course. *Sociology Compass, 3*（1）, 137-160.

Holloway, S. D.（1988）. Concepts of ability and effort in Japan and the United States. *Review of Educational Research, 58,* 327-345.

Holloway, S. D.（2000）. *Contested childhood: Diversity and change in Japanese preschools.* New York, NY: Routledge.（ハロウェイ, S. D. 高橋登・南雅彦・砂上史子（訳）.（2004）. ヨウチエン：日本の幼児教育，その多様性と変化．京都：北大路書房.）

Holloway, S. D., & Behrens, K. Y.（2002）. Parenting self-efficacy among Japanese mothers: Qualitative and quantitative perspectives on its association with childhood memories of family relations. In J.

Bempechat & J. G. Elliot (Eds.), *Learning in culture and context: Approaching the complexities of achievement motivation in student learning* (pp. 27-43). San Francisco, CA: Jossey-Bass.

Holloway, S. D., Fuller, B., Rambaud, M. F., & Eggers-Piérola, C. (1997). *Through my own eyes: Single mothers and the cultures of poverty.* Cambridge, MA: Harvard University Press.

Holloway, S. D., Suzuki, S., Yamamoto, Y., & Behrens, K. (2005). Parenting self-efficacy among Japanese mothers. *Journal of Comparative Family Studies, 36,* 61-76.

Holloway, S. D., Suzuki, S., Yamamoto, Y., & Mindnich, J. (2006). Relation of maternal role concepts to parenting, employment choices, and life satisfaction among Japanese women. *Sex Roles, 54* (3/4), 235-249.

Holloway, S. D., Yamamoto, Y., & Suzuki, S. (2005). Exploring the gender gap: Working women speak out about working and raising children in contemporary Japan. Child Research Net Website: http://www.childresearch.net/RESOURCE/RESEARCH/2005/SUSAN.HTM (2012年6月13日確認)

Holloway, S. D., Yamamoto, Y., Suzuki, S., & Mindnich, J. (2008). Determinants of parental involvement in early schooling: Evidence from Japan. *Early Childhood Research and Practice, 10* (1). Online journal: http://ecrp.uiuc.edu/v10n1/holloway.html (2012年6月13日確認)

Hori, G. V. S. (1996). Teaching and learning in the Rinzai Zen monastery. In T. P. Rohlen & G. K. LeTendre (Eds.), *Teaching and learning in Japan* (pp. 20-49). New York, NY: Cambridge University Press.

Horio, T. (1988). *Educational thought and ideology in modern Japan: State authority and intellectual freedom.* Tokyo, Japan: University of Tokyo Press.

Hunter, J. (Ed.). (1993). *Japanese women working.* New York, NY: Routledge.

Imamura, A. E. (1987). *Urban Japanese housewives: At home and in the community.* Honolulu: University of Hawaii Press.

井上輝子・江原由美子（編）．（1999）．女性のデータブック：性・からだから政治参加まで．第3版．東京：有斐閣．

Ishigaki, A. T. (2004). *Restless wave: My life in two worlds, a mem-*

oir. New York, NY: The Feminist Press.（Original work published in 1940）.（石垣綾子（マツイ・ハル）. 佐藤共子（訳）.（1990）. 憩なき波：私の二つの世界. 東京：未来社.）

Ishii-Kuntz, M.（1994）. Paternal involvement and perception toward fathers' roles: A comparison between Japan and the United States. *Journal of Family Issues, 15,* 30-48.

Ishii-Kuntz, M.（2003）. Balancing fatherhood and work: Emergence of diverse masculinities in contemporary Japan. In J. E. Roberson & N. Suzuki（Eds.）, *Men and masculinities in contemporary Japan: Dislocating the salaryman doxa*（pp. 198-216）. New York, NY: Routledge.

Ishii-Kuntz, M.（2008）. *Sharing of housework and childcare in contemporary Japan.* Paper delivered at the Expert Group Meeting on "equal sharing of responsibilities between women and men, including care-giving in the context of HIV/AIDS" at the United Nations, Division for the Advancement of Women, Geneva Switzerland.

Ishii-Kuntz, M., Makino, K., Kato, K., & Tsuchiya, M.（2004）. Japanese fathers of preschoolers and their involvement in child care. *Journal of Marriage and the Family, 66,* 779-791.

Ishimoto, S.（1984）. *Facing two ways: The story of my life.* Stanford, CA: Stanford University Press.（Original work published 1935）.（加藤シヅエ. 山崎朋子（注記・監修）.（1997）. Facing two ways: The story of my life［複製版］. 東京：大空社.（1935年刊の復刻））

Ito, K. K.（2008）. *An age of melodrama: Family, gender, and social hierarchy in the turn-of-the-century Japanese novel.* Stanford, CA: Stanford University Press.

岩本健良.（2000）. 家庭環境と進学. 片岡栄美（編）. 階層文化とライフスタイルの社会学的研究：日本の中流階層のハビトゥスと「場」の文化の効果. 平成9-11年度科学研究費補助金（基盤研究B1）研究成果報告書.

Iwao, S.（1993）. *The Japanese woman: Traditional image and changing reality.* Cambridge, MA: Harvard University Press.

Jackson, A. P.（2000）. Maternal self-efficacy and children's influences on stress and parenting among single black mothers in poverty. *Journal of Family Issues, 21*（1）, 3-16.

Japan Center for Economic Research.（2007）. *Long-term forecast of*

global economy and population 2006-2050: Demographic change and the Asian economy. Retrieved from http://www.jcer.or.jp/eng/pdf/2006long_contents.pdf（2012年6月13日確認）
The Japan Times.（2001, June 14）. Stabbing suspect aimed to harass relatives. Retrieved from http://www.japantimes.co.jp/text/nn20010614a6.html（2012年6月13日確認）
Jolivet, M.（A. Glasheen, Trans.）（1997）. *Japan: The childless society?* New York, NY: Routledge.
Kaneko, R., Ishikawa, A., Ishii, F., Sasai, T., Iwasawa, M., & Mita, F.（2008a）. Population projections for Japan 2006-2055: Outline of results, methods, and assumptions. *The Japanese Journal of Population, 6,* 76-114.
Kaneko, R., Sasai, T., Kamano, S., Iwasawa, M., Mita, F., & Rie, M.（2008b）. Marriage process and fertility of Japanese married couples: Overview of the results of the thirteenth Japanese national fertility survey, married couples. *The Japanese Journal of Population, 6,* 24-49.
苅谷剛彦・志水宏吉・清水睦美・諸田裕子.（2002）.「学力低下」の実態：調査報告. 東京：岩波書店（岩波ブックレット；No.578）.
Kashiwagi, K.（1998）. Life-span developmental and socio-cultural approach toward Japanese women/mothers: Conceptions and realities of Japanese women/mothers. *The Annual Report of Educational Psychology in Japan, 37,* 191-200.
Kazui, M.（1997）. The influence of cultural expectations on mother-child relationships in Japan. *Journal of Applied Developmental Psychology, 18,* 485-496.
Kelsky, K.（2001）. *Women on the verge: Japanese women, Western dreams.* Durham, NC: Duke University Press.
King, F.（Edited with an introduction）.（1984）. *Writings from Japan / Lafcadio Hearn: An anthology.* New York, NY: Penguin Books.
Kojima, H.（1986）. Child rearing concepts as a belief-value system of the society and the individual. In H. Stevenson, H. Azuma, & K. Hakuta（Eds.）, *Child development and education in Japan*（pp. 39-54）. New York, NY: W. H. Freeman.
Kojima, H.（1996）. Japanese concepts of child development from the mid-17th to mid-19th century. *International Journal of Behavioral Development, 9,* 315-329.

国立社会保障・人口問題研究所.（2006）. 第3回全国家庭動向調査の結果の概要について. http://www.ipss.go.jp/ps-katei/j/NSFJ3/NSFJ3_top.asp（2012年6月13日確認）

Kondo, D. K.（1990）. *Crafting selves: Power, gender, and discourses of identity in a Japanese workplace*. Chicago, IL: University of Chicago Press.

Kosugi, R.（2006）. Youth employment in Japan's economic recovery: "Freeters" and "NEETs." *Japan Focus, Article 572.* Retrieved from http://www.japanfocus.org/-Kosugi-Reiko/2022（2012年6月13日確認）

Lanham, B. B., & Garrick, R. J.（1996）. Adult to child in Japan: Interaction and relations. In B. Shwalb & D. Shwalb（Eds.）, *Japanese childrearing: Two generations of scholarship*（pp. 97-124）. New York, NY: Guilford Press.

Lareau, A.（2000）. *Home advantage: Social class and parental intervention in elementary education.* Lanham, MD: Rowman & Littlefield.

Lareau, A.（2003）. *Unequal childhoods: Class, race, and family life.* Berkeley: University of California Press.

Lebra, T. S.（1984）. *Japanese women: Constraint and fulfillment.* Honolulu: University of Hawaii.

Lebra, T. S.（1986）. Self-reconstruction in Japanese religious psychotherapy. In T. S. Lebra & W. P. Lebra（Eds.）*Japanese culture and behavior: Selected readings*（Revised edition, pp.354-368）. Honolulu: University of Hawaii.

Lester, B.（2003）. Adolescent suicide from an international perspective. *American Behavioral Scientist, 46,* 1157-1170.

LeTendre, G.（1998）. *The educational system in Japan: Case study findings.* Washington, DC: National Institute on Student Achievement, Curriculum, and Assessment, Office of Educational Research and Improvement, U.S. Department of Education.

LeVine, R. A., Dixon, S., LeVine, S., Richman, A., Leiderman, P. H., & Keefer, C. H.（1994）. *Child care and culture: Lessons from Africa.* Cambridge, England: Cambridge University Press.

Lewis, C. C.（1995）. *Educating hearts and minds: Reflections on Japanese preschool and elementary education.* Cambridge, England: Cambridge University Press.

Machida, S., Taylor, A. R., & Kim, J. (2002). The role of maternal beliefs in predicting home learning activities in Head Start families. *Family Relations, 51,* 176-184.

Mackie, V. (2003). *Feminism in modern Japan.* Cambridge, England: Cambridge University Press.

Macnaughtan, H. (2006). From “post-war” to “post-bubble”: Contemporary Issues for Japanese working women. In P. Matanle & W. Lunsing (Eds.), *Perspectives on work, employment and society in Japan* (pp. 31-57). Hampshire, England: Palgrave Macmillan.

Main, M., Kaplan, N., & Cassidy, J. (1985). Security in infancy, childhood, and adulthood: A move to the level of representation. In I. Bretherton & E. Waters (Eds.), *Growing points of attachment: Theory and research. Monographs of the Society for Research in Child Development, 50* (1-2), pp. 66-104.

Manzo, K. K. (2008). Trends in Japan: Japan continues search for academic triumph. *Education Week.* Retrieved from http://www.edweek.org/ew/articles/2008/04/23/34japan_Ep.h27.html (2012年6月13日確認)

Mathias, R. (1993). Female labor in the Japanese coal-mining industry. In J. Hunter (Ed.), *Japanese women working* (pp.98-121). New York, NY: Routledge.

McBride, B. A., Brown, G. L., Bost, K. K., Shin, N., Vaughn, B., & Korth, B. (2005). Paternal identity, maternal gatekeeping, and father involvement. *Family Relations, 54,* 360-372.

Miller, R. L. (2003). The quiet revolution: Japanese women working around the law. *Harvard Women’s Law Journal, 26,* 163-215.

Minami, M., & McCabe, A. (1995). Rice balls and bear hunts: Japanese and North American family narrative patterns. *Journal of Child Language, 22,* 423-445.

Ministry of Education, Culture, Sports, Science, and Technology. (2005). School Basic Survey. Retrieved from http://www.mext.go.jp/english/statist/05101901/008.pdf (2012年6月13日確認時点でリンク切れ)

Ministry of Education, Culture, Sports, Science, and Technology. (2006). Japan’s Education at a Glance. Retrieved from http://www.mext.go.jp/english/statistics/1303013.htm (2012年6月

13日確認）
Ministry of Health, Labor, and Welfare. (2008). Effective April 1 2007 scope of coverage for the child allowance system will expand. Retrieved from http://www.mhlw.go.jp/english/topics/child-support/index.html（2012年6月13日確認）
Mishima, S. S. (1941). *My narrow isle: The story of a modern woman in Japan.* Westport, CT: Hyperion.
Miyake, Y. (1991). Doubling expectations: Motherhood and women's factory work under state management in Japan in the 1930s and 1940s. In G. L. Bernstein (Ed.), *Recreating Japanese women, 1600-1945* (pp. 267-295). Berkeley: University of California Press.
水内俊雄・加藤政洋・大城直樹．(2008)．モダン都市の系譜：地図から読み解く社会と空間．京都：ナカニシヤ出版．
Molony, B. (1991). Activism among women in the Taisho cotton textile industry. In G. L. Bernstein (Ed.), *Recreating Japanese women, 1600-1945* (pp. 217-238). Berkeley: University of California Press.
Mori, K. (1993). *Sizuko's daughter.* New York, NY: Fawcett Juniper.（キョウコ・モリ．池田真紀子（訳）．(1996)．シズコズ・ドーター．東京：青山出版社．）
Mori, K. (1995). *The dream of water: A memoir.* New York, NY: One World / Fawcett Columbine.
Mori, K. (1997). *Polite lies.* New York, NY: Fawcett Books.（キョウコ・モリ．部谷真奈実（訳）．(1998)．悲しい嘘．東京：青山出版社．）
Morioka, K. (1986). Privitization of family life in Japan. In H. Stevenson, H. Azuma, & K. Hakuta (Eds.), *Child development and education in Japan* (pp.63-74). New York, NY: W. H. Freeman.
Mouer, R., & Sugimoto, Y. (1986). *Images of Japanese society: A study in the social construction of reality.* London, England: Kegan Paul International.
Murase, T. (1986). Naikan therapy. In T. S. Lebra & W. P. Lebra (Eds.), *Japanese culture and behavior: Selected readings.* (Revised edition, pp.388-397). Honolulu: University of Hawaii Press.
Murase, T., Dale, P. S., Ogura, T., Yamashita, Y., & Mahieu, A. (2005). Mother-child conversation during joint picture book reading in Japan and the USA. *First Language, 25,* 197-218.
Nagy, M. (1991). Middle-class working women during the interwar

years. In G. L. Bernstein（Ed.）, *Recreating Japanese women, 1600-1945*（pp. 199-216）. Berkeley: University of California Press.

Nakamura, T.（2003）. Regendering batterers: Domestic violence and men's movements. In J. E. Roberson & N. Suzuki（Eds.）, *Men and masculinities in contemporary Japan: Dislocating the salary-man doxa*（pp. 162-179）. New York, NY: Routledge.

中野万亀子．中野卓（編）．（1981）．明治四十三年京都：ある商家の若妻の日記．東京：新曜社．（Nakano, M.（1995）. *Makiko's diary*. Stanford, CA: Stanford University Press.）

National Institute of Population and Social Security Research.（2000）. *The 2nd survey of Japanese family households report.* Retrieved from http://www.ipss.go.jp/ps-katei/e/nsf_2nd/NSFJ2_sum.html（2012年6月13日確認）

National Institute of Population and Social Security Research.（2003）. *Child related policies in Japan.* Retrieved from http://www.ipss.go.jp/s-info/e/childPJ2003/childPJ2003.htm（2012年6月13日確認）

National Women's Education Center, Japan.（2005）. *International Comparative Research on "Home Education" 2005 - Survey on Children and Family Life.* Retrieved from http://www.nwec.jp/en/publish/page02.html（2012年6月13日確認）

Nolte, S. H., & Hastings, S. A.（1991）. The Meiji state's policy toward women, 1890-1910. In G. L. Bernstein（Ed.）, *Recreating Japanese women, 1600-1945*（pp. 151-174）. Berkeley: University of California Press.

OECD（Organization for Economic Co-operation and Development）.（2003）. Social expenditure - Aggregated data. Retrieved from http://stats.oecd.org/Index.aspx?DataSetCode=SOCX_AGG（2014年4月10日確認）

OECD（Organization for Economic Co-operation and Development）.（2008a）. PISA 2006 results. Retrieved from http://www.oecd.org/document/2/0,3343,en_32252351_32236191_39718850_1_1_1_1,00.html#ES（2012年6月13日確認）

OECD（Organization for Economic Co-operation and Development）.（2008b）. OECD Factbook: Economic, Environmental, and Social Statistics. Expenditure on education. Retrieved from http://dx.doi.org/10.1787/270504555680（2012年6月13日確認）

Oettingen, G. (1995). Cross-cultural perspectives on self-efficacy. In A. Bandura (Ed.), *Self-efficacy in changing societies* (pp. 149-176). New York, NY: Cambridge University Press. (オッテインゲン, G. (1997). 自己効力における比較文化的視点. アルバート・バンデューラ（編), 本明寛・野口京子・春木豊・山本多喜司他（訳), 激動社会の中の自己効力 (pp. 129-153). 東京：金子書房.)

Ogasawara, Y. (1998). *Office ladies and salaried men: Power, gender, and work in Japanese companies.* Berkeley: University of California Press.

Ogawa, N., Retherford, R. D., & Matsukura, R. (2009). Japan's declining fertility and policy responses. In P. Straughan, G. Jones, and A. Chan (Eds.), *Ultra-low fertility in Pacific Asia: Trends, causes and policy dilemmas* (pp. 40-72). New York, NY: Routledge.

Ohinata, M. (2001). Support for isolated mothers. *Child Research Net: Resources.* Retrieved from http://www.childresearch.net/RESOURCE/RESEARCH/2001/OHINATA.HTM (2012年6月13日確認)

Okagaki, L., & French, P. A. (1998). Parenting and children's school achievement: A multi-ethnic perspective. *American Educational Research Journal, 35* (1), 123-144.

Okano, K., & Tsuchiya, M. (1999). *Education in contemporary Japan: Inequality and diversity.* Cambridge, England: Cambridge University Press.

Olioff, M., & Aboud, F. E. (1991). Predicting postpartum dysphoria in primiparous mothers: Roles of perceived parenting self-efficacy and self-esteem. *Journal of Cognitive Psychotherapy, 5,* 3-14.

Osaka prefecture results on national achievement test. (2008). Retrieved from http://www.nier.go.jp/08chousakekka/08todofuken_data/27_osaka/01_shou_27osaka.pdf (2012年6月13日確認時点でリンク切れ)

大阪市. (2008). 平成20年度学校教育指針. Retrieved October 11, 2008 from http://www.ocec.jp/shidoubu/index.cfm/1,0,34,html (2012年6月13日確認時点でリンク先には24年度版が掲載)

Otake, T. (2002, March 28). "Classroom collapse" gripping schools nationwide: Teachers, parents, society all come under fire as experts remain unable to pinpoint cause. *The Japan Times.* Retrieved from http://www.japantimes.co.jp/text/nn20020

328b9.html（2012年6月13日確認）
Ozeki, R. L.（1998）. *My year of meats.* New York, NY: Viking.
Partner, S.（2004）. *Toshie: A story of village life in twentieth-century Japan.* Berkeley: University of California Press.
Patessio, M.（2006）. The creation of public spaces by women in the early Meiji period and the Tokyo Fujin Kyōfūkai. *International Journal of Asian Studies, 3,* 155-182.
Peak, L.（1991）. *Learning to go to school in Japan: The transition from home to preschool life.* Berkeley: University of California Press.
Prime Minister's Office.（2000）. The present status of gender equality and measures: Second report on the plan for gender equality 2000. Retrieved from http://www.un.org/womenwatch/confer/beijing/national/japan98.htm（2012年6月13日確認）
Rebick, M.（2006）. Changes in the workplace and their impact on the family. In M. Rebick & A. Takenaka（Eds.）, *The changing Japanese family*（pp. 75-93）. Oxon, England: Routledge.
Rice, Y. N.（2001）. The maternal role in Japan: Cultural values and socioeconomic conditions. In H. Shimizu & R. A. LeVine（Eds.）, *Japanese frames of mind: Cultural perspectives on human development*（pp. 85-110）. Cambridge, England: Cambridge University Press.
Rohlen, T. P.（1983）. *Japan's high schools.* Berkeley: University of California Press.（ローレン, T. 友田泰正（訳）.（1988）. 日本の高校：成功と代償. 東京：サイマル出版会.）.
Rohlen, T. P.（1996）. Building character. In T. P. Rohlen & G. K. LeTendre（Eds.）, *Teaching and learning in Japan*（pp. 50-74）. Cambridge, England: Cambridge University Press.
Rosenberger, N.（2001）. *Gambling with virtue: Japanese women and the search for self in a changing nation.* Honolulu: University of Hawaii Press.
Rosenbluth, F. M.（2007）. Conclusion. In F. M. Rosenbluth（Ed.）, *The political economy of Japan's low fertility*（pp.201-218）. Stanford, CA: Stanford University Press.
Rothbaum, F., Pott, M., Azuma, H., Miyake, K., & Weisz, J.（2000）. The development of close relationships in Japan and the United States: Paths of symbiotic harmony and generative tension. *Child*

Development, 71, 1121-1142.

Sakuraba, R.（2009）. The amendment of the Employment Measure Act: Japanese antiage discrimination law. *Japan Labor Review, 6,* 56-75.

Sand, J.（2003）. *House and home in modern Japan: Architecture, domestic space, and bourgeois culture, 1880-1930.* Cambridge, MA: Harvard University Asia Center.

Sasagawa, A.（2006）. Mother-rearing: The social world of mothers in a Japanese suburb. In M. Rebick & A. Takenaka（Eds.）, *The changing Japanese family*（pp. 129-146）. Oxon, England: Routledge.

Schooler, C., & Smith, K. C.（1978）. "…and a Japanese wife" : Social structural antecedents of women's role values in Japan. *Sex Roles, 4,* 23-41.

Schoppa, L. J.（2006）. *Race for the exits: The unraveling of Japan's system of social protection.* Ithaca, NY: Cornell University Press.（ショッパ, L. 野中邦子（訳）.（2007）.「最後の社会主義国」日本の苦闘. 東京：毎日新聞社.）

Shirahase, S.（2007）. Women's economic status and fertility: Japan in cross-national perspective. In F. M. Rosenbluth（Ed.）, *The polotical economy of Japan's low fertility*（pp. 37-59）. Stanford, CA: Stanford University Press.

Shoji, J.（2005）. Child abuse in Japan: Developmental, cultural, and clinical perspectives. In D. W. Shwalb, J. Nakazawa, & B. J. Shwalb（Eds.）, *Applied developmental psychology: Theory, practice, and research from Japan*（pp. 261-279）. Greenwich, CT: Information Age Publishing.

Shwalb, D. W., Imaizumi, N., & Nakazawa, J.（1987）. The modern Japanese father: Roles and problems in a changing society. In M. E. Lamb（Ed.）, *The father's role: Crosscultural comparisons*（pp. 247-269）. Hillsdale, NJ: Erlbaum.

Shwalb, D. W., Kawai, H., Shoji, J., & Tsunetsugu, K.（1995）. The place of advice: Japanese parents' sources of information about childrearing and child health. *Journal of Applied Developmental Psychology, 16,* 629-644.

Shwalb, D. W., Kawai, H., Shoji, J., & Tsunetsugu, K.（1997）. The middle class Japanese father: A survey of parents of preschoolers. *Journal of Applied Developmental Psychology, 6,* 497-511.

Shwalb, D. W., Nakazawa, J., Yamamoto, T., & Hyun, J. (2004). Fathering in Japanese, Chinese, and Korean cultures: A review of the research literature. In M. E. Lamb (Ed.), *The role of the father in child development* (4th ed., pp. 146-181). New York, NY: Wiley.

Sievers, S. L. (1981). Feminist criticism in Japanese politics in the 1880s: The experience of Kishida Toshiko. *Signs, 6,* 602-616.

Silver, E. J., Bauman, L. J., & Ireys, H. T. (1995). Relationships of self-esteem and efficacy to psychological distress in mothers of children with chronic physical illness. *Health Psychology, 14,* 333-340.

Smith, D., & Sueda, K. (2008). The killing of children by children as a symptom of national crisis: Reactions in Britain and Japan. *Criminology and Criminal Justice, 8* (1), 5-25.

Stevenson, D. L., & Baker, D. P. (1987). The family-school relation and the child's school performance. *Child Development, 58,* 1348-1357.

Stevenson, H., & Stigler, J. (1992). *The learning gap: Why our schools are failing and what we can learn from Japanese and Chinese education.* New York, NY: Summit Books. (スティーブンソン, H. W.・スティグラー, J. W. 北村晴朗・木村進（監訳).（1993). 小学生の学力をめぐる国際比較研究：日本・米国・台湾の子どもと親と教師. 東京：金子書房.）

Strober, M. H., & Chan, A. M. K. (2001). *The road winds uphill all the way: Gender, work, and family in the United States and Japan.* Cambridge, MA: MIT Press.（アグネス・チャン，マイラ・ストロバー. 桃井緑美子（訳).（2003). この道は丘へと続く：日米比較ジェンダー，仕事，家族. 東京：共同通信社.）

Sugawara, M. (2005). Maternal employment and child development in Japan: A twelve year longitudinal study. In D. W. Shwalb, J. Nakazawa, & B. J. Shwalb (Eds.), *Applied developmental psychology: Theory, practice, and research from Japan* (pp. 225-240). Greenwich, CT: Information Age Publishing.

Sugimoto, E. I. (1927). *A daughter of the samurai.* New York, NY: Doubleday, Page.（杉本鉞子. 大岩美代（訳).（1994）. 武士の娘. 東京：筑摩書房.）

Sugimoto, Y. (2003). *An introduction to Japanese society* (2nd ed.). Cambridge, England: Cambridge University Press.

Suzuki, S. (2010). The effects of marital support, social network support, and parenting stress on parenting self-efficacy among mothers of young children in Japan. *Journal of Early Childhood Research, 8,* 40-66.

Suzuki, S., Holloway, S. D., Yamamoto, Y., & Mindnich, J. D. (2009). Parenting self-efficacy and social support in Japan and the United States. *Journal of Family Issues, 30,* 1505-1526.

Swidler, A. (2001). *Talk of love: How culture matters.* Chicago, IL: University of Chicago Press.

Tamanoi, M. A. (1990). Women's voices: Their critique of the anthoropology of Japan. *Annual Review of Anthropology,19*, 17-37.

Tanaka, Y., & Nakazawa, J. (2005). Job-related temporary father absence (*Tanshinfunin*) and child development. In D. W. Shwalb, J. Nakazawa, & B. J. Shwalb (Eds.), *Applied developmental psychology: Theory, practice, and research from Japan* (pp. 241-260). Greenwich, CT: Information Age Publishing.

Teti, D. M., & Gelfand, D. M. (1991). Behavioral competence among mothers of infants in the first year: The mediational role of maternal self-efficacy. *Child Development, 62,* 918-929.

Times Online. (2008, June 7) Japan's "monster" parents take centre stage. Retrieved from http://www.timesonline.co.uk/tol/news/world/asia/article4083278.ece (2012年6月13日確認時点でリンク切れ)

Tipton, E. K. (2008). *Modern Japan: A social and political history* (2nd ed.). London, England: Routledge.

Tobin, J. J., Wu, Y. H., & Davidson, D. H. (1989). *Preschool in three cultures: Japan, China, and the United States.* New Haven, CT: Yale University Press.

Tobin, J. J., Yeh, H., & Karasawa, M. (2009). *Preschool in three cultures revisited.* Chicago, IL: University of Chicago Press.

Tsuneyoshi, R. (2004). The new Japanese educational reforms and the achievement "crisis" debate. *Educational Policy, 18,* 364-394.

Tsuya, N. O., & Bumpass, L. L. (2004). Gender and housework. In N. O. Tsuya & L. L. Bumpass (Eds.), *Marriage, work, and family life in comparative perspective: Japan, South Korea, and the United States* (pp. 114-133). Honolulu: University of Hawaii Press.

Tsuya, N. O., Mason, K. O., & Bumpass, L. L. (2004). Views of marriage among never-married adults. In N. O. Tsuya & L. L. Bumpass (Eds.), *Marriage, work, and family life in comparative perspective: Japan, South Korea, and the United States* (pp. 39-53). Honolulu: Universiy of Hawaii Press.

Ujiie, T. (1997). How do Japanese women treat children's negativism? *Journal of Applied Developmental Psychology, 18,* 467-483.

Uno, K. S. (1991). Women and changes in the household division of labor. In G. L. Bernstein (Ed.), *Recreating Japanese women, 1600-1945* (pp. 17-41). Berkeley: University of California Press.

Uno, K. S. (1993). One day at a time: Work and domestic activities of urban lower-class women in early twentieth-century Japan. In J. Hunter (Ed.), *Japanese women working* (pp. 37-68). London, England: Routledge.

Uno, K. S. (1999). *Passages to modernity: Motherhood, childhood, and social reform in early twentieth century Japan.* Honolulu: University of Hawaii Press.

U. S. Department of Agriculture, Center for Nutrition Policy and Promotion. (2005). Expenditure on Children by Families: 2005. Miscellaneous publication number 1528-2005. Retrieved from http://www.cnpp.usda.gov/Publications/CRC/crc2005.pdf (2012年6月13日確認)

Vogel, S. H. (1996). Urban middle-class Japanese family life, 1958-1996: A personal and evolving perspective. In B. J. Shwalb & D. W. Shwalb (Eds.), *Japanese childrearing: Two generations of scholarship* (pp. 177-200). New York, NY: Guilford Press.

Wagatsuma, H. (1978). Some aspects of the contemporary Japanese family: Once Confucian, now fatherless? In A. S. Rossi, J. Kagan, & T. K. Hareven (Eds.), *The Family* (pp. 181-210). New York, NY: W.W. Norton, Inc.

Weisner, T. S. (2002). Ecocultural understanding of children's developmental pathways. *Human Development, 174,* 275-281.

White, M. I. (1995). The marketing of adolescence in Japan: Buying and dreaming. In. L. Skov & B. Moeran (Eds.), *Women, media, and consumption in Japan* (pp. 255-273). Honolulu: University of Hawaii Press.

White, M. I. (2001). Children and families: Reflections on the "crisis"

in Japanese childrearing today. In H. Shimizu & R. A. LeVine (Eds.), *Japanese frames of mind: Cultural perspectives on human development* (pp. 257-266). Cambridge, England: Cambridge University Press.

White, M. I. (2002). *Perfectly Japanese: Making families in an era of upheaval.* Berkeley: University of California Press.

White, M. I., & LeVine, R. (1986). What is an “iiko” (good child)? In H. Stevenson, H. Azuma, & K. Hakuta (Eds.), *Child development and education in Japan* (pp. 55-62). New York, NY: W. H. Freeman.

Whiting, B. B., & Edwards, C. P. (1988). *Children of different worlds: The formation of social behavior.* Cambridge, MA: Harvard University Press.

Whiting, B. B., & Whiting, J. W. M. (1975). *Children of six cultures: A psycho-cultural analysis.* Cambridge, MA: Harvard University Press. (ホワイティング, B. B.・ホワイティング, W. M. 名和敏子 (訳). (1978). 六つの文化の子供たち：心理－文化的分析. 東京：誠信書房.)

Williams, T. M., Joy, L. A., Travis, L., Gotowier, A., Blum-Steele, M., & Aiken, L. S. (1987). Transition to motherhood: A longitudinal study. *Infant Mental Health Journal, 8,* 251-265.

World Salaries Group. (2007). Total personal average income-international comparison. Retrieved from http://www.worldsalaries.org/total-personal-income.shtml (2012年6月13日確認)

Yamamoto, Y. (2001). The duality of socialization and education: The impact of formal schooling on childrearing in Japan. *Harvard Asia Quarterly, 5,* 24-31.

Yamamoto, Y. (2006). Unequal beginnings: Socioeconomic differences in Japanese mothers’ support of their children’s early schooling. (Unpublished doctoral dissertation) University of California, Berkeley.

Yamamoto, Y., & Brinton, M. (2010). Cultural capital in East Asian educational systems: The case of Japan. *Sociology of Education, 83* (1), 67-83.

Yamamoto, Y., Holloway, S. D., & Suzuki, S. (2006). Maternal involvement in preschool children’s education in Japan: Relation to parenting beliefs and socioeconomic status. *Early Childhood*

Research Quarterly, 21, 332-346.

Yamamoto, Y., Holloway, S. D., & Suzuki, S. (2009). The dilemma of support: Parenting and mother-networks in Japan. Article posted online. http://www.childresearch.net/RESOURCE/RESEARCH/2009/YAMAMOTO_HOLLOWAY_SUZUKI.HTM

Yamamura, Y. (1986). The child in Japanese society. In H. Stevenson, H. Azuma, & K. Hakuta (Eds.), *Child development and education in Japan* (pp. 28-38). New York, NY: W.H. Freeman.

Yoder, R. S. (2004). *Youth deviance in Japan: Class reproduction of non-conformity.* Melbourne, Australia: Trans Pacific Press.

Yoneyama, S. (2000). Student discourse on tokokyohi (school phobia/refusal) in Japan: Burnout or empowerment? *British Journal of Sociology of Education, 21,* 77-94.

Yoshizumi, K. (1995). Marriage and family: Past and present. In K. Fujimura-Fanselow & A. Kameda (Eds.), *Japanese women: New feminist perspectives on the past, present, and future* (pp. 183-197). New York, NY: Feminist Press of the City University of New York.

Yu, W. (2001). Family demands, gender attitudes, and married women's labor force participation: Comparing Japan and Taiwan. In M. C. Brinton (Ed.), *Women's working lives in East Asia* (pp. 70-95). Stanford, CA: Stanford University Press.

付録A

バークレー子育て自己効力感尺度（幼児版）

母親方略下位スケール

お母さまご自身がどのくらいそれぞれのことをできると思いますか？

	少し					かなり
子どもの話をよく聞く	1	2	3	4	5	6
子どもの気持ちを理解する	1	2	3	4	5	6
自分の感情のむらを子どもの前で見せない	1	2	3	4	5	6
感情的に子どもをしからない	1	2	3	4	5	6
明るい家庭を築く	1	2	3	4	5	6
礼儀正しいお手本を見せる	1	2	3	4	5	6
子どもに分かりやすいように説明をする	1	2	3	4	5	6
何か上手くできた時に子どもを褒める	1	2	3	4	5	6
子どもが何か悪いことをした時にきちんとしかる	1	2	3	4	5	6
親の愛を感じさせる	1	2	3	4	5	6
他人の目を気にさせて正しい行動を身につけさせる	1	2	3	4	5	6

子どもの結果下位スケール

お母さまは、どのくらいお子さんにそれぞれのことを教えることができると思いますか？

	少し					かなり
目上の人を尊敬する	1	2	3	4	5	6
自分の考えをはっきり言う	1	2	3	4	5	6
難しいことでもがんばり通す	1	2	3	4	5	6
状況に応じてけじめをつける	1	2	3	4	5	6
あいさつをきちんとする	1	2	3	4	5	6
時計が読める	1	2	3	4	5	6
人に迷惑をかけない	1	2	3	4	5	6
自分ひとりで何かをする	1	2	3	4	5	6
ひらがなを読む	1	2	3	4	5	6
他の子どもたちと仲良く協力する	1	2	3	4	5	6
十分体を動かす	1	2	3	4	5	6
身なりを整える	1	2	3	4	5	6
好き嫌いなく食べる	1	2	3	4	5	6
乱暴な言葉づかいをしない	1	2	3	4	5	6
好奇心をはぐくむ	1	2	3	4	5	6

付録B

研究方法

私たちは本研究を2000年６月に開始した。インタビュー対象は116名の女性であり、半数は本州中央に位置する大都市大阪で、残りは本州の北に位置する北海道の道都札幌で行った。１名を除き、全員が既婚者だった。対象者の社会経済的な状況は多様であった。本人および配偶者の学歴は図B - 1に示してある。家計の平均収入は500～700万円の範囲であった（2000年の為替レートである１ドル106円で換算すれば47,170～66,038ＵＳドル）。私たちが研究を開始した時点での母親の平均年齢は35.6歳、開始時に少なくとも１名の子どもがおり、平均では2.16名の子どもがいた。対象となった子どもの性別は女児59名、男児57名であり、平均月齢は67.9か月だった。

参加家族の募集に当たっては、９か所の幼稚園の園長を通じ、年長児クラスに子どもが在籍している親に依頼を行った。参加依頼をした幼稚園のいくつかは勤労者階層の子どもが多く通う幼稚園であり、また何園かは中流階層の子どもが多く通う幼稚園であった。調査への参加依頼をした女性のほとんどが参加を承諾した[1]。

私たちの研究の当初の目的は、それぞれの女性が母親の役割をどのように考えているのか、子育てにあたって何が困難な問題となるのか、子どもと自分自身にとっての目標は何か、という点についての彼女たちの見方を明らかにすることであった。最初の調査で、私たちは116名全員に約１時間の構造化インタビューを行い、あわせてこうしたトピックについての質問紙調査も実施した。対象となった子どもたちが小学校１年生と２年生になったときに、母親たちに２度の質問紙調査を実施した。子どもが小学校入学後に行った調査では、親やきょうだいとの関係も含め、母親自身の子ども時代のことも尋ねた。また、私たちは彼女たちが夫と父親の役割について何を期待しているのかという点についても焦点を当てた。インタビューに答えた女性の多くが、

[1] 第２回調査の参加者も同じく116名、第３回調査には98名が参加した。

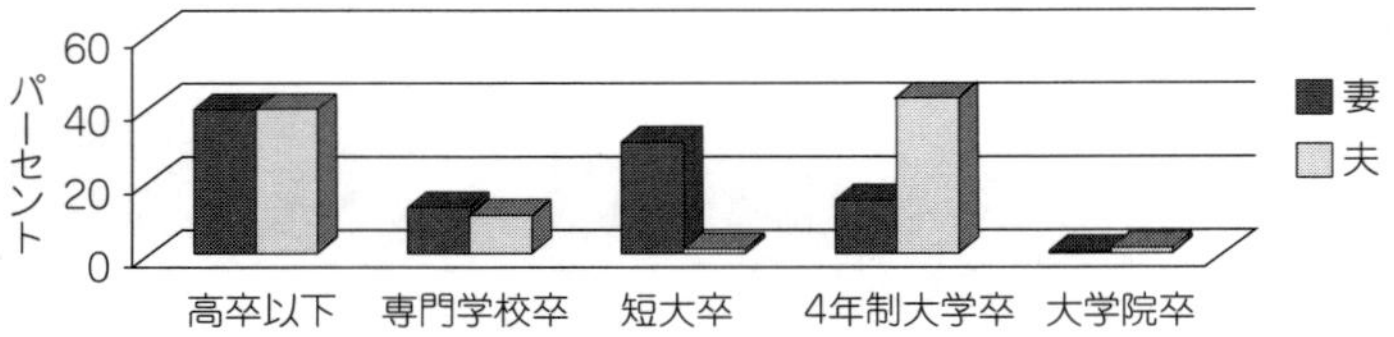

図B-1　対象者とその配偶者の学歴（対象者：116名）

彼女たちの結婚生活についての自らの考えと、しばしば不満について、私たちと理解を共有することを強く望んだので、私たちの研究もこうした点についてはより詳細な検討が行われることになった。さらに、私たちは彼女たちがまわりの友人や教師、（実家の親やきょうだい、夫の親など）拡大家族のメンバーから受けているサポートに関しても時間をとって話をしてもらった。調査対象となった女性の考え方や経験についてもっと深く理解するために、私たちはこれまでの対象者の中から16名の母親を選び、さらに3回のインタビュー調査を実施した。子どもが1年生のときのインタビュー調査では、子どもの学校生活への母親の関与の仕方についても詳しく聞き、またその時点で就労している母親にはそのことについても時間をとって話を聞いた。

母親のもつ多様な考え方を取り出すために、16名のうち、8名は短大・4年制大学卒、8名は高卒かそれ以下の学歴の女性に協力を依頼した。彼女たちが子育てにどの程度自信をもっているのかという点にとりわけ関心があったので、私たちは子どもが幼稚園のときに実施した子育て自己効力感尺度に基づき、8名は平均以上、8名は平均以下の女性を抽出した。また、子育て自己効力感に基づくグループの学歴は等しくなるようにした[2]。16名の母親のうち、2名（雅代とさくら）は2回目のインタビューを実施して以降はインタビューを実施できなかったが、残りは4回すべてのインタビューに参加した。

インタビューはカリフォルニア大学バークレー校博士課程に在籍する2名の日本人学生、山本洋子と鈴木佐和子が行った。私は16名の母親のインタビューに、1人につき最低1回は同席した。インタビュー

[2] 下位尺度のうち、子どもの結果についての尺度には、それぞれの年齢の子どもが獲得することが望まれる15のスキル、たとえば「自分ひとりで何かをする」などのスキルの獲得に、自分が自信をもって援助できているかどうかについて尋ねている。また、母親としての方略についての下位尺度には、「子どもの気持ちを理解する」ことができるかどうかなど、養育行動について自信があるかどうかについて尋ねている。具体的な項目は付録Aを参照のこと。

は調査チームが選択したトピックをめぐり、かなり幅広い話題が取り上げられた。インタビューは母親の家で、他人の目のない状態で行われたので、2時間以上に及ぶこともあった。インタビューは録音され、書き起こされたうえで英語に翻訳された。私たちの分析手法に関してはYamamoto（2006）を参照していただきたい。

インタビューと質問紙を組み合わせた本研究の手法は、私たちが関心をもっているテーマに関して、より深く理解するうえで有効であることが明らかになった。質問紙の結果は、インタビューでの反応をより大きな視野から解釈するのに役立つ。たとえば、ある母親のインタビュー記録から、彼女が自分の子育てに関するスキルをどう評価しているかを知ったうえで、彼女が全体の中でどのあたりに位置するのかを知るために、彼女の子育て効力感尺度の得点を調べることもできる。反対に、インタビューは質問紙調査の結果を解釈するうえで貴重なデータを提供してくれることにもなった。たとえば、私たちは低い経済階層の母親の方がそうでない母親よりも、子どもの幼稚園での活動に深く関与していることを知って驚かされたのだが、インタビュー記録を読むことにより、その理由を知る糸口を得ることができた。インタビューから、学歴の低い母親の方が、幼稚園での活動にボランティアとして協力してほしいという幼稚園のスタッフからのプレッシャーに抵抗できないように感じていることが見いだせている。私たちは調査結果については、数本の論文にまとめて発表している。質問紙の量的な分析を行う際にインタビューデータと突き合わせることの必要性についての議論の精細に関心のある読者は、本書の中で引用しているので、文献リストから参照していただきたい。

インタビューでは、一般的な傾向とは異なる、例外的な女性の事例も明らかにできるという利点もある。たとえば質問紙調査から、夫がサポートをしてくれる家庭の女性の方が、一般的には自分の子育てに、より自信をもっていることが明らかになったが、夫があまりサポートをしない場合でも自信をもっている女性もいることが明らかになった。私たちはインタビューデータを使って、礼子のような、子育てに自信をもちながらも夫からのサポートは不十分な「一般的な傾向から逸脱している」母親についての見通しを得ることができた。礼子の場合は、自分の就労や子育てについて助言をしてくれる仕事上の友人たちに支えられていることが明らかになっている。